ÉCONOMÉTRIE DES SÉRIES TEMPORELLES

Cours et exercices

Taladidia Thiombiano

ÉCONOMÉTRIE DES SÉRIES TEMPORELLES

Cours et exercices

L'Harmattan

Du même auteur

Économie de l'environnement et des ressources naturelles, 2004.
Économétrie des modèles dynamiques, 2002.

5-7, rue de l'École-Polytechnique, 75005 Paris

http://www.librairieharmattan.com
diffusion.harmattan@wanadoo.fr
harmattan1@wanadoo.fr

ISBN : 978-2-296-05035-8
EAN : 9782296050358

TABLES DES MATIERES

INTRODUCTION

Ce livre se place dans une optique essentiellement pédagogique. Son objectif est de compléter le premier manuel « Econométrie des modèles dynamiques » en exposant les principaux outils des séries temporelles en les accompagnant de leur usage pratique. Nous essayerons à la lumière de notre expérience pédagogique dans le domaine depuis plus d'une dizaine d'années de présenter les différents thèmes de façon à ce que le lecteur, notamment les étudiants, évitent d'employer les outils sans avoir compris dans quel contexte ils doivent l'être.

Dans la mesure où ce manuel se veut plus pratique que notre premier ouvrage, il est évident qu'il y aura moins de démonstrations au profit des applications. Dans ce domaine, l'accent sera mis sur les données des pays africains et accessoirement sur celles des pays développés lorsque le recours à ces données nous conduit à donner des explications pertinentes pour illustrer parfaitement les théories sous-jacentes.

Le manuel est centré exclusivement sur les séries temporelles au regard de tous les développements qui ont cours. Indépendamment de cela, il y a aussi que l'économie se fonde sur le temps ; et les nouveaux développements de l'économétrie des chroniques permettent de mettre davantage les théories économiques à l'épreuve des faits. Même s'il est vrai que, comme le dit K. Popper, cette confrontation théorie - fait n'est qu'une nécessité relative.

Cet ouvrage en se voulant pédagogique, essaie d'expliquer les différentes formules mathématiques et statistiques afin que les étudiants ne soient pas rebutés dès le départ par des formules « balancées » sans applications. Le second point fort de l'ouvrage, c'est l'effort d'illustrations des différents chapitres voire de chaque section. Enfin, de manière à permettre à l'étudiant comme au chercheur de pouvoir tester ses capacités d'assimilation, des exercices sont annexés à la fin de chaque chapitre.

Nous voudrions remercier Noël Thiombiano, chercheur au Laboratoire d'Economie de l'Environnement et de Socioéconométrie (LEESE) du CEDRES pour avoir procédé à la saisie du manuscrit et aussi pour ses observations et remarques précieuses tout au long de l'élaboration du manuel. Ce travail a aussi bénéficié des questions pertinentes des étudiants de DEA de l'UFR/SEG de l'université de Ouagadougou, de DESS de la faculté des sciences économiques de l'université de Lomé, de maîtrise des universités de Kara (Togo) et de Parakou (Bénin) et enfin de certains chercheurs de la faculté des sciences économiques et de gestion de l'université d'Antananarivo (Madagascar).

L'ouvrage se présente en sept chapitres :

1. Analyse de la saisonnalité d'une chronique
2. Le lissage exponentiel
3. Les processus stationnaires
4. Les processus non stationnaires
5. Les tests de racine unité
6. La cointégration et les modèles à correction d'erreur (MCE)
7. Les vecteurs autorégressifs (VAR)

CHAPITRE I

ANALYSE DE LA SAISONNALITE D'UNE CHRONIQUE

INTRODUCTION

La compréhension des mécanismes économiques et la prise de décision supposent que l'on soit en possession de plusieurs observations, de variables importantes de manière à étudier les liaisons qui existent entre elles. Le fait que l'économie se prête rarement à l'expérience contrôlée conduit à obtenir les observations à l'aide d'enquêtes. Les données obtenues sont souvent répétées, correspondant à des dates différentes.

1.1. Définition

La suite des observations d'une variable $(Y_t,\ t \in T)$ est appelée série temporelle ou série chronologique - Ch. Gouriéroux et Alain Monfort (1990).

Une chronique se caractérise par les dates d'observations qui sont en général équidistantes les unes des autres : c'est le cas des séries mensuelles, trimestrielles... L'année contient dans ce cas un nombre entier d'intervalles : $s = 12$ pour une série mensuelle, $s = 4$ pour une distribution trimestrielle. Les dates équidistantes sont généralement indexées par des entiers ; $t = 1, \cdots, T$ où T traduit le nombre d'observations. Dans ce premier cas nous avons affaire à des variables discontinues. Bien que cette partie ne soit pas analysée, il convient de signaler que dans des domaines autres qu'économiques, certains caractères (température, hygrométrie...) sont observés de manière continue dans le temps à l'aide d'appareils physiques. T est un intervalle de R. Une infinité d'observations existe ; ce qui présente une situation différente des observations économiques.

1.2. Quelques problèmes posés par les séries chronologiques

1.2.1. La prévision

L'objet est l'évaluation des valeurs futures Y_{T+h}, $(h \geq 1)$ d'une variable à partir de l'observation de ses valeurs passées $Y_1, \cdots, Y_T$. La prévision notée $Y^*_{T(h)}$ tirée de ces observations sera généralement différente de la valeur que prendra la variable à l'instant $T+h$ qui est la variable observée à cet instant $T+h$. Souvent, il est proposé un intervalle de prévision $\left[Y^*_{1,T(h)},\ Y^*_{2,T(h)}\right]$ susceptible de contenir la valeur inconnue Y_{T+h}.

La qualité de la prévision est fonction de l'état d'évolution de la chronique. Plus la chronique est une fonction "régulière" du temps, c'est-à-dire stable, plus la prévision sera facile. Cette qualité dépend aussi de l'horizon temporel h et est généralement meilleure lorsque h est petit.

Les méthodes recourant à la prévision peuvent aussi être utilisées pour évaluer une valeur passée de la variable. Dans un tel cas, on parle de valeur ajustée au lieu de prévision. Ce genre de technique est utilisé pour compléter des données manquantes d'une distribution temporelle. De telles grandeurs ajustées peuvent également servir pour déterminer l'effet d'un phénomène accidentel (grève, sécheresse, ...) ; la valeur ajustée donne une idée de la valeur qu'aurait dû prendre la variable, si ce phénomène n'était pas intervenu.

1.2.2. La tendance (f_t)

Il a été constaté que dans une période de croissance, nombre de variables ont des évolutions à long terme (appelées tendance ou trend) analogues. Le mouvement est souvent représenté par des formes analytiques simples : polynomiales, exponentielles, logarithmiques, logistiques ou cycliques. Le résultat est la forte assimilation de ces variables entre elles sans que toutefois cette corrélation traduise une quelconque liaison à caractère explicatif entre ces variables. Afin d'examiner l'existence de telles liaisons, il peut être nécessaire d'enlever ce trend (c'est-à-dire, éliminer l'effet du temps). Aujourd'hui, cela se fait grâce aux techniques d'analyse de la racine unitaire lorsque la tendance est stochastique. Par ailleurs, comme nous le verrons, l'existence de cette tendance permet de voir si les séries évoluent dans le même sens, c'est-à-dire si elles sont cointégrées.

1.2.3. Le cycle (c_t)

C'est un mouvement conjoncturel qui regroupe des variations autour de la tendance avec des alternances d'époques caractérisées par des phases d'expansion et de récession.

Il existe des cycles court (Shiskin, 5 ans), moyen (Juglar, 10 ans) et long (Kondratieff, 50 ans). On ajoute aujourd'hui le Kuznets (20 ans). De façon générale, dans les travaux relatifs aux chroniques, on regroupe le trend et le cycle en une composante unique désignée par la notion d'extra-saisonnier notée F_t.

1.2.4. La composante saisonnière (s_t)

Dans les séries chronologiques, on observe des fluctuations régulières des données dues à une multitude de phénomènes (climat, mode, coutumes...) qui viennent perturber l'évolution normale du mouvement. Afin d'obtenir des distributions qui se prêtent à l'interprétation économique, on procède à la correction des données brutes. C'est la désaisonnalisation de la série.

On appelle série désaisonnalisée Y_t^c, la série obtenue en retranchant de la série brute ou initiale l'effet saisonnier.

De nombreuses raisons expliquent la nécessité de recourir à une correction de la série. Elles sont entre autres dues :

- aux situations particulières qui peuvent agir sur les données économiques ;
- aux préoccupations de chercher les liaisons explicatives pouvant exister entre les variables tel que nous l'avons vu au point 1.2.2.

Concernant le premier cas, considérons une dévaluation du F CFA avec comme un des objectifs une relance de la production agricole. Si au cours de la campagne agricole qui suit cette dévaluation, on constate effectivement une augmentation de la production, peut-on en déduire un effet de cette mesure ?

L'examen de la production agricole montre que chaque fois qu'il y a une bonne pluviométrie, la production augmente. Or, tel a été le cas pour cette campagne qui a suivi. Maintenant, il s'agit de savoir si l'accroissement a été plus fort que d'habitude ou non. L'observation des valeurs prises par la chronique désaisonnalisée permet directement de répondre à cette question.

D'une manière générale, les variations saisonnières sont de nature périodique avec un délai égal à l'année. On peut citer l'augmentation de la consommation d'eau chaque année entre le mois de mars et mai (période chaude) dans les pays du Sahel. L'observation montre également une baisse des prix des produits agricoles céréaliers chaque année dans les pays africains sahéliens après les récoltes. Ces mouvements entraînent des comportements atypiques chez les paysans (ce qui nous a fait développer toute une réflexion économique sur les élasticités à pente négative), motivés par le revenu objectif.

1.2.5. La composante résiduelle (ε_t)

Il s'agit de l'ensemble des phénomènes perturbateurs qui n'ont pas été pris en compte dans le cadre de l'observation. Cette composante contient de nombreuses fluctuations qui sont en général accidentelles (grèves, catastrophes naturelles, conflits...). Etant donné l'imprévisibilité du phénomène, le résidu a un caractère aléatoire plus ou moins stable autour de la tendance centrale.

1.2.6. Autres problèmes posés par les chroniques

- Des changements de politiques économiques ou des modifications importantes des relations structurelles entre variables, conduisent les séries à présenter des rythmes soit de niveau soit de perte. Il faut tenter de prévoir ces dates de rupture ou à défaut, d'identifier leur existence assez tôt.

- L'observation simultanée dans le temps de plusieurs variables peut permettre de répondre à des questions liées à la causalité : ainsi, peut-on se poser la question de savoir si la formation des prix des noix de karité est une conséquence des prix observés du cacao ? Est-ce inversement ces prix qui suivent ceux des noix de karité ? Après avoir déterminé si possible, le sens de la causalité, il faut connaître avec quel délai et pendant combien de temps (détermination du décalage temporel), la variable exogène influe sur la variable endogène.

- Les ajustements qui permettent de distinguer le court terme du long terme.

- L'étude des chroniques permet également de comprendre de quelle façon les agents économiques font des anticipations en fonction du temps.

1.3. Caractéristiques fonctionnelles des modèles déterministes

1.3.1. Définition

Une tendance est dite déterministe lorsqu'elle se présente sous une forme analytique rigide pour l'ensemble de la distribution de la chronique. Elle peut être linéaire ou non. Dans le cas d'un modèle linéaire tel que $y_t = at + b + \varepsilon_t$, on recourt aux MCO pour estimer les paramètres a et b. Généralement, ces paramètres sont constants dans le temps et pour la prévision, on procède à une extrapolation de la série du fait de cette constance des coefficients.

1.3.2. Opérations sur les modèles déterministes

Soit le modèle suivant :

$$Y_t = \varphi(t, Y_{t-1}, Y_{t-2} \dots) + \varepsilon_t$$

où les ε_t suivent une loi normale $(0, \sigma^2)$, caractérisant un terme aléatoire, et φ une régression de Y_t sur son passé.

Une série chronologique Y_t est déterministe si la fonction

$\varphi = \varphi_t$, définie, vérifie

$$E(Y_t - \varphi_t)^2 = 0$$

Dans le cas particulier où φ est linéaire, on dit que Y_t est une chronique linéaire déterministe.

Considérons la fonction polynomiale $Y_t = at + b$. Elle est dite série linéaire déterministe. En effet :

$$Y_t - Y_{t-1} = a = Y_{t-1} - Y_{t-2}$$

d'où l'on tire que

$$Y_t = 2Y_{t-1} - Y_{t-2}$$

Soit la chronique polynomiale du second degré suivante :

$$Y_t = a_0 + a_1 t + a_2 t^2$$

On dit que cette fonction est aussi une série linéaire déterministe puisqu'il ressort :

$$\begin{aligned} Y_t - Y_{t-1} &= (a_2 t^2 + a_1 t + a_0) - [a_0 + a_1(t-1) \\ &\quad + a_2(t^2 - 2t + 1)] \\ &= 2a_2 t + a_1 - a_2 \end{aligned}$$

Par ailleurs,

$$\begin{aligned} (Y_t - Y_{t-1}) - (Y_{t-1} - Y_{t-2}) &= 2a_2 \\ &= (Y_{t-1} - Y_{t-2}) - (Y_{t-2} - Y_{t-3}) \end{aligned}$$

d'où

$$Y_t = 3Y_{t-1} - 3Y_{t-2} + Y_{t-3}$$

De façon générale, toute chronique polynomiale de degré k est une série linéaire déterministe, dans la mesure où elle est solution de l'équation de récurrence homogène.

$$\Delta^{q+1} Y_t = 0$$

Δ est un opérateur des différences premières.

Considérons le modèle exponentiel de croissance sans saturation de la forme suivante :

$$Y_t = e^{at+b}$$

On peut écrire que :

$$Y_t = e^a \; Y_{t-1}$$

Si le paramètre est connu, la fonction ci-dessus est aussi un processus linéaire déterministe. Souvent ***a*** n'est pas connu et on l'estime par une fonction a^* des valeurs observées.

Si e^{a^*} n'est pas linéaire, le processus ne sera plus dans ce cas linéaire.

Un modèle est dit déterministe, si la valeur Y_t de la chronique à la date t est approximativement déterminée par une fonction. L'écart entre la valeur observée Y_t et la valeur calculée φ (t) (si on connaît la fonction φ) est considéré comme une valeur assez faible, et noté e_t le résidu. Le modèle d'ajustement s'écrira :

$$Y_t \;=\; \varphi(t) \;+\; e_t \qquad t \in T$$

Finalement, ce qui est défini comme le processus déterministe est

$$X_t \;=\; \varphi(t)$$

Dans le cadre des séries temporelles, cette partie déterministe est constituée d'un mouvement de longue période, appelée trend ou tendance et représentée par f(t), et de variations saisonnières qui se répètent régulièrement dans le temps, définies par une composante périodique s(t).

Principalement, il existe deux types de décompositions ou de modèles :

- le modèle additif, où les deux composantes sont indépendantes

$$\varphi(t) = f(t) + s(t) + \varepsilon_t$$

- le modèle multiplicatif, où la composante saisonnière évolue avec la tendance.

$$\varphi(t) = f_t s_t \varepsilon_t$$

1.4. Modélisation d'une série chronologique

Pour résoudre les problèmes précédemment évoqués, il faut s'appuyer sur les modèles expliquant la manière dont la série évolue. C.Gouriéroux et A. Monfort (1990) distinguent trois types de modèles : les modèles d'ajustements, les modèles autorégressifs et les modèles explicatifs.

1.4.1. Les modèles d'ajustement

Nous partons de l'hypothèse que les traitements linéaires des séries sont connus ; aussi allons-nous, nous intéresser au modèle de Buys-Ballot qui a l'avantage d'être un modèle de prévision analytique.

Exemple 1 :

Soit à considérer la série temporelle suivante représentant la masse monétaire trimestrielle de la CEMAC[1] 1993 à 2004.

[1] CEMAC : Communauté Economique et Monétaire de l'Afrique Centrale

Tableau 1 : Masse monétaire trimestrielle de la CEMAC de 1993 à 2004 en millions de F CFA

Trimestres / Années	I	II	III	IV
1993	1 941 021	1 895 453	1 790 737	1 814 710
1994	2 021 960	2 256 459	2 279 356	2 446 649
1995	2 540 731	2 549 632	2 460 550	2 488 892
1996	2 639 804	2 766 836	2 749 868	2 785 537
1997	2 946 360	3 072 581	3 119 230	3 205 226
1998	3 312 859	3 311 240	3 288 530	3 273 207
1999	3 269 156	3 271 692	3 316 632	3 425 733
2000	3 689 143	3 859 702	3 898 688	4 151 529
2001	4 297 250	4 347 821	4 472 840	4 524 030
2002	4 642 721	4 721 854	4 927 325	5 059 139
2003	5 029 035	5 014 024	5 059 918	4 998 556
2004	5 096 033	5 332 883	5 323 867	5 496 157

Source : CEMAC

La tendance générale du mouvement et les variations saisonnières sont les éléments que le statisticien veut saisir afin de pouvoir ultérieurement faire des prévisions à partir des données lissées[1]. Le modèle de Buys-Ballot qui se présente sous la forme d'un tableau de contingence a l'avantage contrairement aux méthodes classiques de traitement des données, de donner la fonction d'ajustement, les coefficients saisonniers, la fonction de lissage des données et la prévision.

Le modèle présente aussi les caractéristiques de se prêter à tous les calculs possibles notamment méthode d'ajustement linéaire, exponentiel etc. Nous retiendrons particulièrement ces deux types d'ajustement selon la forme de la distribution.

1.4.1.1. Présentation

Le modèle de Buys-Ballot se présente sous la forme d'un tableau à double entrée, c'est-à-dire qu'il comporte nécessairement deux caractères. Dans le cas de séries chronologiques, ces deux caractères seront identifiés par :

- la date d'observation de base qui sera présentée en lignes avec comme code i ;
- l'unité de référence qui sera placée en colonnes avec le code j.

[1] On appelle série lissée, une série corrigée des variations saisonnières. Il existe le lissage par moyennes mobiles et le lissage exponentiel.

Tableau 2 : Table de Buys – Ballot

MOIS ANNEES	***1***	***2***	***3***	***4***	***j***	** .. **	***m***	***TOTAL*** $T_{i\cdot}$	***MOY./années*** Y_i	***Produit*** iT_i
1										
i					y_{ij}		y_{im}	$T_{i\cdot}$	$\bar{y}_i = T_i / m$	iT_i
n							y_{nm}	T_A		
Total $T_{\cdot j}$					$T_{\cdot j}$		T_{nm}	T		*Total de col = S*
Moyennes périodes n° j					$\bar{y}_j = T_j /$				*Moy. gle.* $\bar{\bar{y}} = T / nm$	
Coeff. Saisonniers c_j					c_j			0		

$T_{.j}$ = total de chaque colonne suivant les lignes soit $\sum_{i=1}^{n} y_{ij}$

$T_{i.}$ = total de chaque ligne suivant les colonnes soit $\sum_{j=1}^{m} y_{ij}$

$$\overline{Y_i} = \frac{\sum_{j=1}^{m} y_{ij}}{m} \quad = \text{moyenne de l'année i}$$

$$\overline{Y_j} = \frac{\sum_{i=1}^{n} y_{ij}}{n} \quad = \text{moyenne des mois n° j}$$

iT_i = produit du total de la ligne par le numéro de la ligne.

<u>Exemple</u> : pour $i = 2$ on a $iT_{i.} = 2T_2$.

$$T = \sum_{i=1}^{n} T_{i.} = \sum_{j=1}^{m} T_{.j} \quad et \quad S = \sum_{i=1}^{n} iT_{i.}$$

1.4.1.2. Les équations du modèle

Les différents paramètres sont obtenus à partir de la méthode des Moindres Carrés Ordinaires. Par ailleurs, quel que soit le type de modèle, additif ou multiplicatif à trend exponentiel ou non, les paramètres sont les mêmes et les formules sont identiques.

D'une manière générale, il y a 3 équations correspondant au calcul de 3 paramètres.

1- Le coefficient angulaire a :

$$a = \frac{12}{nm(n^2 - 1)} \left[\frac{S}{m} - \frac{n+1}{2m}.T\right] \quad (1)$$

avec: $S = \sum_{i=1}^{n} iT_i$

2- La constante b :

$$b = \frac{T}{nm} - a\,\frac{nm + 1}{2} \quad (2)$$

3- Les coefficients c_j :

$$c_j = \frac{T_{.j}}{n} - \frac{T}{nm} - a\left(j - \frac{m+1}{2}\right) \quad (3)$$

Les c_j sont les coefficients saisonniers du modèle. Ils sont supposés être stables durant toute la période. Cette hypothèse n'est pas toujours vérifiée dans la réalité.

Il ressort deux situations compte tenu de la nature de la distribution :

1- Modèle linéaire à trend additif
2- Modèle multiplicatif à trend exponentiel

A) Le modèle à trend additif

a) Définition

Dans l'hypothèse d'un modèle additif, la fonction d'ajustement se présente sous la forme suivante :

$f_t = b + at \quad (t = temps)$ (4) qui est la tendance, tandis que la fonction de lissage sera :

$$Y_t = a_1 + a_2 t + c_j \qquad (5)$$

Rappelons que la série brute est la somme de deux composantes déterministes (la tendance f_t et la saisonnalité s_t) et d'une composante aléatoire (la perturbation ε_t) :

$$Y_t = f_t + s_t + \varepsilon_t \qquad (6)$$

Sur la période considérée, la croissance de long terme est approximativement linéaire. Dans ce cas, la tendance sera approchée par une forme linéaire $f_t = a_1 + a_2 t$. La composante s_t peut être sous la forme d'une fonction périodique de période quatre. Soit quatre valeurs appelées coefficients saisonniers c_j ($j = 1,...4$). Finalement $s_t = c_j$ si la date t correspond au trimestre j.

Dès lors, $s_t = s^*_{1,t}c_1 + s^*_{2,t}c_2 + s^*_{3,t}c_3 + s^*_{4,t}c_4$ où s_{jt} fonction indicatrice du trimestre j, prend la valeur 1 si la date t correspond à ce trimestre, la valeur 0 dans le cas contraire.

En résumé, en première approximation, le modèle s'écrit dans le cas trimestriel :

$$y_t = a_1 + a_2 t + s_{1,t} c_1 + s_{2,t} c_2 + s_{3,t} c_3 + s_{4,t} c_4 + \varepsilon_t \qquad (7)$$

b) Le principe de conservation des aires

L'analyse de la saisonnalité vise une nouvelle répartition du profil « intra annuel » de l'historique (R. Bourbonnais-M. Terraza 2004) sans changer le seuil atteint en cumul annuel. En d'autres termes, les moyennes annuelles de la distribution brute et de la distribution corrigée des variations saisonnières doivent être identiques. C'est l'existence de cette contrainte qui se fait sur les coefficients saisonniers que l'on appelle principe de la conservation des aires. Dans le cas d'un modèle multiplicatif, la moyenne des coefficients doit être égale à 1 tandis que dans le cas d'un modèle additif, la somme des coefficients doit être nulle. Ainsi, dans le cas de l'exemple précédent on aura :

$$\sum_{j=1}^{4} c_j = c_1 + c_2 + c_3 + c_4 = 0 \qquad (8)$$

Le modèle composé des équations (7) et (8) est appelé modèle trimestriel de Buys-Ballot. Il peut se présenter sous une autre forme, notamment, la forme mensuelle.

A titre illustratif, si on se reporte aux données du Tableau 1 relatives à la masse monétaire de la CEMAC et en supposant que celles-ci suivent une évolution additive, il ressort les résultats ci-après :

c) Construction de la Table :

Tableau 3 : Masse monétaire trimestrielle de la CEMAC (en millions de F CFA)

Trimestres / Années	I	II	III	IV	Total ($T_{i.}$)	Moyenne annuelle y_i	iT_i
1993	1941021	1895453	1790737	1814710	7441921	1860480,25	7441921
1994	2021960	2256459	2279356	2446649	9004424	2251106	18008848
1995	2540731	2549632	2460550	2488892	10039805	2509951,25	30119415
1996	2639804	2766836	2749868	2785537	10942045	2735511,25	43768180
1997	2946360	3072581	3119230	3205226	12343397	3085849,25	61716985
1998	3312859	3311240	3288530	3273207	13185836	3296459	79115016
1999	3269156	3271692	3316632	3425733	13283213	3320803,25	92982491
2000	3689143	3859702	3898688	4151529,49	15599062,5	3899765,62	124792500
2001	4297250	4347821	4472840	4524030	17641941	4410485,25	158777469
2002	4642721	4721854	4927325,92	5059139	19351039,9	4837759,98	193510399
2003	5029035	5014024,16	5059918	4998556	20101533,2	5025383,29	221116865
2004	5096033	5332883	5323867,38	5496157	21248940,4	5312235,09	254987285
$T_{.j}$	41426073	42400177,2	42687542,3	43669365,5	T =170183158	$\overline{\overline{Y}} = \frac{T}{nm}$	**1286337373**
Moy	3452172,75	3533348,1	3557295,19	3639113,79		= 3545482,46	
Coef. saison. c_i	-141431	-42401	42321	141511			

<u>Source</u> : Résultats d'estimation

Remarque : Il est indispensable pour la commodité des calculs que la date d'observation de base soit entière. Dans le cas présent, nous avons 12 années entières avec comme unité de référence le trimestre.

d) Détermination des paramètres :

$$a = \frac{12}{48(144-1)}\left[\frac{1\ 286\ 337\ 373}{4} - \frac{13}{8}170\ 183\ 158\right] = 78\ 735{,}5099$$

$$b = 3\ 545\ 482{,}46 - 78\ 735{,}5099\frac{49}{2} = 1\ 616\ 462{,}47$$

$$c_1 = 3\,452\,172{,}75 - 3\,545\,482{,}46 - 78\,735{,}51\,(1 - 2{,}5) = -4\,532\,723{,}75$$

$$c_2 = 3\,533\,348{,}1 - 3\,545\,482{,}46 - 78\,735{,}51\,(2 - 2{,}5) = -4\,433\,694{,}41$$

$$c_3 = 3\,557\,295{,}19 - 3\,545\,482{,}46 - 78\,735{,}51\,(3 - 2{,}5) = -4\,348\,972{,}12$$

$$c_4 = 3\ 639\ 113{,}79 - 3\ 545\ 482{,}46 - 78\ 735{,}51\,(4 - 2{,}5) = -4\ 249\,781{,}96$$

En vertu du principe de la conservation des aires, c'est-à-dire du principe de compensation des mouvements en hausse et en baisse, la moyenne des coefficients saisonniers doit être nulle puisque le modèle est additif.

Lorsque cette hypothèse n'est pas vérifiée, on procède à une correction.

$$\frac{1}{4}(-4\,532\,723{,}75 - 4\,433\ 694{,}41 - 4\,348\,972{,}12 - 4\ 249\,781{,}96) = -4\ 391\,293{,}06$$

Dans le cas présent, $\frac{1}{m}\sum c_j \neq 0$. La correction se fait en soustrayant la moyenne des c_j de chaque coefficient c_j pour obtenir les c'_j.

$$c_1' = -4\,532\,723{,}75 + 4\ 391\,293{,}06 = 141\ 430{,}692$$

$$c_2' = -4\,433\,694{,}41 + 4\ 391\,293{,}06 = -42\,401{,}3451$$

$$c_3^{'} = -4\,348\,972{,}12 + 4\;391\,293{,}06 = 42\,320{,}9385$$

$$c_4^{'} = -4\;249\,781{,}96 + 4\;391\,293{,}06 = 141\;511{,}098$$

Pour des raisons pratiques, il est bon d'arrondir les coefficients de façon à avoir une somme égale à 0.

$$c'_1 = -141\;431$$
$$c'_2 = -42\;401$$
$$c'_3 = 42\;321$$
$$c'_4 = 141511$$

$$\frac{1}{m}\sum c_j^{'} = \frac{1}{4}(-141\;431 - 42\;401 + 42\;321 + 141\;511) = 0$$

e) Fonction de lissage

$$Y_t^* = 1\;616\;462{,}47 + 78\,735{,}5099t + c_j^{'} \text{ avec } c_j^{'} = 1, 2, 3, 4 \text{ et } t = 1, 2..., 48$$

Il faut noter que cette fonction de lissage se distingue de la fonction d'ajustement linéaire

$Y_t = b + at$ qui, dans le cas de l'exemple de la masse monétaire de la CEMAC est :

$$Y_t^* = 1\;212\;433t - 41\;267\;028 \text{ qui est le trend.}$$
avec $\sigma_a = 523\;210{,}4$ *et* $\sigma_b = 43\;725\;389$

Tableau 4 : Données corrigées des variations saisonnières

Trimestre / Années	I	II	III	IV
1993	1553766,97	1731532,48	1894989,99	2072915,5
1994	1868709,01	2046474,52	2209932,03	2387857,54
1995	2183651,05	2361416,56	2524874,07	2702799,58
1996	2498593,09	2676358,6	2839816,11	3017741,62
1997	2813535,13	2991300,64	3154758,15	3332683,66
1998	3128477,17	3306242,68	3469700,19	3647625,7
1999	3443419,21	3621184,72	3784642,23	3962567,74
2000	3758361,25	3936126,76	4099584,27	4277509,78
2001	4073303,29	4251068,8	4414526,31	4592451,82
2002	4388245,33	4566010,84	4729468,35	4907393,86
2003	4703187,37	4880952,88	5044410,39	5222335,9
2004	5018129,41	5195894,92	5359352,43	5537277,94

Source : Résultats d'estimation

Figure 1 : Courbe des données brutes et lissées du modèle additif de la masse monétaire de la CEMAC

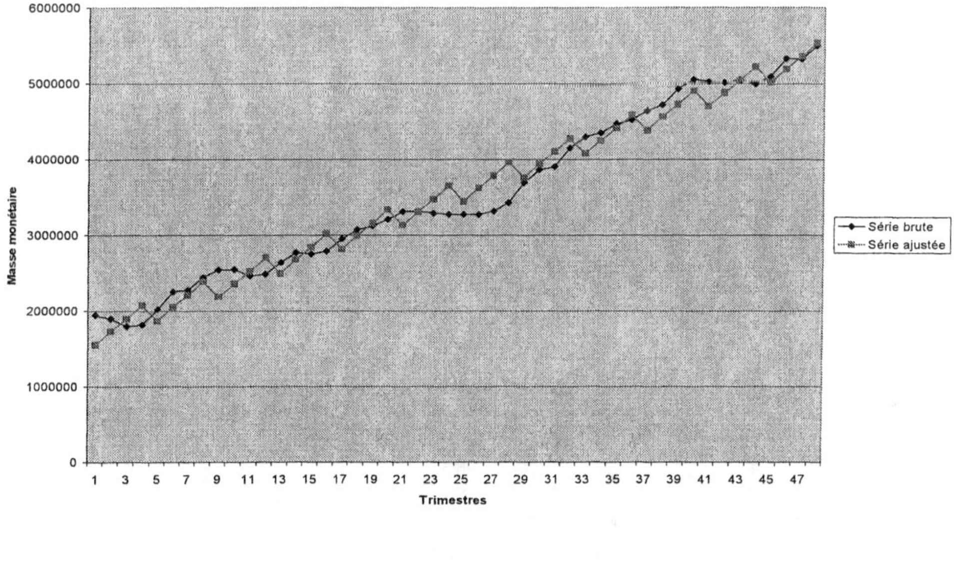

La figure 1 montre que la série ajustée épouse parfaitement la série brute. La conclusion qui s'impose a priori est que l'évolution de la masse monétaire de la CEMAC suit un modèle additif. Cette concordance permet d'avoir la plus petite variance résiduelle entre les données brutes et les données lissées.

Exemple 2 :

Considérons l'évolution des prix agricoles mensuels de sorgho blanc de 2000 à 2005 au Burkina Faso.

Application à l'évolution des prix mensuels moyens du sorgho blanc au Burkina Faso de 2000 à 2005

Tableau 5 : Tableau de Buys-Ballot relatif à l'évolution des prix moyens mensuels au producteur du sorgho blanc au Burkina

Mois **Années**	**1**	**2**	**3**	**4**	**5**	**6**	**7**	**8**	**9**	**10**	**11**	**12**	**Total** $(T_{i.})$	**Moy.**	iT_i
2000	68,77	66,61	64,07	68,62	69,77	69,21	71,58	64,83	66,82	73,50	72,71	75,92	832,41	69,37	832,41
2001	73,85	84,75	107,55	111,78	108,27	113,80	146,78	135,30	136,70	117,09	93,43	90,92	1320,21	110,02	2640,42
2002	105,83	116,54	123,50	126,60	129,90	132,57	143,22	142,38	139,27	122,44	102,69	105,75	1490,70	124,22	4472,10
2003	103,84	100,36	103,33	104,73	103,03	101,61	87,29	77,00	75,24	65,86	60,53	55,48	1038,31	86,53	4153,25
2004	56,51	56,21	58,22	62,37	62,22	64,50	77,00	85,80	87,48	96,31	98,69	104,82	910,12	75,84	4550,62
2005	110,43	127,33	145,55	152,71	161,45	200,86	208,30	217,33	191,12	143,13	101,82	101,33	1861,36	155,11	11168,14
Total $(T_{.j})$	519,24	551,80	602,21	626,80	634,65	682,55	734,18	722,64	696,64	618,33	529,86	534,22	7453,12	1146,63	
Moy.	86,54	91,97	100,37	104,47	105,77	113,76	122,36	120,44	116,11	103,06	88,31	89,04			27816,95
Coeff saison. c_i	-5,19	-4,05	-2,67	-1,64	-0,84	0,51	1,91	2,44	2,77	2,37	1,82	2,57			

<u>**Source**</u> **: Sytème d'Information sur les Marchés (SIM) SONAGESS**

Les résultats du lissage figurent au tableau 6. Il est appliqué au regard de la tendance, un modèle additif : $Y_t^* = 78,44 + 0,69t + c_j^{'}$.

Tableau 6 : Données lissées relatives aux prix moyens mensuels au producteur du sorgho blanc au Burkina Faso

Mois **Années**	**1**	**2**	**3**	**4**	**5**	**6**	**7**	**8**	**9**	**10**	**11**	**12**
2000	73,94	75,76	77,84	79,55	81,04	83,07	85,17	86,38	87,39	87,68	87,82	89,26
2001	82,18	84,01	86,08	87,80	89,28	91,32	93,41	94,62	95,63	95,92	96,07	97,50
2002	90,42	92,25	94,32	96,04	97,52	99,56	101,65	102,87	103,88	104,16	104,31	105,74
2003	98,67	100,49	102,57	104,28	105,76	107,80	109,89	111,11	112,12	112,41	112,55	113,99
2004	106,91	108,73	110,81	112,52	114,01	116,05	118,14	119,35	120,36	120,65	120,80	122,23
2005	115,15	116,98	119,05	120,77	122,25	124,29	126,38	127,59	128,61	128,89	129,04	130,47

Source : Résultats des estimations

Figure 2 : Courbes des données brutes et lissées du modèle additif des prix mensuels moyens du sorgho blanc au Burkina

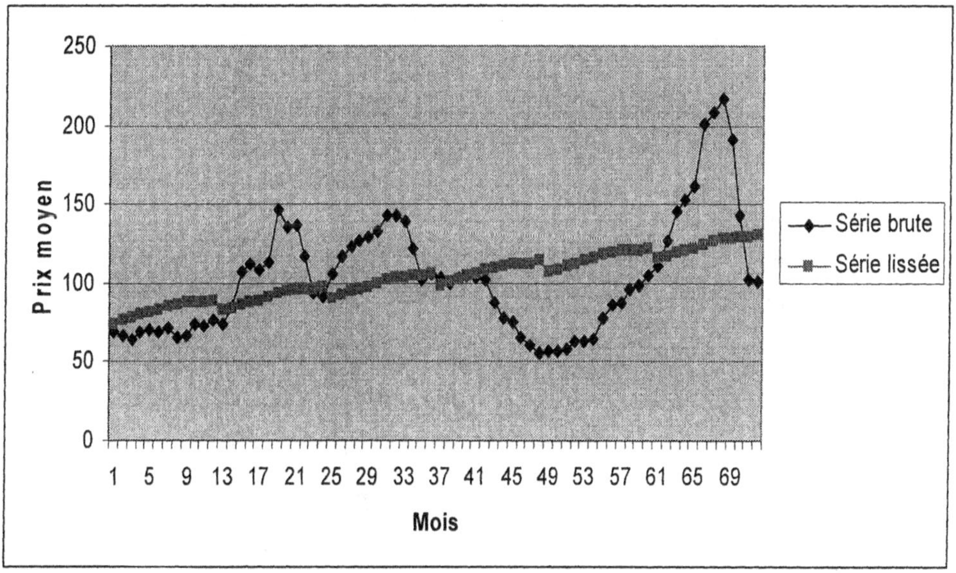

Il ressort la variance résiduelle suivante entre données observées et données lissées : $\sigma_{\varepsilon}^{2} = 1169{,}43$.

B) Le modèle multiplicatif à trend exponentiel

a) Définition

La méthode d'ajustement étudiée précédemment s'applique au modèle à trend exponentiel et à composition multiplicative de la forme.

$$Y_t = Y_0 (1+r)^t (1+s_j)(1+z_t) \qquad (9)$$

Ce type de modèle peut être ramené à une forme linéaire ;

$$\log Y_t = \log Y_0 + t\log(1+r) + \log(1+s_j) + \log(1+z_t)$$

ce qui revient à poser :

$$\log Y_0 = b = \text{constante}$$

$$\log(1+r) = a$$

$$\log(1+s_j) = c_j$$

$$\log(1+z_t) = \varepsilon_t$$, le résidu.

b) Application aux prix moyens mensuels du sorgho blanc au Burkina Faso

$$\log(1+r) = \frac{12}{72(36-1)}\left(\frac{42{,}2887}{12} - \frac{7}{2}143{,}2432\right) = 0{,}0024$$

$$1+r = 1{,}0056$$

$$\log Y_0 = 1{,}98948874 - 0{,}0024\,\frac{72+1}{2} = 1{,}9009378$$

$$Y_0 = 79{,}60$$

La fonction d'ajustement est : $Y_t = 79{,}60\,(1+0{,}0056)^t$;

et la fonction de lissage :

$$Y_t = 79{,}60\,(1+0{,}0056)^t\, c_j'$$

soit une fonction de la forme :

$$Y_t = A\,\alpha^t\, c_j$$

c) Principe de la conservation des aires

Les coefficients saisonniers initiaux sont :

coefficients	Valeurs	coefficients	Valeurs	coefficients	Valeurs
c_1	-1,915	c_5	-1,899	c_9	-1,887
c_2	-1,911	c_6	-1,895	c_{10}	-1,887
c_3	-1,906	c_7	-1,890	c_{11}	-1,890
c_4	-1,902	c_8	-1,888	c_{12}	-1,887

$$\frac{1}{m}\sum_{j=1}^{12}\left(1+s_j\right)=1$$

$$\frac{1}{12}(-1{,}915-1{,}911-1{,}906-1{,}902-1{,}899-1{,}895-1{,}890-1{,}888$$
$$-1{,}887-1{,}887-1{,}890-1{,}887)=-1{,}896$$

Pour la correction, contrairement au modèle additif, dans le cas d'un modèle multiplicatif chaque c_j est divisé par $\overline{s}$;

$$c_1^{'}=\frac{-1{,}915}{-1{,}896}\approx 1{,}010$$

$$c_2^{'}=\frac{-1{,}911}{-1{,}896}\approx 1{,}008$$

$$\vdots$$

$$c_{12}^{'}=\frac{-1{,}887}{-1{,}896}\approx 0{,}995$$

Etc. (voir le récapitulatif au tableau de la page suivante)

Les différentes valeurs de c'_j obtenus sont récapitulées dans le tableau ci-dessous :

c'_1	c'_2	c'_3	c'_4	c'_5	c'_6	c'_7	c'_8	c'_9	c'_{10}	c'_{11}	c'_{12}
1,010	1,008	1,005	1,003	1,001	0,999	0,996	0,996	0,995	0,995	0,997	0,995

Ces c'_j vérifient le principe de la conservation des aires :

$$\frac{1}{12}(1{,}010 + 1{,}008 + 1{,}005 + 1{,}003 + 1{,}001 + 0{,}999 + 0{,}996$$
$$+ 0{,}996 + 0{,}995 + 0{,}997 + 0{,}995) = 1$$

En définitive, le modèle se présentera de la manière suivante :

$$Y_t^* = 79{,}60\,(1 + 0{,}0056)^t\, c_j^* \quad avec \;\; j \; = \; 1,..n \;\; et \;\; t = 1,2...$$

Tableau 7 : Données corrigées (en log) relatives aux prix moyens mensuels du sorgho blanc au Burkina Faso

Mois **Années**	**1**	**2**	**3**	**4**	**5**	**6**	**7**	**8**	**9**	**10**	**11**	**12**	**Total** $(T_{i.})$	**Moy.**	iT_i
2000	1,84	1,82	1,81	1,84	1,84	1,84	1,85	1,81	1,82	1,87	1,86	1,88	22,09	1,84	22,09
2001	1,87	1,93	2,03	2,05	2,03	2,06	2,17	2,13	2,14	2,07	1,97	1,96	24,40	2,03	48,80
2002	2,02	2,07	2,09	2,10	2,11	2,12	2,16	2,15	2,14	2,09	2,01	2,02	25,10	2,09	75,29
2003	2,02	2,00	2,01	2,02	2,01	2,01	1,94	1,89	1,88	1,82	1,78	1,74	23,12	1,93	92,48
2004	1,75	1,75	1,77	1,79	1,79	1,81	1,89	1,93	1,94	1,98	1,99	2,02	22,43	1,87	112,13
2005	2,04	2,10	2,16	2,18	2,21	2,30	2,32	2,34	2,28	2,16	2,01	2,01	26,11	2,18	156,67
Total $(T_{.j})$	11,54	11,67	11,87	11,99	12,01	12,14	12,32	12,25	12,20	11,98	11,63	11,63	**143,24**	22,04	
Moyenne	1,92	1,95	1,98	2,00	2,00	2,02	2,05	2,04	2,03	2,00	1,94	1,94			**507,46**
Coeff saison. c_i	1,010	1,008	1,005	1,003	1,001	0,999	0,997	0,996	0,995	0,995	0,997	0,995			

<u>source</u> : Résultats des estimations

Tableau 8 : Données corrigées des variations saisonnières en valeurs absolues FCFA/kg

$$Y^{*} = A\alpha^{t}\ C_{j}$$

$$Y_{t}^{*} = 79{,}60\,(1 + 0{,}0056)^{t}\,c_{j}^{*}$$

Mois **Années**	**1**	**2**	**3**	**4**	**5**	**6**	**7**	**8**	**9**	**10**	**11**	**12**
2000	80,84	81,11	81,3	81,63	81,97	82,24	82,49	82,88	83,271	83,768	84,35	84,71
2001	86,44	86,73	87	87,29	87,65	87,94	88,2	88,63	89,043	89,574	90,19	90,58
2002	92,43	92,75	93	93,34	93,73	94,04	94,32	94,77	95,214	95,782	96,44	96,86
2003	98,84	99,17	99,5	99,81	100,2	100,6	100,9	101,3	101,81	102,42	103,1	103,6
2004	105,7	106	106	106,7	107,2	107,5	107,8	108,4	108,87	109,52	110,3	110,7
2005	113	113,4	114	114,1	114,6	115	115,3	115,9	116,42	117,11	117,9	118,4

Source : Résultats des estimations

Figure 3 : Courbes des données brutes et lissées du modèle multiplicatif des prix moyens du sorgho blanc au Burkina Faso

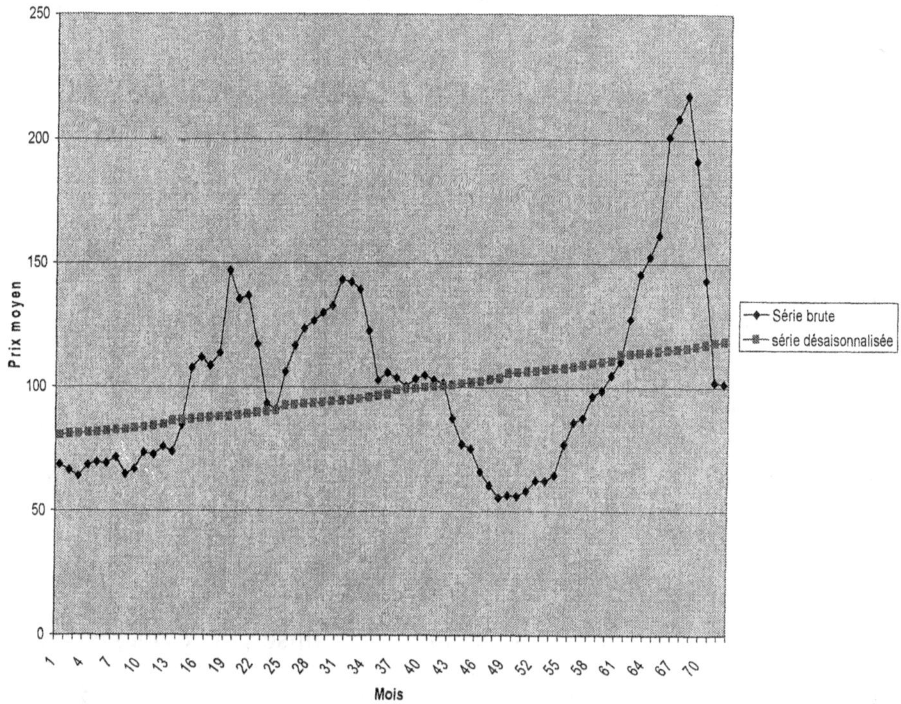

La variance résiduelle $Y_t - Y_t^c \Rightarrow \sigma_\varepsilon^2 = 1189{,}719$. On constate que la courbe lissée n'épouse pas celle des données brutes.

La comparaison des variances montre que la variance résiduelle du modèle multiplicatif ($\sigma_\varepsilon^2 = 1189{,}719$) est supérieure à celle du modèle additif ($\sigma_\varepsilon^2 = 1169{,}43$). Ce qui indique que le modèle additif est plus adapté ici que le modèle multiplicatif.

1.4.2. Modèles autorégressifs

Avant d'examiner plus en détail les modèles autorégressifs, on suppose que Y_t est une fonction de ses valeurs passées et d'une perturbation aléatoire μ_t.

$$Y_t = f(Y_{t-1}, Y_{t-2}, \ldots \mu_t)$$

Ces modèles sont dits autorégressifs du fait de la détermination du présent ou du futur grâce à la projection du passé.

Parmi ces modèles, il y a les modèles autorégressifs intégrés moyennes mobiles (ARIMA) qui sont particulièrement utiles pour la prévision. Ces modèles se caractérisent par une méthode de prévision extrapolative.

Dans le cadre de ces méthodes de prévision mises en évidence, il y a principalement celles du lissage exponentiel. Un des avantages de la méthode fondée sur les modèles ARIMA est que l'identification – estimation – prévision permet de sélectionner la méthode de prévision optimale dans un vaste ensemble de possibilités alors que les méthodes traditionnelles (ajustement global, lissage) comportent une part plus importante d'arbitraire notamment dans le choix de la fonction d'ajustement.

1.4.3. Modèles explicatifs

Ce sont des modèles dont la variable expliquée Y_t est représentée en fonction d'une suite de variables observables X_t, appelées variables exogènes et d'un aléa μ_t :

$$Y_t = f(X_t, \mu_t)$$

La variable exogène X_t peut présenter une forme déterministe ou une forme aléatoire.

Dans ces modèles explicatifs, on peut retenir essentiellement deux formes.

a) Modèle explicatif statique

Un modèle explicatif statique est un modèle dont les variables exogènes X_t de la variable endogène Y_t ne se réfèrent pas aux valeurs passées de Y_t. Par ailleurs, les aléas μ_t sont non corrélés. A titre d'exemple, on peut noter la relation ci-après :

$$Y_t = \beta_0 + \beta_1 X_t + \mu_t \quad \text{avec } t = 1, \cdots, T$$

Conformément aux hypothèses des MCO, on a :

$$E(X_t \mu_t) = 0$$
$$\mu_t \sim N(0; \sigma^2_{\mu_t})$$

b) Modèle explicatif dynamique

Un modèle explicatif est dit dynamique soit parce que les aléas μ_t sont autocorrélés, soit parce que le modèle contient des valeurs passées de la variable endogène Y_t.

Dans le premier cas, c'est-à-dire de modèles à aléas autocorrélés, on peut citer le modèle de Koyck en considérant le système suivant :

$$\begin{cases} Y_t = \beta_0 + \beta_1 X_t + \lambda Y_{t-1} + \eta_t & (1) \\ \eta_t = \varepsilon_t - \lambda \varepsilon_{t-1} & (2) \end{cases}$$

La démarche autorégressive permet de résoudre ces types de problème.

Dans le second cas, où le modèle est caractérisé par une suite de variables endogènes retardées, tel que le processus suivant :

$$Y_t = \beta_0 + \beta_1 Y_{t-1} + \beta_2 Y_{t-2} + \cdots + \beta_p Y_{t-p} + \mu_t \qquad (3)$$

La principale difficulté est la détermination précise du nombre de décalages temporels pertinents. Il existe cependant quelques techniques tels que les critères AIC et de SC qui seront examinés plus tard.

Exercices

1. Soit la fonction générale de lissage suivante correspondant à une situation trimestrielle.

$y_t = \alpha_1 + \alpha_2 t + s_{1t}c_1 + s_{2t}c_2 + s_{3t}c_3 + s_{4t}c_4 + \varepsilon_t$

Présenter la fonction pour le deuxième trimestre.

2. En vous inspirant du tableau de Buys-Ballot, montrer que :

$$\sum_{i=\&}^{n}\sum_{j=1}^{m} y_{ij} = T$$

3. Le modèle trimestriel (additif) de Buys-Ballot a donné les coefficients saisonniers suivants

c_1	c_2	c_3	c_4
-2,4	-3,6	1,5	3,5

a) Vérifier le principe de la conservation des aires.

b) Procéder à la correction si nécessaire.

4. Soit le modèle multiplicatif suivant de Buys-Ballot :

$Y_t = Y_0(1+r)^t(1+s_j)(1+z_t)$

a) Montrer que ce modèle peut se présenter sous la forme linéaire suivante : $Y_t = z_t + s_t + \varepsilon_t$

b) Dites ce que représente chacune de ces composantes.

c) La fonction d'ajustement sur des données réelles se présente comme suit : $Y_t = 113{,}45(1{,}21)^t c_j$

Les coefficients saisonniers estimés sont :

$c_1 = 0{,}42$
$c_2 = 0{,}83$
$c_3 = 1{,}29$
$c_4 = 1{,}05$

Quelle observation pouvez-vous faire?

5. Dites ce qui arrive lorsqu'on applique sur des données présentant un caractère additif un modèle multiplicatif et inversement ? Comment se présentent les variances résiduelles ?

6. Dans les chroniques, qu'appelle-t-on mouvements extra-saisonniers ?

CHAPITRE II

LE LISSAGE EXPONENTIEL

Introduction

Dans les premiers et second cycles de formation supérieure il a été examiné les méthodes classiques des chroniques. Dans le présent chapitre, nous voulons examiner quelques points particuliers de ces méthodes afin de montrer le lien qu'il y a avec les développements récents de l'économétrie des séries temporelles. Ces rappels se placent surtout au plan pédagogique afin de permettre à l'étudiant et aux chercheurs de voir la dimension de tous ces travaux économétriques. En particulier, il s'agit surtout de rappeler aux étudiants la nécessité d'effectuer certains travaux préalables sur les séries chronologiques avant de pousser l'analyse à un niveau plus raffiné :

- Détection et nature de la tendance

Deux situations peuvent se présenter dans le cas d'une chronique : l'existence d'une tendance ou non.

- Détection d'une tendance avec saisonnalité ou sans
- Nature de la tendance aléatoire

Lorsqu'une chronique est non saisonnière, soit que naturellement elle n'en possède pas, soit qu'elle a été désaisonnalisée. Il est nécessaire de tester l'existence ou non d'une tendance. Les méthodes couramment utilisées sont :

- La représentation graphique de la distribution brute
- La détermination de la fonction d'autocorrélation
- L'analyse spectrale.

Dans le cas de l'existence d'une tendance qui présente un profil analytique très prononcé telle qu'une tendance linéaire, la fonction d'autocorrélation de la distribution possède des valeurs élevées qui déclinent lentement. La fonction spectrale présente des valeurs importantes aux basses fréquences les plus prononcées.

Ces outils ne sont cependant pas suffisants pour révéler l'existence d'une tendance. Aussi, dans les développements ultérieurs, ces analyses peuvent être complétées par des tests relatifs aux résidus du modèle. Précédemment, nous avons passé en revue la tendance déterministe ; aussi, ce qui importe présentement est l'examen de la tendance stochastique. Nous la privilégions non pas pour une analyse approfondie, mais uniquement parce que le lissage exponentiel s'emploie dans ce cadre.

La technique du lissage exponentiel est utilisée dans le cadre d'une chronique affectée d'une tendance stochastique.

2.1. Présentation générale

L'étude du lissage exponentiel se situe dans cet ordre d'idée. L'élaboration du diagnostic conjoncturel est un problème sur lequel se sont longuement penchés les économistes, hantés par la crainte d'une récession soudaine.

A l'origine, ces méthodes servaient à faire des calculs rapides de prévisions pour un grand nombre de séries. Par la suite, elles se sont avérées très efficaces pour la prévision de manière générale.

Le lissage exponentiel permet d'obtenir par la série lissée, c'est-à-dire la "tendance cycle" une valeur contemporaine de celle de la dernière observation.

Le lissage exponentiel est un filtre linéaire, noté S. Il est défini par la relation de récurrence :

$$\begin{aligned} S_t &= S_{t-1} + \alpha [X_t - S_{t-1}] \\ &= \alpha X_t + (1 - \alpha) S_{t-1} \end{aligned} \qquad (10)$$

où $\alpha \in]0,1[$ est appelée constante de lissage

$$S_{t-1} = \alpha X_{t-1} + (1 - \alpha) S_{t-2}$$

donc

$$S_t = \alpha X_t + \alpha(1-\alpha) X_{t-1} + (1-\alpha)^2 S_{t-2}$$

Finalement, la succession de ces étapes permet d'avoir la relation ci-après :

$$= \alpha \sum_{k=0}^{n-1} (1 - \alpha)^k X_{t-k} + (1 - \alpha)^n S_{t-n} \qquad (11)$$

Si n tend vers l'infini, l'expression S s'écrit :

$$S_t = \alpha \sum_{k=0}^{\infty} (1 - \alpha)^k S_{t-k} \text{ qui est un } AR(k) \qquad (12)$$

Il ressort que cette formule n'est qu'une combinaison linéaire infinie des observations du passé, avec une pondération

$$w_k = \alpha (1 - \alpha)^k \qquad (13)$$

qui décroît de manière géométrique au fur et à mesure que l'on s'écarte du passé. Cet opérateur expliquent D. Bosq et alii (1992) synthétise le passé avec une mémoire caractérisée par $(1 - \alpha)$.

En effet, si $(1-\alpha)$ est petit, cela signifie que l'on accorde moins d'importance au passé entraînant son effacement rapide, dans le même temps, c'est la valeur actuelle qui est plus influente puisque α est plus grand. Inversement, si $(1- \alpha)$ est assez élevé, le passé disparaît plus lentement. On montre à partir de la relation (13) que :

$$\sum w_k = \alpha \sum_{k=0}^{\infty} (1 - \alpha)^k = \frac{\alpha}{1-(1-\alpha)} = 1 \qquad (14)$$

1°/ Lorsque la série est stationnaire, d'observations indépendantes, de sorte que :

$$E(X_t) = m \quad \text{et} \quad V(X_t) = \sigma^2$$

la série lissée $Y_t = S_t$ aura pour caractéristiques :

$$E(Y_t) = \sum_{k=0}^{\infty} w_k \, m = m \quad puisque \quad \sum_{k=0}^{\infty} w_k = 1 \qquad (15)$$

$$V(Y_t) = \sigma^2 \sum_{k=0}^{\infty} w_k^2 = \alpha^2 \sigma^2 \sum_{k=0}^{\infty} [(1 - \alpha)^2]^k = \frac{\alpha}{2 - \alpha} \sigma^2 \qquad (16)$$

En conclusion, il ressort que Y_t est un estimateur non biaisé de $E(X) = m$, avec une variance qui est inférieure à celle de X_t [1]. En effet, $V(Y_t)$ est égale à la $V(X_t)$ pondérée par un coefficient qui est

$$\frac{\alpha}{2 - \alpha} < 1, \qquad \text{avec} \qquad V(Y_t) < V(X_t)$$

[1] X_t est la série brute non lissée.

2°/ Si la série est non stationnaire, déterministe, de tendance linéaire de la forme :

$$E(X_t) = at + b$$

on a :

$$E(Y_t) = \sum_{k=0}^{\infty} w_k [a(t-k)+b] = at + b - a \sum_{k=0}^{\infty} k\, w_k = E(X_t) - a\frac{1-\alpha}{\alpha} \quad (17)$$

L'estimateur de la tendance, $E(X_t)$ introduit un biais dont la valeur est :

$$E[X_t - Y_t] = a\frac{1-\alpha}{\alpha} \quad (18)$$

La suppression de ce biais nécessite un second lissage sur la série lissée $S(t)$. En d'autres termes, cela revient à appliquer à la série initiale (X_t) l'opérateur de lissage exponentiel d'ordre deux, défini à partir du lissage exponentiel simple, noté dans ce cas $S_1(t)$[2], par la récurrence.

$$S_t^2 = \alpha S_t^1 + (1-\alpha)S_{t-1}^2 \quad (19)$$

En généralisant, l'opérateur de lissage exponentiel d'ordre p, S_p, sera défini par la récurrence.

$$S_t^p = \alpha S_t^{p-1} + (1-\alpha)S_{t-1}^p \quad (20)$$

[2] Ce qui revient à passer d'un *AR(1)* à un *AR(2)* c'est-à-dire d'un autorégressif 1 à un autorégressif 2.
Donc $S_t = \alpha X_t + (1-\alpha)S_{t-1}$ devient $S_t^1 = \alpha X_t + (1-\alpha)S_{t-1}^1$

2.2. Le lissage exponentiel simple (LES) non saisonnier

C'est une méthode qui a été mise au point par R. Brown en 1959. Elle repose sur une pondération qui décroît géométriquement lorsqu'on s'éloigne du présent. La présentation est de la forme :

$$w_k = (1-\alpha)^k \quad \textit{avec } \alpha \in]0\,1[$$

On peut distinguer deux situations, lorsque la série est stationnaire et lorsque la série n'est pas stationnaire[3]. Ce type de lissage simple s'applique aux séries stationnaires.

2.2.1. Présentation générale

Soit le modèle suivant :

$$Y_t \;=\; a \;+\; \varepsilon_t \qquad (21)$$

$$\varepsilon_t \sim> N(0, \sigma^2)$$

Cette forme est associée à une chronique ayant un caractère stationnaire. Cela veut dire que la tendance *f(t)* = *1*. La méthode contient deux cas particuliers :

- pour $\alpha = 0$,
- pour $\alpha = 1$

Nous reviendrons sur ces deux cas plus tard.

---

[3] Une série stationnaire est une série dont les moments sont indépendants du temps. Le chapitre 3 est consacré à ce type de série.

L'estimateur du paramètre de ce modèle obtenu à la date T quand on fait varier n vers l'infini est :

$$a^* = \alpha \sum_{k=0}^{\infty} w_k \, X_{t-k} \qquad (22)$$

Dans le cas présent, la prévision se résume à :

$$X_t^*(h) = a^*, \qquad (23)$$

ce qui correspond au lissage exponentiel simple $S_1(t)$ relative à l'ajustement d'une série stationnaire et qui amène à la formule de prévision établie à la date T pour l'horizon h.

$$X_t^*(h) = \alpha \sum_{k=0}^{\infty} (1-\alpha)^k X_{t-k} \qquad (24)$$

La formule de prévision peut aussi se ramener à une forme adaptative.

$$X_t^*(h) = \alpha X_t + \alpha \sum_{k=1}^{\infty} (1-\alpha)^k X_{t-k}$$

$$= \alpha X_t + \alpha(1-\alpha) \sum_{k=1}^{\infty} (1-\alpha)^k X_{t-k-1}$$

$$= \alpha X_t + (1-\alpha) X_{t-1}^*(h) \qquad (25)$$

Cette dernière formule est comparable à la formule de récurrence qui définit l'opérateur de lissage exponentiel simple S_t ou S_t^1.

Puisque la fonction de prévision est constante, pour h = 1, la formule adaptative s'écrit :

$$X_t^*(1) = \alpha \, X_t + (1-\alpha) X_{t-1}^*(1) \qquad (26)$$

Cette prévision est la moyenne pondérée de la dernière observation et de la prévision faite à la date t-1 pour la période t.

Il existe deux cas particuliers dans ce modèle de prédiction.

- pour $\alpha = 0$ on a $X_t^*(1) = X_{t-1}^*(1)$, traduisant que la dernière observation n'intervient pas dans la prévision ;

- pour $\alpha = 1$, entraîne que $X_t^*(1) = X_t$, ce qui veut dire que la prévision est égale à la dernière valeur observée ; ce qui est couramment appelée selon Guy Mélard (1990), la méthode de prévision naïve.

Pour simplifier les calculs, on posera que :

$$X_t^*(1) = F_{t+1} \ et \ X_{t-1}^*(1) = F_t \ et \ X_t = Y_t$$

Finalement, si on se reporte à l'équation (26), on aura :

$$F_{t+1} = \alpha Y_t + (1 - \alpha) F_t \qquad (27)$$

Il se pose toutefois un certain nombre de problèmes, notamment le choix de la constante α et de la prévision initiale :

$$F_{t-1} = F_0$$

Exemple : Soit la distribution suivante Y_t représentant l'évolution du prix du kg de mil dans la province du Sanmentenga (Burkina Faso) au cours de l'année 1990-91 (données mensuelles en FCFA).

Mois	Y_t
Octobre	48
Novembre	71
Décembre	73
Janvier	67
Février	73
Mars	94
Avril	97
Mai	85
Juin	100
Juillet	98
Août	97
Septembre	97

On demande de faire la prévision par la formule de définition caractérisée par :

$$F_t = \alpha Y_t + (1-\alpha) F_{t-1} \qquad (28)$$

Posons ici comme hypothèse la prévision initiale

$F_{t-1} = F_0 =$ 48 FCFA et que la constante de lissage $\alpha = 0{,}4$

Tableau 9 : Définition de la prévision par la formule de définition

Y_t	$\alpha Y_t + (1-\alpha) F_{t-1}$	F_{t-1}	Erreur de prévision $Y_t - F_t = e_t$
48	-	48	-
71	0,4 x 71 + 0,6 x 48	57	71 - 48 = 23
73	0,4 x 73 + 0,6 x 57	63	73 - 57 = 16
67	0,4 x 67 + 0,6 x 63	65	67 - 63 = 4
73	0,4 x 73 + 0,6 x 65	68	73 - 65 = 8
94	0,4 x 94 + 0,6 x 68	78	94 - 68 = 26
97	0,4 x 97 + 0,6 x 78	86	97 - 78 = 19
85	0,4 x 85 + 0,6 x 86	86	85 - 86 = - 1
100	0,4 x 100 + 0,6 x 86	92	100 - 86 = 14
98	0,4 x 98 + 0,6 x 92	94	98 - 92 = 6
97	0,4 x 97 + 0,6 x 94	95	97 - 94 = 3
97	0,4 x 97 + 0,6 x 95	96	97 - 95 = 2

2.2.2. Caractéristiques de la méthode

1/ Conformément à l'équation de définition, l'erreur (e_t) de prévision d'horizon 1 commise à la période t est notée

$$e_t = Y_t - F_t \qquad (29)$$

de telle sorte que la nouvelle prévision peut être déterminée en fonction de e_t et de l'ancienne prévision.

$$\begin{aligned} F_{t+1} &= \alpha Y_t + (1-\alpha) F_t \\ &= \alpha Y_t + F_t - \alpha F_t \\ &= F_t + \alpha (Y_t - F_t) \\ &= F_t + \alpha e_t \qquad (30) \end{aligned}$$

En définitive, la nouvelle prévision peut se définir aussi comme étant l'ancienne prévision corrigée par l'erreur de prévision de la période précédente. L'ampleur de la correction est proportionnelle à la dernière erreur de prévision. C'est la présentation de mise à jour par l'erreur du lissage exponentiel simple. Cette méthode de mise à jour donne le tableau ci-après, si on reprend les calculs de l'exemple précédent en retardant d'une période.

Tableau 10 : Détermination de la prévision du prix du kg de mil en 1990-91 du Sanmatenga par la formule de mise à jour par l'erreur

Y_t	Prévision $F_t = F_{t-1} + \alpha e_{t-1}$	Erreur de prévision e_t	αe_t
48	48	48 - 48 = 0,00	0,4 x 0,00 = 0,00
71	48 + 0,4 x 0,0 = 48	71 - 48 = 23	0,4 x 23 = 9,00
73	48 + 0,4 x 23 = 57	73 - 57 = 16	0,4 x 16 = 6,00
67	57 + 0,4 x 16 = 63	67 - 63 = 4	0,4 x 4 = 2,00
73	63 + 0,4 x 4 = 65	73 - 65 = 8	0,4 x 8 = 3,00
94	65 + 0,4 x 8 = 68	94 - 68 = 26	0,4 x 26 = 10,00
97	68 + 0,4 x 26 = 78	97 - 78 = 19	0,4 x 19 = 8,00
85	78 + 0,4 x 19 = 86	85 - 86 = - 1	0,4 x (-1) = -0,4
100	86 + 0,4 x (-1) = 86	100 - 86 = 14	0,4 x 14 = 6,00
98	86 + 0,4 x 14 = 92	98 - 92 = 6	0,4 x 6 = 2,00
97	92 + 0,4 x 6 = 94	97 - 94 = 3	0,4 x 3 = 1,00
97	94 + 0,4 x 3 = 95	97 - 95 = 2	0,4 x 2 = 1,00
	95 + 0,4 x 2 = 96		

Cette dernière formule consiste à calculer d'abord F_t qui est

$$F_t = F_{t-1} + \alpha e_{t-1} \qquad (31)$$

Ainsi, le 1er F_t nous donne F octobre $= F_{t-1}$. Par hypothèse,

$F_{t+1} = F_t + \alpha\, e_{t-1}$. Or $e_{t-1} = F_t - F_{t-1} = 0$

On connaît dans le tableau 9 obtenu par la formule de définition, les valeurs de F_t et e_t, donc il suffit de décaler. En définitive, en revenant à la formule de mise à jour par l'erreur, on a effectivement.

$$F_{t+1} = F_t + \alpha e_t$$

Exemple : La prévision pour Novembre 1990 est

$$F_{t+1} = 48 + 0{,}4 \times 0{,}00 = 48FCFA \qquad (32)$$

La réalisation Y_t ayant été de 71 FCFA, l'erreur de prévision e_t est : 71 FCFA - 48 FCFA = 23 FCFA

2°/ La méthode est assez simple et se prête à la prévision simultanée de plusieurs chroniques, en particulier dans le domaine de la gestion des stocks.

3°/ La prévision peut aussi être exprimée en fonction des données passées

$$F_t = \alpha\, Y_{t-1} + (1 - \alpha)\, F_{t-1}$$
$$F_{t-1} = \alpha\, Y_{t-2} + (1 - \alpha)\, F_{t-2}$$

En remplaçant successivement F_t, F_{t-1} par leur expression dans F_{t+1}, on obtient :

$$F_{t+1} = \alpha Y_t + \alpha(1-\alpha)Y_{t-1} + (1-\alpha)^2 F_{t-1}$$

$$= \alpha Y_t + (1-\alpha)\alpha Y_{t-1} + (1-\alpha)^2 \alpha Y_{t-2} + (1-\alpha)^3 F_{t-2}$$

$$= \sum_{i=0}^{\infty} (1-\alpha)^i \alpha Y_{t-i} + (1-\alpha)^t F_1 \qquad (33)$$

donc pour $t \to \infty$ on a :

$$F_{t+1} = \sum_{i \geq 0} (1-\alpha)^i \alpha Y_{t-i} \quad \text{soit} \quad F_{t+1} = \alpha Y_t + (1-\alpha) F_t \qquad (34)$$

On retrouve la même expression que dans la détermination de $X_t^*(h)$.

2.2.3. Choix optimal de la constante de lissage

Dans le cas de certains processus particuliers, il est possible de déterminer une constante de lissage optimale. Considérons à titre d'exemple un processus stationnaire, centré et réduit, d'observations dont la dépendance est mesurée par la fonction d'autocorrélation.

$$Cov(Y_t Y_{t+h}) = \rho_h \text{ avec } h \in z \text{ et } -1 < \rho < 1 \qquad (35)$$

On peut déterminer la variance de l'erreur de prévision à l'horizon 1,

$$e_t(1) = Y_{t+1} - Y_t(1), \qquad (36)$$

en fonction de α et en déduire un critère de détermination de la constante optimale de lissage.

$$V[e_t(1)] = E[Y_{t+1} - Y_t(1)]^2 \qquad (37)$$

on sait que

$$Y_t(1) = F_{t+1} = \alpha \sum_{i=0}^{\infty} (1-\alpha)^i Y_{t-i}$$

$$V[e_t(1)] = E[Y_{t+1} - \alpha \sum_{i=0}^{\infty} (1-\alpha)^i Y_{t-i}]^2$$

$$= E[Y_{t+1}^2] - 2\alpha \sum_{i=0}^{\infty} (1-\alpha)^i E[Y_{t+1} Y_{t-i}]$$

$$+ \alpha^2 \sum_{i=0}^{\infty} (1-\alpha)^{2k} E[Y_{t-2}^2]$$

$$+ 2\alpha^2 \sum_{i=0} \sum_{j=i+1} (1-\alpha)^i (1-\alpha)^j E(Y_{t-k} Y_{t-j})$$

Pour un tel processus

$$E(Y_t\, Y_{t+h}) = \rho_h \quad h \in Z$$

et comme le processus est centré réduit, $E(Y_{t-2}^2) = 1 = V(Y_{t-2})$ de même que $E(Y_{t+1}^2)$, d'où:

$$V[e_t(1)] = 1 - 2\alpha \sum_{i=0}^{\infty} (1-\alpha)^i \rho^{i+1}$$

$$+ \alpha^2 \sum_{i=0}^{\infty} (1-\alpha)^{2i} + 2\alpha^2 \sum_{i=0} \sum_{j=i+1} (1-\alpha)^i (1-\alpha)^j \rho^{j-i}$$

$$= 1 - \frac{2\alpha\rho}{1-(1-\alpha)\rho} + \alpha^2 \sum_{i=0}^{\infty} [(1-\alpha)^2]^i + 2\alpha^2 \sum_{i=0}^{\infty} (1-\alpha)^i \sum_{j=i+1}^{\infty} (1-\alpha)^j \rho^{j-i} \qquad (38)$$

réduisons les deux premiers termes de droite au même dénominateur.

$$= \frac{1-\rho-\alpha\rho}{1-(1-\alpha)\rho} + \frac{\alpha^2}{1-(1-\alpha)^2}$$

$$+ 2\alpha^2 \sum_{i=0}^{\infty} (1-\alpha)^{2i+1} \sum_{l=0}^{\infty} (1-\alpha)^l \rho^{l+1}$$

notons que

$$2\alpha^2 \Sigma(1-\alpha)^i \Sigma(1-\alpha)^j \rho^{j-1} = 2\alpha^2 \Sigma(1-\alpha)^i \Sigma(1-\alpha)^{i+1} \rho$$

$$V[e_t(1)] = \frac{1-\rho-\alpha\rho}{1-(1-\alpha\rho)} + \frac{\alpha^2}{1-(1-\alpha)^2} + 2\alpha^2 \sum_{i=1}^{\infty}(1-\alpha)^{2i+1} \frac{\rho}{1-(1-\alpha)\rho} {}^*$$

$$= \frac{1-\rho-\alpha\rho}{1-(1-\alpha)\rho} + \frac{\alpha}{2-\alpha} + \frac{2\alpha^2\rho(1-\alpha)}{1-(1-\alpha)\rho} \frac{1}{1-(1-\alpha)^2}$$

Réduisons au même dénominateur

$$V[e_t(1)] = \frac{2(1-\rho)}{(2-\alpha)(1-\rho+\alpha\rho)} \tag{39}$$

La meilleure constante a de lissage sera celle qui minimise cette constante, c'est-à-dire qui maximise le dénominateur

$$(2-\alpha)(1-\rho+\alpha\rho)$$

Il faut chercher le maximum de :

$$f(\alpha) = -\alpha^2\rho + 3\alpha\rho + 2-2\rho - \alpha$$

La dérivée $\quad f'(\alpha) = -2\alpha\rho + 3\rho - 1 = 0$

donc

$$\alpha = \alpha^* = \frac{3\rho - 1}{2\rho} \tag{40}$$

$$* \quad \frac{\alpha^2}{1-(1-\alpha)^2} = \frac{\alpha^2}{1-1+2\alpha-\alpha^2}$$

$$= \frac{\alpha^2}{\alpha(2-\alpha)} = \frac{\alpha}{2-\alpha}$$

Pour $\rho \leq 1/3$, $\alpha \leq 0$, donc $f(\alpha)$ est décroissante lorsque α varie de 0 à 1 ; le maximum de f sera atteint pour $\alpha = 0$, ce qui ne permet pas de définir le lissage exponentiel tel qu'on l'a vu plus haut.

A l'inverse, pour $1/3 < \rho \leq 1$ on obtient le tableau de variation suivant :

α	0		α^*		1
$f'(\alpha)$	+		0		-
$f(\alpha)$	0	↗	$\rho\alpha^{*2} + 2 - 4\rho$	↘	1

Ainsi, f est maximum pour $\alpha = \alpha^*$. En résumé, cela correspond à la constante optimale de lissage.

Il existe d'autres méthodes moins analytiques, appelées méthodes de balayage. Cette méthode consiste à tester plusieurs valeurs de α en utilisant les critères usuels de validité de la méthode de prévision. A titre d'exemple, considérons les résultats suivants :

Tableau 11 : Choix optimal de la constante de lissage

α	Prévision	MSE*	MSE**	MSE*** (%)
0	1,9	4,1	2,01	39
0,1	2,6	3,6	1,98	43
0,2	2,95	3,2	1,75	45
0,3	3,1	2,7	1,65	37
0,4	3,4	2,5	1,8	30
0,5	3,65	2,8	2,19	30
0,6	3,85	3,11	1,2	34
0,7	4,0	4,4	1,45	40
0,8	4,2	2,9	1,55	45
0,9	4,25	3,25	1,92	47
1	3,9	4,9	2,18	52

Les astérisques indiquent que la constante α est optimale, c'est-à-dire que l'on obtient la plus petite valeur de MSE, MAE, ou MAPE. C'est la méthode du balayage.

On constate que selon le critère de minimisation, α diffère.

---

* MSE = Mean Square Error ou le carré moyen des erreurs

$$= \frac{1}{n}\sum_{i=1}^{n} e_i^2$$

** MAE = Mean Absolute Error ou l'erreur absolue moyenne

$$= \frac{1}{n}\sum_{i=1}^{n} |e_i|$$

*** MAPE = Mean Absolute percentage Error ou l'erreur absolue moyenne en pourcentage

$$= \frac{1}{n}\sum_{i=1}^{n} \frac{|e_i|}{y_i}$$

Les coefficients de pondération sont positifs :

$$w_i = (1-\alpha)^i \ \alpha \qquad (41)$$

C'est une moyenne mobile du fait que la somme des coefficients est égale à 1. En effet, on sait que :

$1 + x + x^2 + x^3 + \cdots + = (1-x)^{-1}$ avec les conditions que :

$-1 < x < 1$, d'où :

$$\sum_{i=1}^{\infty} w_i = \sum_{i \geq 0} (1-\alpha)^i \alpha = \frac{\alpha}{[1-(1-\alpha)]} = 1 \qquad (42)$$

C'est ce qui donne le terme de lissage. L'attribut exponentiel est expliqué par la décroissance exponentielle ou géométrique des coefficients w_i entraînant que plus on se réfère au passé, moins les informations ont une importance sur la nouvelle prévision.

En fait, comme on le verra plus loin, l'expression :

$$X_t^*(h) = \alpha X_t + \alpha \sum_{k=1}^{\infty} (1-\alpha)^k X_{t-k} \qquad (43)$$

ou toute autre formule qui en découle est appelée processus ARIMA. L'ARIMA est l'intégration d'un processus autorégressif (AR) et d'une moyenne mobile ou Moving Average (MA).

2.2.4. Choix de la valeur initiale de prévision

Le choix de départ $Y_T^*(1)$ tient son importance de sa relation avec α et la taille de la série. Plusieurs méthodes sont proposées :

- $Y_0^*(1) = Y_1$. Cette méthode est surtout recommandée quand la série est très fluctuante ;

- $Y_0^*(1) = \overline{Y}$ qui représente la moyenne de la distribution. On a recours à cette technique lorsque la série oscille autour d'une valeur constante.

D'autres techniques peuvent être utilisées notamment le calcul de la moyenne de quelques unes des premières valeurs.

2.2.5. Le lissage exponentiel simple basé sur les moindres carrés escomptés

Cette méthode est due à Brown (1962). L'idée se fonde sur le concept de fonction de prévision $Y_T^*(h)$, (h étant l'horizon de prévision). Le point de base est la fonction constante ci-après :

$$Y_T^*(h) = S_T, \quad \forall h \qquad (44)$$

La constante dépend de l'origine de la prévision T. S_T est choisie grâce au recours des moindres carrés pondérés (Malinvaud 1969) avec des coefficients de pondération qui baissent de façon géométrique au fur et à mesure que l'on recule dans le temps. Les coefficients sont de la forme β^i où β représente le facteur d'escompte (discount factor).

L'erreur de prévision est :

$Y_{T-i} - S_T$. Il faut noter aussi que $\beta \in [0, 1]$ d'où :

$$\text{Min } F(S_T) = \sum_{i \geq o} \beta^i (Y_{T-i} - S_T)^2 \qquad (45)$$

dérivons par rapport à S_T :

$$\frac{\partial F(S_T)}{\partial S_T} = F'(S_T) = -2 \sum_{i \geq 0} \beta^i (Y_{T-i} - S_T) = 0$$

donc

$$\sum_{i\geq 0} \beta^i Y_{T-i} = S_T \sum_{i\geq 0} \beta^i$$

on sait que :

$$\sum \beta^i = (1-\beta)^{-1}$$

d'où,

$$S_T = (1-\beta)\sum_{i>0} \beta^i Y_{T-i} \qquad (46)$$

La forme du second membre de (46) est identique à celle de la prévision $Y_T^*(1)$ notamment quand on pose $\beta = 1-\alpha$

Dès lors, il se dégage que S_T peut être déterminé de la même manière que $Y_{T+1}^* = F_{T+1}$ par la relation de base du lissage exponentiel simple, avec $t = 1,\cdots,T$

$$S_t = \alpha Y_t + (1-\alpha)S_{t-1} \qquad (47)$$

ou

$S_t = \alpha\varepsilon_t + S_{t-1}$ *si on pose que* $\varepsilon_t = Y_t - S_{t-1}$ *

Compte tenu de ce qui précède, la conclusion tirée est que le lissage exponentiel simple se justifie dans le cas d'une fonction de prévision constante, dans un contexte de moindres carrés pondérés avec une pondération qui décline de façon géométrique.

Finalement, les deux méthodes : lissage simple et moindres carrés escomptés sont identiques.

---

* On sait que le développement de (47) donne : $S_t = \alpha Y_t + S_{t-1} - \alpha S_{t-1}$ or $\varepsilon_t = Y_t - S_{t-1} \Rightarrow \alpha\varepsilon_t = \alpha Y_t - \alpha S_{t-1}$ d'où $S_t = \alpha\varepsilon_t + S_{t-1}$

2.3. Le lissage exponentiel simple saisonnier ou basé sur la forme *ARIMA*

C'est une autre approche du lissage exponentiel simple fondée sur les modèles autorégressifs (AR) intégrés aux modèles Moyennes Mobiles (Moving Average) appelés ARIMA. On intègre la forme saisonnière.

Reprenons la formule trouvée du lissage exponentiel simple, défini par l'équation :

$$F_t = \alpha Y_{t-1} + (1-\alpha) F_{t-1}$$

Le principe de la méthode ARIMA consiste à enlever les prévisions de l'équation à partir de la définition donnée à $Y_t^*(1)$ d'horizon 1 et ceci quel que soit t.

$$F_t = Y_t - e_t$$
$$F_{t-1} = Y_{t-1} - e_{t-1}$$

On peut remplacer F_t et F_{t-1} par leurs valeurs respectives

$$Y_t - e_t = \alpha Y_{t-1} + (1-\alpha)[Y_{t-1} - e_{t-1}]$$
$$= \alpha Y_{t-1} + Y_{t-1} - \alpha Y_{t-1} - e_{t-1} + \alpha e_{t-1}$$

donc en regroupant les observations à gauchc

$$Y_t - Y_{t-1} = e_t - (1-\alpha) e_{t-1} \qquad (48)$$

On obtient la forme ARIMA du lissage exponentiel simple.

Dans le langage ARIMA, il y a les notations suivantes qui sont introduites comme on l'a vu précédemment.

$Y_t - Y_{t-1} = \Delta Y_t$ qui est une différence première.

Au regard de ces notations, la forme ARIMA du lissage exponentiel simple peut s'écrire en introduisant l'opérateur de retard L.

$$\Delta Y_t = [1-(1-\alpha)L]\varepsilon_t$$
$$= \varepsilon_t - (1-\alpha)\varepsilon_{t-1} \qquad (49)$$

en posant $(1-\alpha)=\beta$ on a $\Delta Y_t = \varepsilon_t - \beta\,\varepsilon_{t-1}$

Remarques :

La méthode du lissage exponentiel simple comporte plusieurs inconvénients et les valeurs de la constante dépendent :

- du choix de $Y_0^*(1)$;
- du repère de choix selon que c'est MSE, MAE, ...

En dépit de ces inconvénients, elle a un certain nombre d'avantages qui sont :

- la simplicité des calculs ;
- la simplicité de sa mise en oeuvre ;
- l'aisance pour sa compréhension.

2.4. Le lissage exponentiel double

C'est une technique qui a été mise au point par Brown (1959). Cette méthode est plus générale que le lissage exponentiel simple. Elle est surtout adaptée aux séries temporelles caractérisées par une tendance, c'est-à-dire non stationnaire.

L'expression qui sert à définir ce double lissage est l'opérateur S_t qui s'exprime comme (45) et (47).

Il existe dans la littérature plusieurs façons de présenter le lissage exponentiel double. Toutes ces méthodes sont en fait équivalentes. On retrouve quelques unes des présentations chez des auteurs tels que : Régis Bourbonnais (2004) ; D. Bosq et J. P. Lecoutre (1992), G. Mélard (1990) ; C Gouriéroux et A. Montfort (1990) et H. Kaufman et Groboillot (1968).

L'idée consiste à partir d'une fonction de prévision linéaire de la forme :

$$F_t = Y_t^*(h) = S_t + hT \qquad \forall h \qquad (50)$$

S_t et T_t dépendent de t. Le problème à résoudre est la détermination des valeurs des deux paramètres avec un recours à des pondérations utilisant des coefficients décroissant exponentiellement, de la forme β^i où

$$\beta = 1 - \alpha \qquad (51)$$

Cette fonction de prévision linéaire se fait à partir d'un modèle initial caractérisé par un trend linéaire. C'est un processus non stationnaire.

$$Y(t) = a_1 + a_2 t + \varepsilon_t \qquad (52)$$

Dans le cas du lissage simple, on supposait qu'il y avait indépendance de l'évolution de la distribution par rapport au temps t, ce qui permettait de poser que :

$Y(t) = a + \varepsilon_t$ pour $t = 0$.

2.4.1. La méthode de Brown

a) Principe de la méthode

Soit le modèle

$$Y(t) = \sum a_j f_j(t) + \varepsilon_t \qquad (53)$$

avec comme préoccupation de calculer les a_j après chaque nouvelle observation.

La proposition fondamentale de Brown est de chercher à minimiser la somme pondérée des carrés des écarts entre $Y(t)$ et $Y^*(t)$ soit :

$$U = \sum_{i=0}^{t} w_i^2 [Y(t) - Y^*(t)]^2 = \sum w_i^2 e^2(i) \qquad (54)$$

avec $Y^*(t)$ = prévision de $Y(t)$ et $Y(t) - Y_t^* = e(i)$

On considèrera 0, l'instant présent et on comptera les dates du passé négativement.

Si l'on pose les w_i sous forme d'une matrice diagonale Ω de sorte que $\Omega_{ij} = 0$ si $i \neq j$

on a :

$$U = e' \mathbf{\Omega' \Omega} e \qquad (55)$$

où

$$e' = [e(0), e(-1) \ldots\ldots\ldots e(-t)] \qquad (56)$$

avec

$$e(t) = X(t) - X^*(t) \qquad (57)$$

Par ailleurs, posons que la matrice F est relative au temps t.

$$F(t) = \begin{bmatrix} f_1(0) & f_1(-1) \ldots\ldots\ldots & f_1(-t) \\ f_2(0) & f_2(-1) \ldots\ldots\ldots & f_2(-t) \\ . & & \\ . & & \\ f_m(0) & f_n(-1) \ldots\ldots\ldots & f_m(-t) \end{bmatrix} \qquad (58)$$

$$X' = [X(0), X(-1) ...... X(-t)] \text{ qui est la transposée de } X$$

Par l'établissement d'équations normales, on en arrive à :

$$A = (F\,\Omega^2 F)^{-1} F\,\Omega^2 X \qquad (59)$$

ou en posant $F\,\Omega^2 F' = F$

$$A = F^{-1} F\,\mathbf{\Omega}^2 X \qquad (60)$$

Ainsi, un élément F_{ik} de la matrice F est égal à :

$$F_{jk} = \sum w_i^2 f_j(-i) f_k(-i) = F_i \Omega^2 F_j$$

avec $F_i^{'}$ étant un vecteur ligne de F

F est une matrice symétrique fonction du temps qui ne dépend que du modèle retenu et non pas des observations.

On écrit par ailleurs :

$$g(t) = F\,\mathbf{\Omega}^2 X \qquad (61)$$

de sorte que la j^e composante du vecteur g(1) est :

$$g_j(t) = \sum_{i=0}^{t} w^2 f_j(-i) X(-i)$$

Cet ensemble de notations fait qu'on peut exprimer A sous la forme

$$A = F^{1} g \qquad (62)$$

Cette équation permet de faire des prévisions pour

$$Y_t^*(h) = F_t = S_t + hT \qquad (63)$$

Afin de tenir compte de l'importance décroissante du passé, Brown propose une pondération géométrique des écarts en posant :

$$\mathbf{\Omega}_{ij} = \begin{cases} 0 & i \neq j \\ (1-\alpha)^i & i = j \text{ avec } \alpha < 1 \end{cases} \qquad (64)$$

α est le coefficient de lissage comme dans le cas du lissage simple.

b) Application à une chronique à tendance linéaire

$$Y(t) = a_1 + a_2 t + \varepsilon_t$$

on a :

$$F(t) = \begin{pmatrix} 1 & - & 1 \ldots\ldots -1 \\ 0 & - & 1 & - & 2 \ldots -t \end{pmatrix} \qquad (64')$$

Selon les notations précédentes :

$$F(t) = F\,\Omega^2 F'$$

$$= \sum_{i=0}^{t} (1-\alpha)^i \begin{bmatrix} 1 & -i \\ -i & i^2 \end{bmatrix}$$

$$= \begin{bmatrix} \sum_i (1-\alpha)^i & -\sum_i i(1-\alpha)^i \\ -\sum_i i(1-\alpha)^i & \sum_i i^2 (1-\alpha)^i \end{bmatrix}$$

$$\cong \begin{bmatrix} \dfrac{1}{\alpha} & -\dfrac{1-\alpha}{\alpha^2} \\ \dfrac{1-\alpha}{\alpha^2} & \dfrac{(1-\alpha)(2-\alpha)}{\alpha^3} \end{bmatrix} \qquad (65)$$

Simplifions la matrice en réduisant au même dénominateur

$$= \frac{1}{\alpha^2} \begin{bmatrix} \alpha & -(1-\alpha) \\ -(1-\alpha) & \dfrac{(1-\alpha)(2-\alpha)}{\alpha} \end{bmatrix}$$

$$|F| = \frac{1}{\alpha^2}\left[\frac{(1-\alpha)(2-\alpha)}{\alpha^2} - \frac{(1-\alpha)^2}{\alpha^2}\right] = \frac{(1-\alpha)}{\alpha^4}$$

d'où

$$F^{-1}(t) = \frac{\alpha^4}{1-\alpha}\begin{bmatrix} \frac{(1-\alpha)(2-\alpha)}{\alpha^3} & \frac{1-\alpha}{\alpha^2} \\ \frac{1-\alpha}{\alpha^2} & \frac{1}{\alpha} \end{bmatrix} \quad (66)$$

Ceci conduit à examiner le vecteur $g(t)$ qui inclut les observations Y sachant que :

$$X' = [Y(0), Y(-1) \ldots\ldots Y(-t)]$$

$$g(t) = F\ \Omega^2 X = \begin{bmatrix} \sum_i (1-\alpha)^i Y(-i) \\ -\sum i(1-\alpha)^i Y(-i) \end{bmatrix} \quad (67)$$

Brown pose dans un souci de simplication

$$S_t^1(Y) = \alpha \sum (1-\alpha)^i Y(-i) \quad (68)$$

$$S_t^2(Y) = \alpha^2 \sum (i+1)(1-\alpha)^i Y(-i) \quad (69)$$

Dans la présentation générale du lissage exponentiel, il est ressorti que :

$$S_t^1(Y) = \alpha Y_t + (1-\alpha) S_{t-1}^*(Y) \quad (70)$$

le deuxième opérateur $S_t^2(Y)$ joue par rapport à $S_t^1(Y)$ la même fonction que celle jouée par $S_t^1(Y)$ vis-à-vis de Y entraînant

$$S_t^2(Y) = \alpha S_t^1(Y) + (1-\alpha) S_{t-1}^2(Y)$$

Si on revient aux calculs précédents, on peut écrire

$$g(t) = \begin{bmatrix} \frac{S_t^1(Y)}{\alpha} \\ \frac{a S_t^1(Y) - S_t^2(Y)}{\alpha^2} \end{bmatrix} \quad (71)$$

ce qui permet de déterminer les coefficients de l'équation de prévision

$$a^* = F^{-1} g = \frac{\alpha^4}{1-\alpha} \begin{bmatrix} \frac{(1-\alpha)(2-\alpha)}{\alpha^3} & \frac{1-\alpha}{\alpha^2} \\ \frac{1-a}{\alpha^2} & \frac{1}{\alpha} \end{bmatrix} \begin{bmatrix} \frac{S_t^1(Y)}{\alpha} \\ \frac{a S_t^1(Y) - S_t^2(Y)}{\alpha^2} \end{bmatrix}$$

$$= \begin{bmatrix} 2 S_t^1(Y) - S_t^2(Y) \\ \frac{\alpha}{1-\alpha} [S_t^1(Y) - S_t^2(Y)] \end{bmatrix} \qquad (72)$$

$$a_1 = 2 S_t^1(Y) - S_t^2(Y) \qquad (73)$$

$$a_2 = \frac{\alpha}{1-\alpha} [S_t^1(Y) - S_t^2(Y)] \qquad (74)$$

Ces résultats successifs permettent de dire que les opérateurs de lissage $S_t^1(Y)$ et $S_t^2(Y)$ sont déterminés progressivement à partir de la série et que par ailleurs les coefficients a_1 et a_2 sont déterminés à leur tour en fonction des deux opérateurs de lissage. Il reste néanmoins un problème, à savoir la constante de lissage α dont la détermination se fera par optimisation de la valeur.

Conformément à la fonction de prévision, $F_t = S_t + hT$

Remarques :

Dans le lissage exponentiel simple, c'est-à-dire stationnaire, on a montré qu'une application sur une chronique à tendance du type $a_1 + a_2t$ introduit un biais de grandeur :

$$a_2 \frac{1-\alpha}{\alpha}, \quad donc$$

$$S_1(t) = a_1 + a_2 t - a_2\left(\frac{1-\alpha}{\alpha}\right) \qquad (75)$$

et dans le même ordre d'idée, le lissage de $S_1(t)$ produit de la même façon un biais dont la valeur est :

$$a_2 \frac{1-\alpha}{\alpha}, \text{ d'où}$$

$$S_1(t) = a_1 + a_2 t - 2a_2 \frac{1-\alpha}{\alpha} \qquad (76)$$

La fonction de prévision est : $F_t = Y^*_{t+h} = S^1_t + \left(S^1_t - S^2_t\right)\frac{\alpha}{1-\alpha}h$

2.4.2. Présentation par la forme ARIMA

La préoccupation est d'établir une relation entre les observations du présent et du passé et les erreurs. Pour ce faire, on part des relations de récurrence précédemment établies entre valeurs lissées et on fait recours à l'opérateur de retard L.

Posons :

$$G^{(1)}_{t+1} = S^{(1)}_t, \quad G^{(2)}_{t+2} = S^{(2)}_t$$

les relations deviennent à partir des équations (47) et (70) :

$$G^{(1)}_{t+1} = \alpha Y_t + (1-\alpha) G^{(1)}_t \qquad (77)$$

en introduisant l'opérateur L, on obtient : $G^{(1)}_t = LG^{(1)}_{t+1}$

L'équation (77) devient en remplaçant G^1_t par sa nouvelle valeur.

$$G^{(1)}_{t+1} = [1-(1-\alpha)L]\, G^{(1)}_{t+1} = \alpha Y_t^{\,*} \qquad (78)$$

de la même façon,

$$G^{(2)}_{t+1} = \alpha G^{(1)}_t + (1-\alpha) G^{(2)}_t \qquad (79)$$

ou avec l'opérateur

$$G^{(2)}_{t+1} = [1-(1-\alpha)L]\, G^{(1)}_{t+1} = \alpha\, G^{(1)}_t \qquad (80)$$

On remplace par $G^{(1)}_{t+1}$ sa valeur dans (77) et on simplifie par L

On peut écrire que $\alpha\,(L) = 1 - (1-\alpha)\, L$ et procéder au remplacement de $t+1$ par t, on tire que :

$$\alpha(L) G^{(1)}_t = \alpha L\, Y_t \qquad (81)$$

$$\alpha(L) G^{(2)}_t = \alpha L G^{(1)}_t \qquad (82)$$

Puis en appliquant l'opérateur α (L) aux deux membres de la dernière équation :

$$\alpha^2(L) G^{(2)}_t = \alpha(L).\alpha L G^{(1)}_t = \alpha L.\alpha(L) G^{(1)}_t = \alpha L.\alpha L\, Y_t = \alpha^2 L^2 Y_t \quad (83)$$

puisque $\alpha\,(L)\, G^{(1)}_t = \alpha\ L\, Y_t$

De plus, pour tout t et conformément à l'équation (29),

$$Y_t = Y^*_{t-1}(1) + \varepsilon_t \qquad (84)$$

En appliquant l'opérateur α^2(L) aux deux membres de cette relation, (84) on a :

$$\alpha^2(L)\, Y_t = \alpha^2(L)\, Y^*_{t-1}(1) + \alpha^2(L)\, \varepsilon_t \qquad (85)$$

---

* Développons (78)

$$G^{(1)}_{t+1} = G^{(1)}_{t+1} - LG^{(1)}_{t+1} + \alpha L G^{(1)}_{t+1} = \alpha Y_t + (1-\alpha) G^{(1)}_t - G^{(1)}_t + \alpha G^{(1)}_t$$

$$= \alpha Y_t + G^{(1)}_t (1-\alpha) - G^{(1)}_t (1-\alpha) \text{ donc } G^{(1)}_{t+1} = \alpha Y_t$$

La prévision d'horizon 1 est aussi égale à $2G_t^1$ - G_t^2 (cf équation 79) donc

$$\alpha^2 L(Y_t) = \alpha^2(L)[2G_t^{(1)} - G_t^2] + \alpha^2(L)\varepsilon_t \qquad (86)$$

d'où :

$$[1-(1-\alpha)L]^2 Y_t = 2\alpha^2(L)G_t^{(1)} - \alpha^2(L)G_t^{(2)} + \alpha^2(L)\varepsilon_t$$

$$= 2[1-(1-\alpha)L]\alpha L Y_t - \alpha^2 L^2 Y_t + \alpha^2(L)\varepsilon_t \quad (87)$$

Le regroupement des observations à gauche et les écarts à droite donne :

$$[1-2(1-\alpha)L + (1-\alpha)^2 L^2 - 2\alpha L + 2(1-\alpha L^2) + \alpha^2 L^2] Y_t = \alpha^2(L)\varepsilon_t \quad (88)$$

en simplifiant on obtient :

$$(1-L)^2 Y_t = [1-(1-\alpha)L]^2 \varepsilon_t \qquad (89)$$

Il ressort que la forme ARIMA du lissage double est :

$$\Delta^2 Y_t = [1-2(1-\alpha)L + (1-\alpha)^2 L^2]\varepsilon_t \qquad (90)$$

ou en développant le membre de gauche de (89) et de droite de (90) on obtient :

$$Y_t - 2Y_{t-1} + Y_{t-2} = \varepsilon_t - 2(1-\alpha)\varepsilon_{t-1} + (1-\alpha)^2\varepsilon_{t-2} \qquad (91)$$

En définitive, le lissage exponentiel simple saisonnier est considéré comme un $ARIMA(p=1;\ d=1;\ q=1)$ tandis que le lissage exponentiel double est un $ARIMA(2;\ 2;\ 2)$.

2.4.3. Avantages et inconvénients du double lissage

a) Inconvénients

- L'application de la méthode à des chroniques linéaires introduit un biais fonction de la constante α.

- Dès que *k*, c'est-à-dire le degré des moyennes mobiles dépasse 3, les calculs deviennent complexes malgré les possibilités données par Brown de pouvoir obtenir les conditions initiales S_0^1 et S_0^2,

. soit par les moyennes mobiles $M_0^1 = M_0^2 = S_0^1 = S_0^2$

. soit par les moindres carrés en ajustant une droite de la forme $Y_t = at+b$ sur la chronique. Ensuite Brown pose que :

$$S_t^0 = b^* - \left(\beta / \alpha\right) a^* \qquad (92)$$

$$S_0^2 = b^* - \frac{2\beta}{\alpha} a^* \qquad (93)$$

avec b^* et a^* coefficients obtenus par les moindres carrés ordinaires et $\beta = 1 - \alpha$.

b) Avantages

- Généralisation de la méthode à des polynômes de degré quelconque. En effet, on peut définir des opérateurs de lissage du *kième* ordre :

$$S_t^k(Y_t) = \alpha S_t^{k-1}(Y_t) + \beta S_{t-1}^k(Y_t) \qquad (94)$$

- la méthode évite de perdre des termes ;

- l'étude peut se faire également par la fonction de transfert largement utilisée par les électriciens (cf. Larnac 1972, Box and Jenkins 1976 ; R Bourbonnais et M. Terraza 2004).

Exercices

1. Démontrer que si Y_t est une fonction de lissage avec S_t sa saisonnalité, on peut poser : $Y_t = a_1 + a_2 t + c_j + u_t = a_1 + a_2 t + \sum_{j=1}^{T} s_{j,t} c_j$

2. Soit le lissage exponentiel simple défini comme suit :

$F_t = \alpha\, y_{t-1} + (1-\alpha) F_{t-1}$

On pose $F_t = y_t - \varepsilon_t$ et $F_{t-1} = y_{t-1} - \varepsilon_{t-1}$

Démontrer que : $\Delta y_t = [1-(1-\alpha)L]\varepsilon_t$

3. Au cours de la dernière décennie, il a été constaté l'évolution suivante du prix du kilogramme de mil au Niger :

Années	Prix (Y_t) FCFA	Années	Prix (Y_t) FCFA
1996	30	2001	70
1997	50	2002	40
1998	60	2003	50
1999	60	2004	60
2000	40	2005	40

On voudrait lisser cette série par la méthode du double lissage exponentiel de Brown. Les informations suivantes sont données :

$S_0^{(1)} = S_0^{(2)} = y_1$; $\alpha = 0{,}2$ et $h = 1$

a) Déterminer la prévision $Y_t^*(h)$. Quel serait le prix moyen du kilogramme pour 2006 ?

b) Calculer l'erreur moyen $\bar{\varepsilon}$ de la prévision.

4. En vous inspirant de votre documentation, montrer que le lissage exponentiel est une forme d' *ARIMA*. Dans quelle circonstance est-on conduit à opérer un double lissage ?

5. En partant des données de l'exercice 3, déterminer la prévision du prix du kilogramme de mil par la formule de mise à jour par l'erreur. Comparer le prix prévu de 2006 par cette méthode à la prévision de l'exercice 3.

CHAPITRE III

LES PROCESSUS STATIONNAIRES

3.1. Définition

Un processus est stationnaire si la loi qui régit la valeur de chacune de ces variables aléatoires dont il est la succession est indépendante de la date t.

On peut distinguer deux sortes de processus stationnaires.

3.1.1. Les processus strictement stationnaires

a) Définition

Ce sont des processus dont les lois de dimensions finies ne varient pas au cours du temps. Ce type de processus est aussi considéré comme ayant une stationnarité forte.

Considérons le processus aléatoire Y_t, $t \in T$.

Le processus Y_t est considéré comme strictement ou fortement stationnaire si :

$$F_1\left(Y_{t_{1+h}}, Y_{t_{2+h}}, \cdots, Y_{t_{n+h}}\right) = F_2\left(Y_{t_1}, Y_{t_2}, \cdots, Y_{t_n}\right) \ \forall\, t_i \in T$$

et pour tout temps $h \in T$ avec $\mathrm{i} = 1, 2, \cdots, \mathrm{n}$.

En d'autres termes, la distribution de la série Y_t est invariante par rapport à un changement de l'origine. Il ressort que F_1 et F_2 ont la même distribution de probabilité, c'est-à-dire la même loi.

b) Moments du processus

Un processus aléatoire est strictement stationnaire si tous ses moments sont invariants dans le temps.

De façon générale, si le processus Y_t, $t \in T$ est tel que $T = R, Z$ ou N, dans ce cas, on peut identifier que si Y_t est un processus strictement stationnaire, les moments :

$$E(Y_t) = m \quad \forall t \in T$$
$$V(Y_t) = \sigma^2 \quad \forall t \in T$$
$$Cov(Y_t Y_{t+\theta}) = \gamma(\theta) \quad \forall t \in T, \quad \forall \theta \in T$$

sont indépendants du temps.

En fait, la fonction d'autocovariance $\gamma(\theta)$ du processus traduit que la variance entre deux périodes t et $t+\theta$ est exclusivement fonction de la différence de temps θ.

La constance de $V(Y_t)$ traduit la propriété d'homoscédasticité, c'est-à-dire d'égalité des variances des résidus.

Finalement, il s'agit d'une famille des variables aléatoires réelles homoscédastiques et corrélées.

3.1.2. Les processus faiblement stationnaires ou du second rang

Le processus Y_t, $t \in T$ est défini comme faiblement stationnaire ou du second rang, si seules les caractéristiques d'ordre 1 et 2 sont stationnaires.

$$E(Y_t) = m \quad \forall t \in T$$
$$V(Y_t) = \sigma^2 \quad \forall t \in T$$
$$Cov(Y_t Y_{t+\theta}) = \gamma(\theta) \quad \forall t \in T, \quad \forall \theta \in T$$

Dès lors que $E(Y_t^n)$ avec $(n > 2)$ est fonction du temps *t*, dans ce cas le processus est faiblement stationnaire ou du second ordre. En d'autres termes, cette stationnarité n'est qu'apparente, dans la mesure où elle ne se limite qu'aux deux premiers moments.

Graphique 1 : stationnarité en moyenne

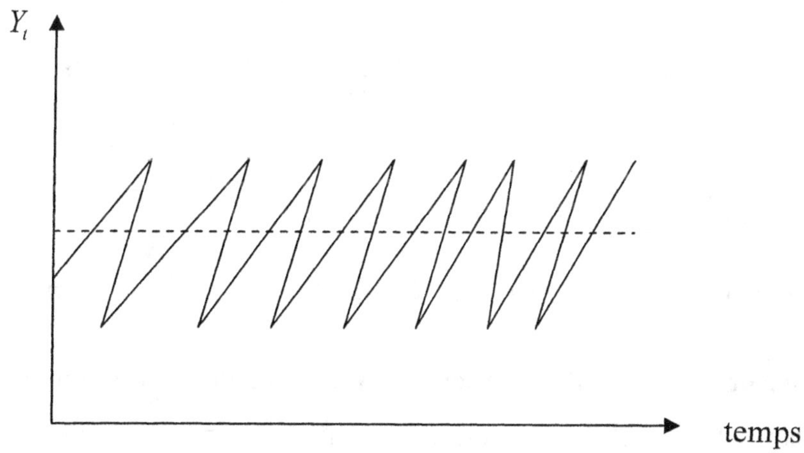

Graphique 2 : stationnarité en variance

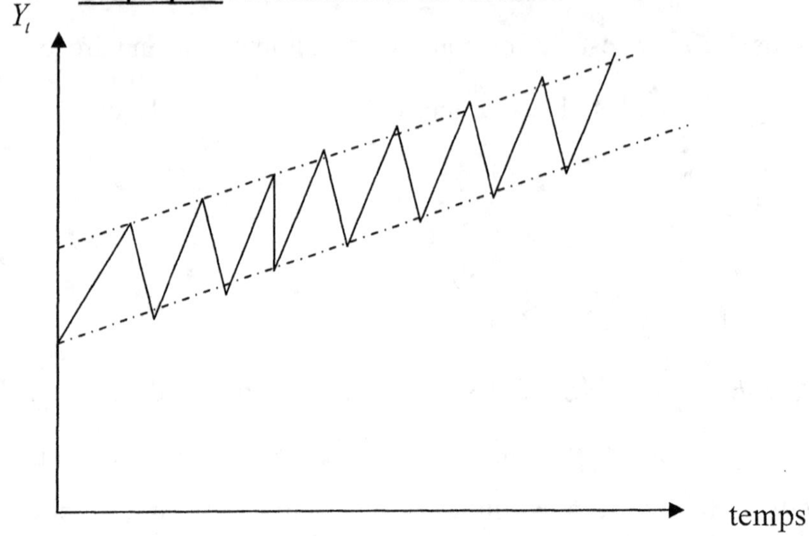

3.2. Caractéristiques d'une série temporelle

3.2.1. Moyenne et variance

Considérons une série temporelle stationnaire Y_t, $t = 1, \cdots, T$. Les moments d'ordre 1 et 2 sont :

$$E(Y_t) = \frac{1}{T}\sum_{t=1}^{T} Y_t = m \qquad (1)$$

$$V(Y_t) = \frac{1}{T}\sum [Y_t - E(Y_t)]^2 = \sigma_Y^2 \qquad (2)$$

Dans la mesure où il s'agit d'une série stationnaire, c'est-à-dire qui est indépendante du temps comme cela a été défini, les moments sont indépendants du temps.

3.2.2. Fonction d'autocovariance

3.2.2.1. Définition

On appelle fonction d'autocovariance γ_θ d'un processus aléatoire Y_t de variance finie, la fonction :

$$\gamma_\theta = \mathrm{cov}(Y_t Y_{t+\theta}) = E[[Y_t - E(Y_t)]\,[Y_{t+\theta} - E(Y_{t+\theta})]] \qquad (3)$$

La fonction d'autocovariance mesure la covariancc entre deux valeurs de Y_t séparées par un certain temps. Elle apporte simultanément de l'information sur la variabilité de la distribution et sur les liaisons temporelles.

Reprenons l'équation (3). Si l'on sait que :

$$Y_{t+\theta} = \phi_1 Y_{t+\theta-1} + \varepsilon_{t+\theta} \qquad (4)$$

$$E(Y_t Y_{t+\theta}) = E[Y_t(\phi_1 Y_{t+\theta-1} + \varepsilon_{t+\theta})]$$

$$= \phi_1 E(Y_t Y_{t+\theta-1}) \qquad (5)$$

puisque Y_t et $\varepsilon_{t+\theta}$ sont non corrélés.

De la même façon, on pose

$$E(Y_t Y_{t+\theta-1}) = \phi_1 E(Y_t Y_{t+\theta-2}) \qquad (6)$$

Or,

$$E(Y_t Y_{t+\theta}) = \phi_1 E(Y_t Y_{t+\theta-1}) \qquad (7)$$

soit en remplaçant $E(Y_t Y_{t+\theta-1})$ par sa valeur de (6) dans (5), nous aurons:

$$E(Y_t Y_{t+\theta}) = \phi_1^2 E(Y_t Y_{t+\theta-2}) \qquad (8)$$

et enfin pour θ, on a $Y_{t+\theta-\theta}$

$$E(Y_t Y_{t+\theta}) = \phi_1 E(Y_t Y_{t+\theta-\theta}) = \phi_1^\theta E(Y_t^2) \qquad (9)$$

$E(Y_t^2)=\gamma_0$ donc indépendante du temps (une des propriétés des processus stationnaires), il en va de même de l'autocovariance :

$$\text{cov}(Y_t Y_{t+\theta}) = \phi_1^\theta E(Y_t^2) \text{ est la fonction de l'autocovariance.}$$

$E(Y_t^2)$ étant constante, on voit bien que cette fonction mesure la covariance entre t et $t+\theta$ soit θ la différence de temps.

Si $\theta = 0$ cela entraîne que $E(Y_t Y_t) = E(Y_t^2)$

Si $\theta = 1$ on a $E(Y_t Y_{t+1}) = \phi_1 E(Y_t^2)$

Au regard des résultats précédents, on conclut que $E(Y_t)$, $V(Y_t)$ et $\text{cov}(Y_t Y_{t+\theta})$ d'un processus stationnaire sont indépendants du temps t.

3.2.2.2. Propriétés

La fonction d'autocovariance d'un processus Y_t stationnaire a les propriétés suivantes :

$\gamma_0 = \text{cov}(Y_t, Y_t) = E\left[[Y_t - E(Y_t)]^2\right] = \sigma_Y^2 \geq 0$

$|\gamma_\theta| \leq \gamma_0$

3.2.3. Fonction d'autocorrélation

3.2.3.1. Définition

On appelle fonction d'autocorrélation ρ_θ d'un processus stationnaire Y_t, la fonction :

$$\rho_\theta = \frac{\gamma_\theta}{\gamma_0}, \quad \theta \in Z$$

La représentation graphique de la fonction ρ_θ est appelée corrélogramme. La fonction ρ_θ est un indicateur de mesure des liaisons temporelles entre les différents éléments de la distribution Y_t. Soit :

$$\rho_\theta = \frac{\operatorname{cov}(Y_t, Y_{t+\theta})}{\sigma_{Y_t}\sigma_{Y_{t+\theta}}} = \frac{\gamma_\theta}{\gamma_0}, \qquad \theta \in Z$$

3.2.3.2. Propriétés

La fonction d'autocorrélation d'un processus Y_t stationnaire a les propriétés ci-après :

$$\rho_0 = 1$$
$$|\rho_\theta| \leq \rho_0$$

Exemple : considérons le processus $Y_t = \varepsilon_t - \varepsilon_{t-4}$ avec ε_t un bruit blanc de variance σ^2.

$$E(Y_t) = E(\varepsilon_t - \varepsilon_{t-4}) = 0$$
$$V(Y_t) = E\left[(\varepsilon_t - \varepsilon_{t-4})^2\right] = E\left[\varepsilon_t^2 - 2\varepsilon_t\varepsilon_{t-4} + \varepsilon_{t-4}^2\right]$$
$$= E(\varepsilon_t^2) - 2E(\varepsilon_t\varepsilon_{t-4}) + E(\varepsilon_{t-4}^2) = \sigma_\varepsilon^2 + 0 + \sigma_\varepsilon^2$$
$$= 2\sigma_\varepsilon^2$$

En vertu de ce qui a été vu dans les paragraphes précédents, on a:

$$\gamma_0 = V(Y_t) = 2\sigma_\varepsilon^2$$

$$\gamma_1 = \operatorname{cov}(Y_t, Y_{t-1}) = E[(\varepsilon_t - \varepsilon_{t-4})(\varepsilon_{t-4} - \varepsilon_{t-5})]$$
$$= E[\varepsilon_t\varepsilon_{t-4} - \varepsilon_t\varepsilon_{t-5} - \varepsilon_{t-4}\varepsilon_{t-4} + \varepsilon_{t-4}\varepsilon_{t-5}]$$
$$= -E(\varepsilon_{t-4}^2) = -\sigma_\varepsilon^2$$

$$\gamma_2 = \operatorname{cov}(Y_t, Y_{t-2}) = E[(\varepsilon_t - \varepsilon_{t-4})(\varepsilon_{t-5} - \varepsilon_{t-6})]$$
$$= E[\varepsilon_t\varepsilon_{t-5} - \varepsilon_t\varepsilon_{t-6} - \varepsilon_{t-4}\varepsilon_{t-5} + \varepsilon_{t-4}\varepsilon_{t-6}] = 0$$

Il ressort que $\gamma_\theta = 0, \ \forall \theta \geq 2$. Finalement, la fonction d'autocovariance est :

$$\gamma_\theta = \begin{cases} 2\sigma^2 & \text{si } \theta = 0 \\ -\sigma^2 & \text{si } \theta = \ \pm 4 \\ 0 & \text{sinon} \end{cases}$$

d'où la fonction d'autocorrélation déduite :

$$\rho(\theta) = \begin{cases} 1 & \text{si } \theta = 0 \\ -\frac{1}{2} & \text{si } \theta = \ \pm 4 \\ 0 & \text{sinon} \end{cases}$$

<u>Graphique 3</u> : Corrélogramme

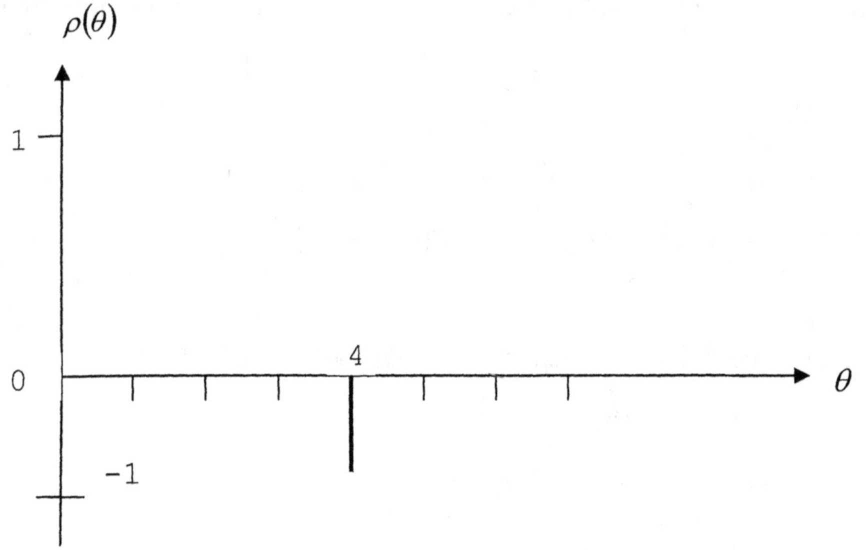

3.3. Le processus bruit blanc

3.3.1. Définition

Considérons le processus Y_t, $t \in T$. Si pour tout $n-$ uples du temps $t_1 < t_2 < \cdots < t_n$, les variables aléatoires réelles $Y_{t_2} - Y_{t_1};\cdots;Y_{t_n} - Y_{t_{n-1}}$ (différences premières) sont indépendantes, il s'agit d'un processus à accroissements indépendants.

Le processus Y_t, $t \in T$ est noté à accroissements stationnaires si également la loi de probabilité de ces accroissements n'est pas fonction du temps *t*. En d'autres termes, la loi $(Y_{t+\theta} - Y_t)$ est indépendante de t, $\forall \theta \in T$.

Un bruit blanc se définit comme un processus stochastique à accroissements non corrélés. On peut distinguer deux types de processus :

Le processus discontinu généralement appelé bruit blanc « fort » qui est constitué d'une suite de variables aléatoires réelles, homoscédastiques et indépendantes.

Le processus continu caractérisé par une distribution de probabilité de ε_t normale. On parle aussi de bruit blanc gaussien dans ce cas.

Des explications précédentes, il y résulte que les bruits blancs sont des suites de variables aléatoires $(\varepsilon_t; t \in Z)$, de moyenne $E(\varepsilon_t = 0)$, non corrélées $\gamma(h) = E(\varepsilon_t \varepsilon_\theta) = 0 \ \forall t \neq \theta$, et de variance $V(\varepsilon_t) = \sigma^2 = \gamma(0)$.

3.3.2. Quelques formes de bruits blancs

Les trajectoires des bruits blancs sont susceptibles de présenter des formes assez variées.

Exemples de bruits blancs

a) Dans les deux premiers cas, il s'agit de bruits blancs unidimensionnels, où les composantes ε_t sont indépendantes et de même loi.

<u>1er cas</u> : la loi est discrète

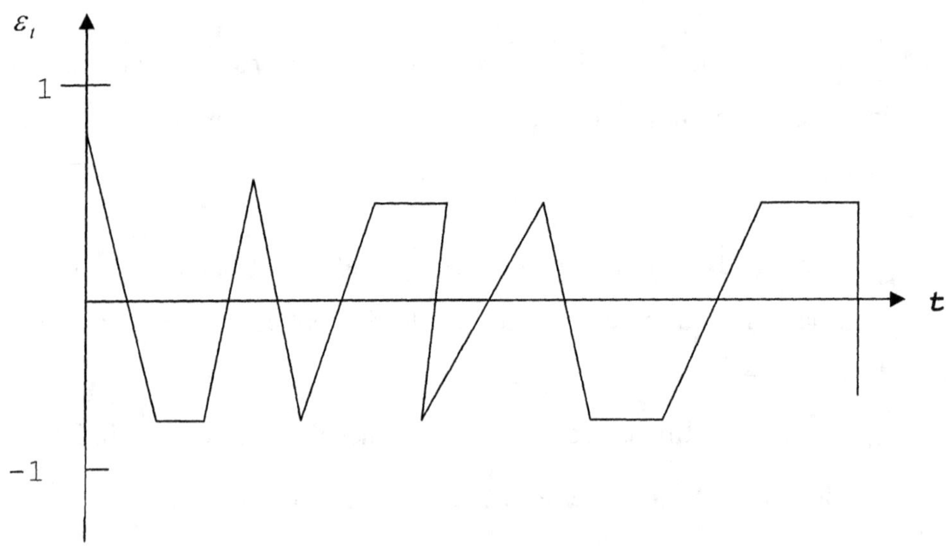

2e cas : La loi est continue et uniforme

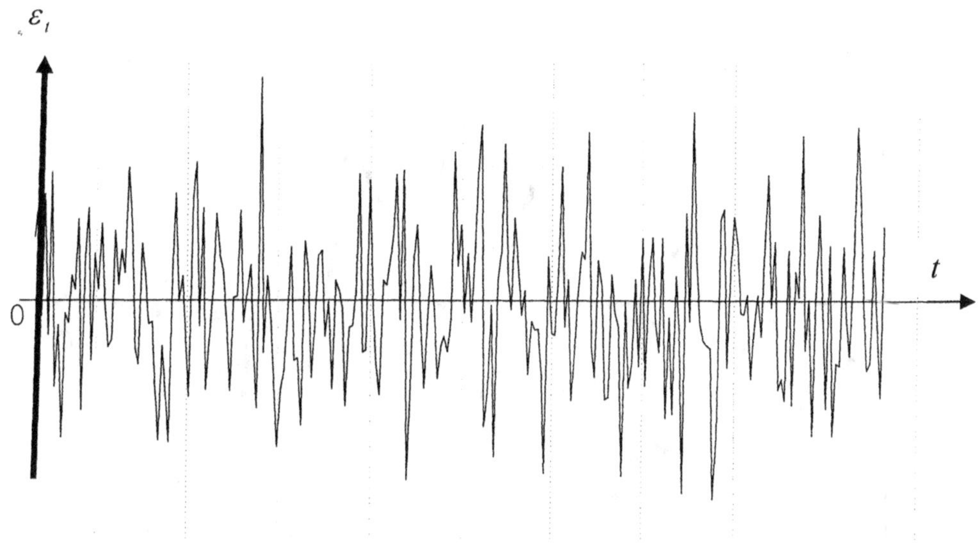

b) Le troisième type de bruit blanc est relatif à des variables ε_t indépendantes, centrées et homoscédastiques. Toutefois, elles ont des lois de distributions différentes. L'une des caractéristiques de ce type de bruit blanc, c'est que la trajectoire pour t tendant vers l'infini est souvent confondue avec l'axe des abscisses et dans quelques rares périodes prend une valeur très élevée.

3e cas : Les lois sont différentes

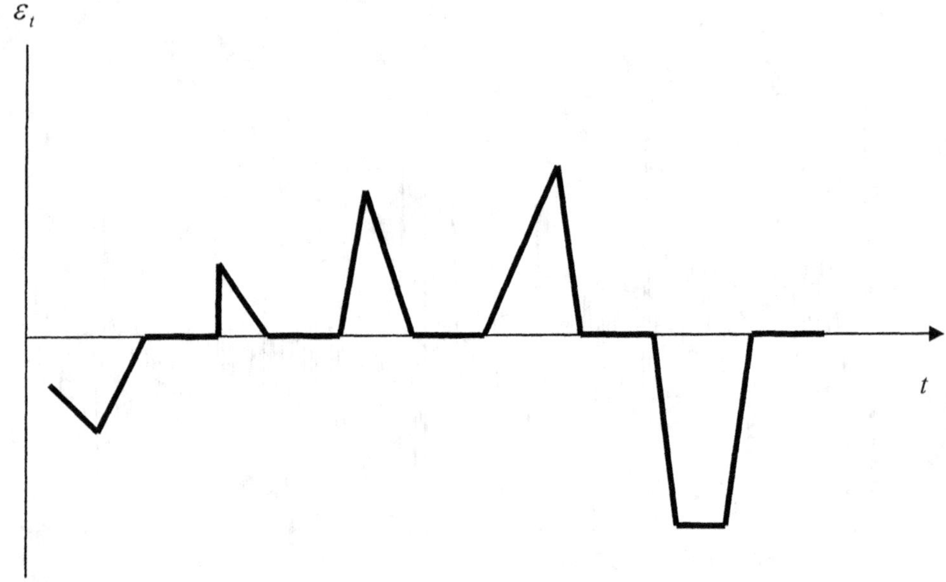

La fonction d'autocorrélation d'un bruit blanc est donnée par :

$$\Gamma(h) = \begin{cases} \sigma_\varepsilon^2 & \text{si } h = 0 \\ 0, & \text{sinon} \end{cases}$$

3.3.3. Intérêt des bruits blancs

Les bruits blancs présentent un intérêt particulier dans la connaissance des processus stationnaires. En effet, comme le soulignent C. Gouriéroux et A. Montfort (1990), on peut montrer que sous certaines conditions de régularité, tout processus stationnaire $Y_t = (Y_t, t \in Z)$ peut s'écrire en fonction d'un bruit blanc $\varepsilon = (\varepsilon_t, t \in Z)$.

Un autre intérêt de l'étude du bruit blanc est de voir l'absence d'autocorrélation ou d'hétéroscédasticité du terme d'erreur μ, ou sur la constance des paramètres du modèle linéaire dans le temps. Ce type de test rentre dans la catégorie des tests d'hypothèses dans le contexte du modèle linéaire.

3.3.4. Test d'hypothèse d'absence d'autocorrélation

Généralement, lorsqu'on estime un modèle du genre :
$Y_t = \phi_1 + \phi_2 X_t + \mu_t$, on souhaite vérifier l'existence ou non d'autocorrélation du terme d'erreur μ_t. Pour ce faire, on teste l'hypothèse $H_0 : \rho = 0$ dans le cadre d'un modèle plus général où :

$$Y_t = \phi_1 + \phi_2 X_t + \mu_t \qquad (1)$$

$$\mu_t = \rho\mu_{t-1} + \varepsilon_t \qquad (2)$$ avec ε_t un bruit blanc

Il ressort clairement que μ_t est un terme d'erreur et ε_t un bruit blanc. Il faut noter que ρ est le coefficient d'autocovariance et il a la propriété suivante : $-1 < \rho < 1$. Ce paramètre est aussi appelé coefficient d'autocorrélation du premier ordre ou encore coefficient d'autocorrélation de retard 1 noté souvent ρ_1.

L'équation (2) est appelée système autorégressif de premier ordre de Markov ou système autorégressif de premier ordre habituellement noté $AR(1)$.

3.3.5. Modèles linéaires et bruit blanc

Soit le modèle linéaire (1) noté :

$$Y_t = \phi_1 + \phi_2 X_t + \mu_t \qquad (1)$$

A partir de la distribution observée (données de l'échantillon) on peut estimer la relation (1). Soit ϕ_1^* et ϕ_2^* les valeurs estimées des paramètres ϕ_1 et ϕ_2, la droite de régression de l'échantillon est donnée par :

$$Y_t = \phi_1^* + \phi_2^* X_t \qquad t = 1, \cdots, T \qquad (2)$$

$\mu_t^* = Y_t - Y_t^*$ qui mesure pour chaque période l'écart entre la valeur observée Y_t et la valeur estimée Y_t^*.

Généralement, la droite de régression de toute la période pourrait être évaluée si l'on avait les observations couvrant l'ensemble de la période, elle correspond à la valeur escomptée de la variable aléatoire Y pour une valeur fixée X

$$E(Y_t / X_t) = \phi_1 + \phi_2 X_t$$

On admet qu'en vertu des propriétés des MCO, on a $E(\mu_t / X_t) = 0$.

Graphique 4 : ***mesure*** **de l'écart** μ_t^*

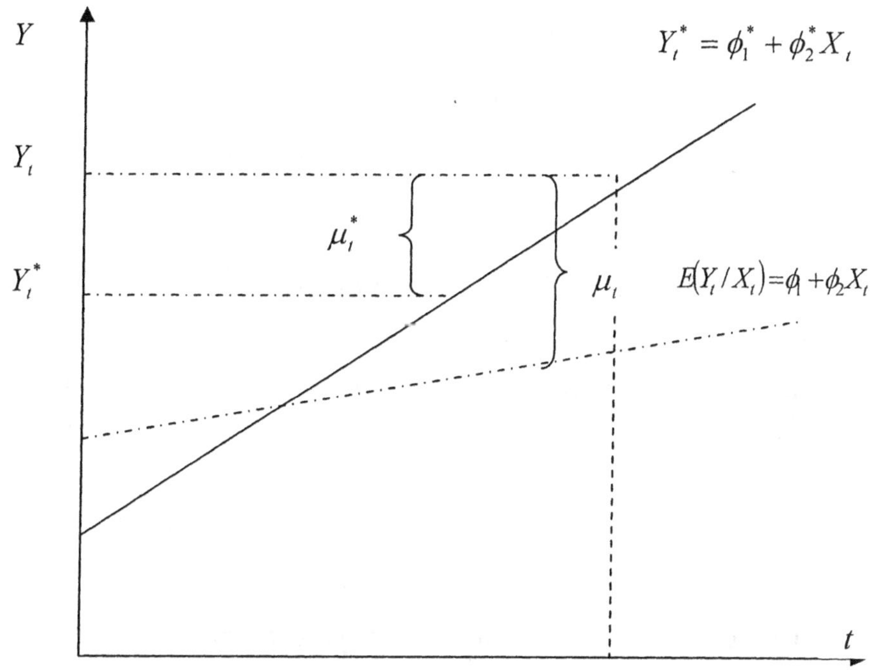

En considérant les hypothèses de base de la méthode des MCO sur les modèles linéaires, on peut établir le lien suivant avec le bruit blanc. Parmi ces hypothèses il y a lieu de retenir principalement deux pour la circonstance.

Hypothèse 1

L'espérance mathématique des aléas est nulle

$$E(\mu_t) = 0 \quad \text{avec } t = 1, \cdots, T$$

De ce fait

$$E(Y_t / X_t) = \phi_1 + \phi_2 X_t$$

Hypothèse 2

Les aléas sont homoscédastiques (leur variance $\sigma^2_{\mu_t}$ est constante) et non autocorrélés (leur covariance est nulle).

$$V(\mu_t) = E(\mu_t - E(\mu_t))^2 = E(\mu_t)^2 = \sigma^2_\mu \text{ avec } t = 1, \cdots, T$$

$$Cov(\mu_t \mu_S) = E[(\mu_t - E(\mu_t))(\mu_S - E(\mu_S))] = E(\mu_t \mu_S) = 0 \text{ avec } t, s = 1, \cdots, T \quad \forall\, t \neq s$$

Si les deux hypothèses précédentes sont vérifiées, l'aléa μ_t est un bruit blanc.

Exemple 1:

A partir de l'expérience de Monte Carlo, considérons le modèle suivant à deux variables où nous possédons les informations sur les vraies valeurs des paramètres $\phi_1 = 1$ et $\phi_2 = 0{,}8$. D'où :

$Y_t = 1{,}0 + 0{,}8X_t + \mu_t$ (3)

Alors : $E(Y_t) = 1{,}0 + 0{,}8X_t$ (4)

donne la véritable ligne de régression de la population. Admettons que les μ_t soient issus du processus autorégressif du premier ordre $AR(1)$ de la façon ci-après :

a) Existence d'une autocorrélation

Soit le processus suivant :

$$\mu_t = 0,8\mu_{t-1} + \varepsilon_t \qquad (5)$$

Admettons que ε_t est un bruit gaussien centré réduit. Au regard de la valeur de $\rho \neq 0$, cela signifie que les erreurs successives μ_t sont positivement corrélées. La valeur de $\rho = 0,8$ indique un coefficient d'autocorrélation d'un degré de dépendance élevé.

Générons 10 nombres au hasard de ε_t^* à partir d'une table des nombres au hasard, ce qui permet grâce à l'équation (5) de déterminer μ_t. En principe, on se donne au départ une valeur initiale de μ, par exemple $\mu_0 = 4$.

Tableau 1 : Exemple hypothétique de termes d'erreur positivement corrélés

Nombre	ε_t^*	$\mu_t = 0{,}8\mu_{t-1} + \varepsilon_t$
0	0	$\mu_0 = 4$
1	0,464	$\mu_1 = 3{,}664$
2	2,026	$\mu_2 = 4{,}9572$
3	2,455	$\mu_3 = 6{,}4207$
4	-0,323	$\mu_4 = 4{,}8136$
5	-0,068	$\mu_5 = 3{,}7829$
6	0,296	$\mu_6 = 3{,}3223$
7	-0,288	$\mu_7 = 2{,}3698$
8	1,298	$\mu_8 = 3{,}1938$
9	0,241	$\mu_9 = 2{,}7961$
10	-0,957	$\mu_{10} = 1{,}2798$

La représentation graphique de μ_t montre une courbe décroissante.

Exemple 2 : Corrélation générée par le processus :

$$\mu_t = 0{,}8\mu_{t-1} + \varepsilon_t$$

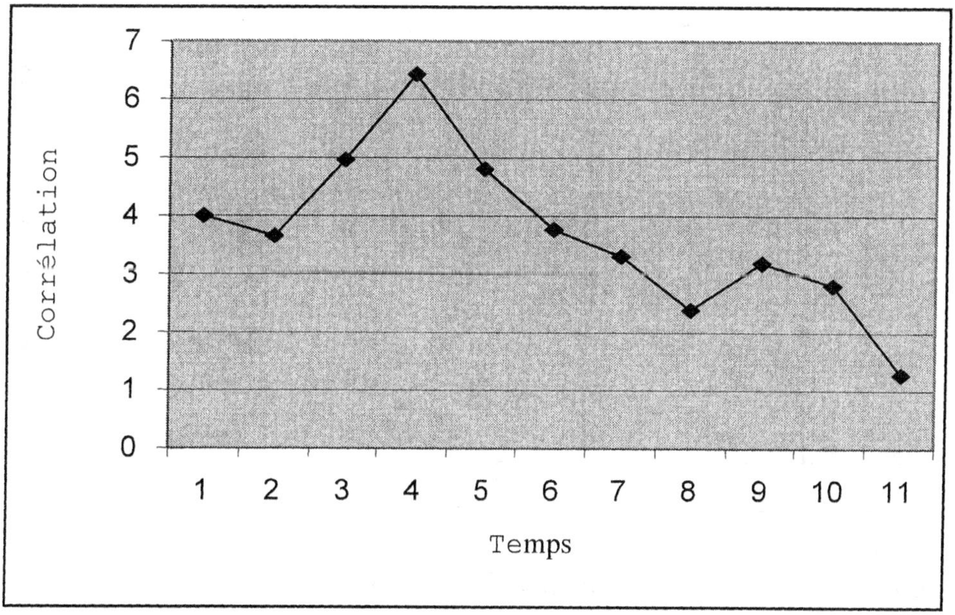

Considérons que les valeurs de X soient fixées à 1, 2, …, 10. Les X étant fixées, on peut créer un échantillon de 10 valeurs de Y au moyen de (3) et des valeurs de μ_t données dans le tableau 1. Ceci permet de générer les valeurs de Y dans le tableau 2.

Tableau 2 : Création d'un échantillon de 10 valeurs de Y

Nombre	μ_t^*	$Y_t = 1{,}0 + 0{,}8X_t + \mu_t$
1	3,664	$Y_1 = 5{,}464$
2	4,9572	$Y_2 = 7{,}5572$
3	6,4207	$Y_3 = 9{,}8207$
4	4,8136	$Y_4 = 9{,}0136$
5	3,7829	$Y_5 = 8{,}7829$
6	3,3223	$Y_6 = 9{,}1223$
7	2,3698	$Y_7 = 8{,}9698$
8	3,1938	$Y_8 = 10{,}5938$
9	2,7961	$Y_9 = 10{,}9961$
10	1,2798	$Y_{10} = 10{,}2798$

A partir des résultats du tableau 2, on régresse Y sur X, ce qui donne l'équation ci-après de l'échantillon :

$$Y_t^* = \underset{(0,68)}{6{,}68} + \underset{(0,11)}{0{,}43}\,X_t \qquad (6)$$

$$R^2 = 0{,}66 \qquad \sigma^{*2} = 7{,}96$$

Les valeurs entre parenthèses sont des écarts types associés aux paramètres.

En réalité, la véritable droite de régression est fournie par l'équation (2). En représentant sur la figure 3 les deux droites de régression, on voit de combien la droite de régression ajustée déforme la vraie droite. Elle sous-estime fortement le véritable coefficient de la pente, mais surestime la réelle valeur de l'ordonnée à l'origine.

La figure (3) indique pourquoi la vraie variance de μ_t est probablement sous estimée par l'estimation de $\sigma^{*2}_{\mu^*}$. Les μ_t^* sont généralement proches de la droite d'ajustement.

__Graphique 5:__ La vraie Fonction de Régression de la Population (FRP) statistique et la droite de régression estimée par les vraies valeurs du tableau 2

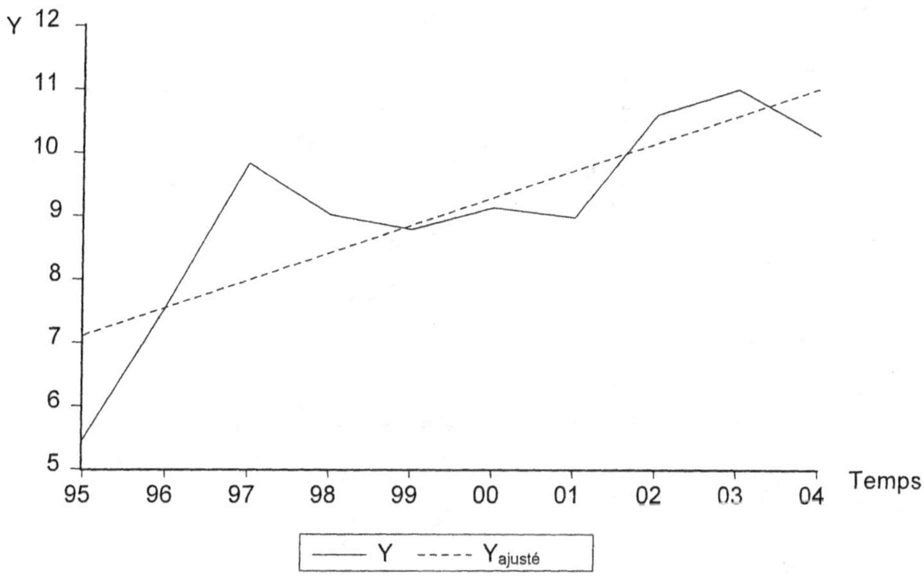

b) Absence d'une autocorrélation des erreurs

En gardant les X_t et ε_t générés dans les tableaux 1 et 2, considérons que $\rho = 0$, en d'autres termes il y a absence d'autocorrélation. Le nouvel échantillon des valeurs Y figure dans le tableau 3.
Si $\rho = 0$ ce qui signifie que le processus

$\mu_t = \rho\mu_{t-1} + \varepsilon_t$ devient $\varepsilon_t = \mu_t^*$

traduisant une absence de corrélation entre les aléas. Autrement dit, l'aléa μ_t est un bruit blanc dans la mesure où ε_t est défini précédemment comme tel.

Tableau 3 : Echantillon de valeurs de Y avec absence de corrélation sérielle

X_t	$\varepsilon_t = \mu_t^*$	$Y_t = 1{,}0 + 0{,}8X_t + \mu_t$
1	0,464	2,264
2	2,026	4,626
3	2 ,455	5,855
4	-0,323	3,877
5	-0,068	4,932
6	0,296	6,096
7	-0,288	6,312
8	1,298	8,698
9	0,241	8,441
10	-0,957	8,043

Une nouvelle régression est faite à partir des résultats du tableau 3.

$$Y_t^* = \underset{(0{,}67)}{2{,}53} + \underset{(0{,}11)}{0{,}61}\,X_t \qquad (7)$$

$$R^2 = 0{,}80 \qquad \sigma^{*2} = 7{,}80$$

Selon certains auteurs tel que Damodar Ngurati (2004), la variance résiduelle σ^{*2} est surestimée par rapport à la valeur σ^2. De même le R^2 le sera aussi. Ils concluent que les écarts types de β_1^* et β_2^* seront aussi surestimés. Dans le cas présent nous n'avons pas constaté cette surestimation en dehors du R^2. Il faut rappeler aussi qu'un bruit blanc (white noise) est un cas particulier de processus stationnaire ($AR(1)$) dont l'espérance est nulle en toute période, la variance est constante dans le temps et les covariances entre composantes de dates différentes sont toujours nulles. Ainsi qu'on le verra plus loin, si un processus AR est stationnaire, il a également une représentation en forme de moyenne mobile infinie des valeurs courantes et passées du bruit blanc.

3.4. La classe des séries stationnaires

Dans cette classe, on distingue deux types de processus, les processus $ARMA$ proposés par Box et Jenkins (1976) et les processus à hétéroscédasticité conditionnelle de Engle (1982).

3.4.1. Les processus $ARMA$

Deux types de processus aléatoires caractérisent l'évolution des séries stationnaires : les processus autorégressifs d'ordre p notés $AR(p)$ et les processus moyennes mobiles d'ordre q notés $MA(q)$. La combinaison de ces deux processus donne les processus $ARMA(p,q)$ appelés en anglais Autoregressive Moving Average process. Il faut rappeler que l'élément central de la définition des processus $ARMA$ repose sur le théorème de décomposition de Wold (1954).

3.4.1.1. Le théorème de décomposition de Wold

C'est un théorème fondamental dans la modélisation des processus stationnaires.

a) Théorème

Soit un processus stationnaire Y_t. Il est toujours possible de décomposer Y_t en une composante déterministe $f(t)$ (parfaitement prévisible) et en une composante aléatoire ε_t telles que :

$$Y_t = f_t + \mu_t \qquad (1)$$

avec $\mu_t = \sum_{i=0}^{\infty} \alpha_i \varepsilon_{t-i} \qquad (2)$

où ε_t est un bruit blanc, c'est-à-dire un processus moyenne mobile (MA), de variance constante et non autocorrélé.

Le théorème de Wold indique que tout processus stationnaire peut s'écrire sous la forme d'une somme de deux composantes :
Revenons à la définition d'un processus $ARMA$ composé d'un AR et d'un MA.

b) Dans un $AR(p)$, la variable aléatoire est fonction de ses valeurs passées de p retards

$$Y_t = \sum_{i=1}^{p} \phi_i Y_{t-i} + \varepsilon_t \qquad (3)$$

ou en recourant au polynôme de retard $A(L)$.

$$\varepsilon_t = \left(1 - \phi_1 L - \phi_2 L^2 - \cdots - \phi_p L^p\right) Y_t \qquad (4)$$

c) Dans un processus $MA(q)$, la variable dépend d'une moyenne pondérée des erreurs aléatoires passées. C'est-à-dire des valeurs présentes et passées d'un bruit blanc.

$$Y_t = \varepsilon_t - \sum_{i=1}^{q} \alpha_i \varepsilon_{t-i} \qquad (5)$$

ou en introduisant l'opérateur de retard $B(L)$.

$$Y_t = \left(1 - \alpha_1 L - \alpha_2 L^2 - \cdots - \alpha_q L^q\right)\varepsilon_t \qquad (6)$$

Il faut rappeler que dans le cas d'une série stationnaire, un processus $AR(p)$ peut s'inverser et s'écrire sous la forme d'un $MA(\infty)$. De même, le processus $MA(q)$ peut s'écrire sous la forme d'un $AR(\infty)$.

d) Par définition, dans un processus $ARMA$, la distribution stationnaire est fonction de ses valeurs passées et d'une moyenne mobile des innovations antérieures.

$$Y_t = \sum_{i=1}^{p} \phi_i Y_{t-i} - \sum_{i=1}^{q} \alpha_i \varepsilon_{t-i} + \varepsilon_t \qquad (7)$$

ou encore

$$\left(1 - \phi_1 L - \phi_2 L^2 - \cdots - \phi_p L^p\right) Y_t = \left(1 - \alpha_1 L - \alpha_2 L^2 - \cdots - \alpha_p L^q\right)\varepsilon_t$$

en développant, on a :

$$Y_t - \sum_{i=1}^{p} \phi_i Y_{t-i} = \varepsilon_t - \sum_{i=1}^{q} \alpha_i \varepsilon_{t-i} \qquad (8)$$

soit encore en isolant Y_t on retrouve l'équation (7)

$$Y_t = \sum_{i=1}^{p} \phi_i Y_{t-i} - \sum_{i=1}^{q} \alpha_i \varepsilon_{t-i} + \varepsilon_t$$

Telle est la définition du processus $ARMA(p, q)$.

3.4.1.2. Relation du processus *ARMA* avec le théorème de Wold

a) Définition du processus ARMA

Un processus *ARMA* est un processus mixte composé d'un *AR* et d'une *MA* au regard des démonstrations précédentes. En relation avec le théorème de Wold, on dira qu'il est composé d'une partie déterministe et d'une partie aléatoire. Ainsi, la partie déterministe de Y_t est en relation avec ses valeurs passées, c'est la partie connue.

Il est nécessaire de savoir que les processus *AR*, *MA* et *ARMA* sont des représentations alternatives de la même distribution ; de sorte qu'un processus $ARMA(p,\ q)$ peut s'écrire sous la forme d'un $AR(\infty)$ ou d'un $MA(\infty)$.

Pour que $Y_t \sim ARMA(p,q)$, il faut qu'il existe des polynômes de retard infini :

$$A(L) = 1 + \phi_1 L + \phi_2 L^2 + \cdots + \phi_p L^p + \cdots + \cdots$$

$$B(L) = 1 + \alpha_1 L + \alpha_2 L^2 + \cdots + \alpha_q L^q + \cdots + \cdots$$

tel que l'on écrit :

$$A(L) Y_t = B(L) \varepsilon_t \qquad (9)$$

c'est-à-dire que : $Y_t - \sum_{i=1}^{p} \phi_i Y_{t-i} = \varepsilon_t - \sum_{i=1}^{q} \alpha_i \varepsilon_{t-i}$

Ce qui est conforme à la relation (8). Ainsi que le souligne J.D. Hamilton (1994), la stationnarité d'un processus *ARMA* dépend entièrement des paramètres $(\phi_1, \phi_2, \cdots, \phi_p)$ du processus $AR(p)$ et non des paramètres $(\alpha_1, \alpha_2, \cdots, \alpha_q)$ du processus *MA*.

b) Inversibilité

Si $A(L)$ est inversible, alors le processus (9) s'écrit :

$$\frac{A(L)}{A(L)}Y_t = \frac{B(L)}{A(L)}\varepsilon_t \Rightarrow Y_t = B(L)A^{-1}(L)\varepsilon_t$$

posons $B(L)A^{-1}(L) = C(L)$

d'où (9) devient :

$$Y_t = C(L)\varepsilon_t \qquad (10)$$

avec $C(L) = \gamma_i$

ou encore

$$Y_t = \sum_{i=0}^{\infty} \gamma_i \varepsilon_{t-i} \quad \text{avec} \sum_{i=0}^{\infty} |\gamma_i| < \infty \text{ et } \gamma_0 = 1$$

De même si $B(L)$ est inversible, on peut écrire :

$$\frac{B(L)}{B(L)}\varepsilon_t = \frac{A(L)}{B(L)}Y_t$$

posons $\frac{A(L)}{B(L)} = \beta_i \Rightarrow \frac{A(L)}{B(L)}Y_t = \sum_{i=0}^{\infty} \beta_i Y_{t-i}$

avec $\sum_{i=0}^{\infty} |\beta_i| < \infty$ et $\beta_0 = 1$

ou si on écrit $A(L)B^{-1}(L) = D(L)$

il advient que : $\varepsilon_t = D(L)Y_t = \sum_{i=0}^{\infty} \beta_i Y_{t-i}$

Remarque :

Un processus *ARMA* est stationnaire si le polynôme $A(L)$ a toutes ses racines à l'intérieur du disque unité ; et inversible si toutes les racines de $B(L)$ du polynôme sont à l'extérieur du disque unité.

3.4.1.3. Autocorrélation d'ordre k des processus $ARMA$

Pour déterminer les autocorrélations d'un processus $ARMA$, on considère l'égalité suivante :

$$\frac{1}{\gamma_0}\left[E(Y_tY_{t-k})-\phi_1E(Y_{t-1}Y_{t-k})-\cdots-\phi_pE(Y_{t-p}Y_{t-k})\right]=\frac{1}{\gamma_0}\left[E(\varepsilon_tY_{t-k})-\alpha_1E(\varepsilon_{t-1}Y_{t-k})-\cdots-\alpha_pE(\varepsilon_{t-q}Y_{t-k})\right] \quad (10)$$

On sait que $\gamma_0=\sigma_Y^2=\dfrac{\sigma_\varepsilon^2}{1-\phi^2}$ et $\varepsilon_t \sim BB$ entraînant que $E[\varepsilon_{t-i}Y_{t-k}]=0$ pour $k>q$.

On tire à partir de l'égalité (10):

$$\rho_k-\phi_1\rho_{k-1}-\cdots-\phi_p\rho_{k-p}=0$$

En définitive : $\rho_k=\sum_{i=1}^{p}\phi_i\rho_{k-i} \qquad \forall k>p$

Il est à noter que la fonction d'autocorrélation ρ_k des processus $ARMA$ obéit à la même équation en différences que celle des processus AR.

3.4.1.4. Principales extensions des processus $ARMA$

- Si on considère la saisonnalité d'un processus $ARMA$, on parle de processus $SARMA$ noté $SARMA(p,q)(P,Q)$
- Si le processus est intégré, on parle de processus $ARIMA(p,d,q)$
- Si le processus est fractionnaire intégré on parlera de processus $ARFIMA(p,d,q)$.

3.4.2. Les processus AR

3.4.2.1. Principe général

Une des caractéristiques principales d'un processus autorégressif d'ordre p noté $AR(p)$ est que l'observation actuelle Y_t est générée par une moyenne pondérée des observations passées jusqu'à la $p^{ième}$ période.

a) Définition

Considérons un processus $AR(\infty)$ de la forme :

$$Y_t = \alpha Y_{t-1} - \alpha^2 Y_{t-2} + \cdots + \varepsilon_t \quad (1)$$

Introduisons l'opérateur de retard L ou le polynôme $A(L)$ dans (1)

$$(1 + \alpha L + \alpha^2 L^2 + \cdots + \cdots)Y_t = \varepsilon_t \quad (2)$$

avec $\varepsilon_t \sim BB$ et $|\alpha| < 1$

b) Autocorrélation et équations de Yule-Wolker d'un processus $AR(p)$

Soit le processus $AR(p)$ ci-après :

$$Y_t - \phi_1 Y_{t-1} - \phi_2 Y_{t-2} - \cdots - \phi_p Y_{t-p} = \varepsilon_t \quad (1)$$

où les $\phi_i (i = 1,2,..., p)$ et $\varepsilon_t \sim BB(0, \sigma_\varepsilon^2)$

Pour calculer les autocorrélations du processus $AR(p)$ on peut multiplier chaque membre de l'équation (1) par Y_{t-k} avec ($k > 0$). Ensuite, on prend l'espérance mathématique des variables et on divise l'ensemble par γ_0, on obtient la relation suivante :

$$\frac{1}{\gamma_0}\left[E(Y_t Y_{t-k}) - \phi_1 E(Y_{t-1} Y_{t-k}) - \cdots - \phi_p E(Y_{t-p} Y_{t-k})\right] = \frac{1}{\gamma_0} E(\varepsilon_t Y_{t-k}) \quad (2)$$

L'hypothèse de $\varepsilon_t \sim BB$ entraîne que $E(\varepsilon_t Y_{t-k}) = 0$. L'équation (2) devient :

$$\frac{1}{\gamma_0}\left(\gamma_k - \phi_1\gamma_{k-1} - \cdots - \phi_p\gamma_{k-p}\right) = 0$$

Si on pose $\rho_k = \frac{\gamma_k}{\gamma_0}$, la fonction d'autocorrélation est :

$$\rho_k - \phi_1\rho_{k-1} - \cdots - \phi_p\rho_{k-p} = 0$$

En définitive, la fonction d'autocorrélation d'un processus $AR(p)$ est donnée par la relation :

$$\rho_k = \sum_{i=1}^{p}\phi_i\rho_{k-i} \qquad (3) \quad \text{avec } \forall k > 0$$

De façon générale, les autocorrélations d'un processus $AR(p)$ sont caractérisées par une équation de récurrence linéaire d'ordre p. Si on écrit cette relation pour différentes valeurs de k $(k = 1, 2, \cdots, p)$, on a les équations de Yule-Walker :

$$\begin{pmatrix} \rho_1 \\ \rho_2 \\ \vdots \\ \rho_k \end{pmatrix} = \begin{pmatrix} 1 & \rho_1 & \cdots & \rho_{p\text{-}1} \\ \rho_1 & 1 & \cdots & \\ \cdots & & 1 & \\ \rho_{p-1} & & & 1 \end{pmatrix} \begin{pmatrix} \phi_1 \\ \phi_2 \\ \vdots \\ \phi_p \end{pmatrix}$$

Il apparaît au regard de ce résultat que ces relations permettent de calculer les paramètres d'autocorrélation en fonction des paramètres autorégressifs $(\phi_1, \phi_2, \cdots, \phi_p)$ et inversement.

3.4.2.2. Caractéristiques d'un processus $AR(1)$

a) Stationnarité et stabilité

Proposition 1 :

Tout processus autorégressif du 1er ordre stationnaire est un processus stable[1].

Un processus est stationnaire si la loi qui régit la valeur de chacune de ses variables aléatoires dont il est la succession est indépendante du temps. Dès lors, tous les moments du processus sont indépendants du temps.

Soit le processus suivant :

$Y_t = \phi_1 Y_{t-1} + \varepsilon_t \qquad |\phi| < 1 \qquad (1)$

b) Moments et autocorrélation du processus

i) Moments du processus

Si le processus est stationnaire, le moment non centré d'ordre 1 :

$E(Y_t) = E(Y_{t-1}) \qquad (2)$

d'après (1)

$E(Y_t) = \phi_1 E(Y_{t-1}) + E(\varepsilon_t) \qquad (3)$

Cette expression s'écrit encore :

$E(Y_t) - \phi_1 E(Y_{t-1}) = 0$ (4) puisque $E(\varepsilon_t) = 0$

Calculons le moment non centré d'ordre 2 : $E(Y_t^2)$

---

[1] La stabilité se traduit par la valeur du coefficient ϕ qui est nécessairement inférieur à 1.

$$E(Y_t^2) = E\left[(\phi_1 Y_{t-1} + \varepsilon_t)^2\right] = \phi_1^2 E(Y_{t-1}^2) + 2\phi_1\; E(Y_{t-1}\varepsilon_t) + E(\varepsilon_t^2) \qquad (5)$$

$$E(Y_t^2) = \phi_1^2 E(Y_{t-1}^2) + \sigma_\varepsilon^2$$

Si la non corrélation existe entre ε_t et Y_{t-1}, on a :

$$2\phi_1 E(Y_{t-1}\varepsilon_t) = 0$$

donc

$$E(Y_t^2)\left[1 - \phi_1^2\right] = \sigma_\varepsilon^2$$

Puisque $E(Y_t) = E(Y_{t-1}) \Rightarrow E(Y_t^2) = E(Y_{t-1}^2)$, nous tirons que :

$$E(Y_t^2) = \frac{\sigma_\varepsilon^2}{1 - \phi_1^2} \qquad (6) \text{ qui est aussi } V(Y_t)$$

Pour qu'il en soit ainsi, il faut avoir

$(1 - \phi_1^2) > 0 \Rightarrow |\phi_1| < 1$ ou que $-1 < \phi_1 < 1$.

La conclusion qui se dégage de ce qui précède est que la stationnarité implique donc la stabilité.

ii) Autocovariance

$$E(Y_t^2) = \frac{\sigma_\varepsilon^2}{1 - \phi_1^2} = \gamma_0 = \sigma_Y^2 \qquad (7)$$

Ce qui permet de déterminer les autres éléments de la fonction d'autocovariance.

$$\gamma_1 = E(Y_t Y_{t-1}) = E\left[(\phi_1 Y_{t-1} + \varepsilon_t)Y_{t-1}\right]$$

$$\gamma_1 = \phi_1 \gamma_0 \qquad (8)$$

$$\gamma_2 = E(Y_t Y_{t-2}) = E\left[(\phi_1 Y_{t-1} + \varepsilon_t)Y_{t-2}\right]$$

$$\gamma_2 = \phi_1 \gamma_1 = \phi_1^2 \gamma_0 \qquad (9)$$

La formule de récurrence pour un processus $AR(1)$ est ainsi que l'on a vu dans le cas d'un processus aléatoire.

$$\gamma_\theta = \phi_1 \gamma_{\theta-1} = \phi_1^\theta \gamma_0 \qquad \forall \theta > 0 \qquad (10)$$

Ce qui engendre la fonction d'autocorrélation.

iii) Autocorrélation

$$\rho_0 = \frac{\gamma_\theta}{\gamma_0} = \frac{\gamma_0}{\gamma_0} = 1 \qquad (11)$$

$$\rho_1 = \frac{\gamma_1}{\gamma_0} = \frac{\phi_1 \gamma_0}{\gamma_0} = \phi_1 \qquad (12)$$

$$\rho_2 = \frac{\gamma_2}{\gamma_0} = \frac{\phi_1 \gamma_1}{\gamma_0} = \frac{\phi_1^2 \gamma_0}{\gamma_0} = \phi_1^2 = \phi_1 \rho_1 \qquad (13)$$

En définitive, il ressort que :

$$\rho_\theta = \phi_1 \rho_{\theta-1} = \phi_1^\theta, \quad \forall \theta > 0 \qquad (14)$$

Deux situations peuvent se présenter :

$\phi_1 > 0$, $\rho_\theta > 0$ décroît de façon exponentielle lorsque θ augmente ;

$\phi_1 < 0$, ρ_θ alterne de signe et baisse de façon sinusoïdale.

c) Stabilité et stationnarité

Proposition 2 :

Tout processus du 1er ordre stable $(|\phi| < 1)$ tend vers un processus stationnaire quand $t \to \infty$.

En effet, on exprime Y_t en fonction de ε_t, il en résulte que :

$$Y_t = \varepsilon_t + \phi\varepsilon_{t-1} + \phi^2\varepsilon_{t-2} + \cdots + \phi^{t-1}\varepsilon_1 + \phi^t Y_0 \qquad (15)$$ [1]

La distribution de Y_t dépend à la fois des ε_t et de Y_0 = constante.

Dans l'expression (14)

$E(Y_t) = \phi^t Y_0 \to 0$ pour $t \to \infty$ puisque $|\phi| < 1$.

Rappelons que : $E(\varepsilon_t) = E(\varepsilon_{t-1}) = \cdots = E(\varepsilon_{t-i}) = 0$

De même

$$E(Y_t^2) = \sigma_\varepsilon^2(1 + \phi^2 + \cdots + \phi^{2(t-1)} + \phi^{2t} Y_0) \qquad (16)$$

Puisque les ε_t sont indépendants, donc les covariances sont nulles, d'où :

$$\frac{\sigma_\varepsilon^2(1-\phi^{2t})}{1-\phi_1^2} + \phi^{2t} Y_0$$

En développant, on a : $\dfrac{\sigma_\varepsilon^2 + \sigma_\varepsilon^2\phi^{2t}}{1-\phi_1^2} + \phi^{2t} Y_0$

---

[1] Démonstration

$Y_t = \phi Y_{t-1} + \varepsilon_t \quad (1)$

$Y_{t-1} = \phi Y_{t-2} + \varepsilon_{t-1} \quad (2)$

$Y_{t-2} = \phi Y_{t-3} + \varepsilon_{t-2} \quad (3)$

Remplaçons dans (1) Y_{t-1} par sa valeur dans (2)

$Y_t = \phi[\phi Y_{t-2} + \varepsilon_{t-1}] + \varepsilon_t = \phi^2 Y_{t-2} + \phi\varepsilon_{t-1} + \varepsilon_t$

Ensuite remplaçons Y_{t-2} par sa valeur dans (3)

$Y_t = \phi^3 Y_{t-3} + \phi^2\varepsilon_{t-2} + \phi\varepsilon_{t-1} + \varepsilon_t$

En généralisant, on obtient:

$Y_t = \varepsilon_t + \phi\varepsilon_{t-1} + \phi^3\varepsilon_t + \cdots + \phi^{t-1}\varepsilon_1 + \phi^t Y_0$ qui est une succession des valeurs présentes et passées du bruit blanc.

On sait que Y_0 et σ^2 sont des constantes, $|\phi| < 1$ si $t \to \infty$, il en résulte que $\phi^{2t} \to 0$, conduisant :

$$\lim E\left(Y_t^2\right) = \frac{\sigma_\varepsilon^2}{1-\phi_1^2} = \sigma_Y^2 \quad (17)$$

Ce qui correspond évidemment à la variance du processus stationnaire étudié auparavant.

Nous rappelons que $E\left(Y_t Y_{t+\theta}\right) \to Cov(\theta)$ (quand $t \to \infty$) qui est l'autocovariance du processus stationnaire.

Finalement, les moments d'un processus stable tendent, quand $t \to \infty$, vers les moments d'un processus stationnaire.

<u>Exemple</u> : Les indices harmonisés des prix à la consommation en biens alimentaires de la ville de Ouagadougou de janvier 1997 à décembre 2003

L'équation d'estimation d'un $AR(2)$ s'écrit : $IP_t = \phi_1 IP_{t-1} + \phi_2 IP_{t-2} + \varepsilon_t$.

Son estimation donne :

Dependent Variable: IP_t
Method: Least Squares
Sample(adjusted): 1997:1 2003:12
Included observations: 81 after adjusting endpoints

Variable	Coefficient	Std. Error	t-Statistic	Prob.
IP_{t-1}	0.976549	0.110718	8.820144	0.0000
IP_{t-2}	-0.207314	0.109030	-1.901438	0.0609
c	25.23592	7.269409	3.471523	0.0008

R-squared	0.674715	Mean dependent var	109.0926
Adjusted R-squared	0.666374	S.D. dependent var	6.572641
S.E. of regression	3.796379	Akaike info criterion	5.542306
Sum squared resid	1124.175	Schwarz criterion	5.630990
Log likelihood	-221.4634	F-statistic	80.89488
Durbin-Watson stat	2.020721	Prob(F-statistic)	0.000000

Le tableau ci-dessous présente le test de stationnarité.

Statistique ADF	-3.671271	1% valeur critique*	-3.5132
		5% valeur critique	-2.8976
		10% valeur critique	-2.5858

*Valeurs critiques de l'hypothèse nulle de MacKinnon du test de racine unitaire.

Le test montre qu'au seuil de 1%, la série est stationnaire à niveau puisque $ADF_c < ADF_\alpha$.

La relation entre stabilité et stationnarité est établie par le test de Cusum :

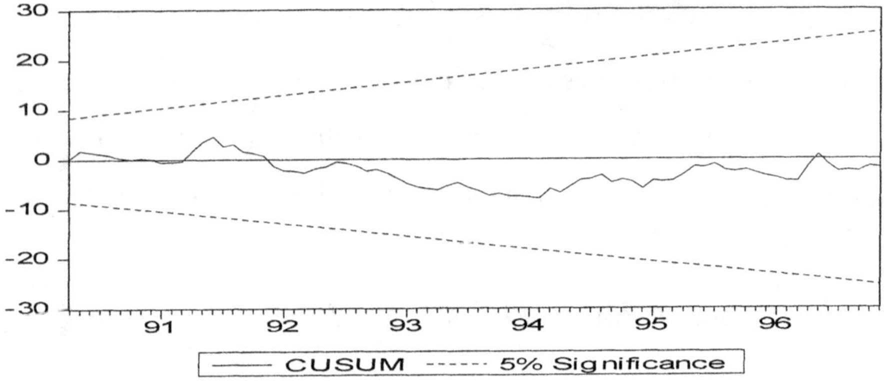

Le test de Cusum montre que le modèle est stable. En effet, la courbe de test reste dans l'intervalle +5% à -5%. Par conséquent, une série stationnaire tend vers une série stable.

3.5. Caractéristiques du processus *MA*

Le processus autorégressif (AR) est un des mécanismes que le processus Y a engendré. Il reste cependant qu'il peut en résulter d'autres procédés. Pour ce faire, nous partirons toujours du processus AR. Au point a) du 3.4.2.2, il a été montré qu'un processus $AR(1)$ stable tendait sous certaines conditions vers un processus stationnaire. Dans ces conditions, le processus Y_t pouvait s'écrire en fonction du bruit blanc ε_t.

Indépendamment de cela, dans la relation du processus $ARMA(p,q)$ avec le théorème de Wold il ressort la relation entre un $AR(p)$ et un processus $MA(q)$ permettant d'écrire :

$$Y_t - \sum_{i=1}^{p} \phi_i Y_{t-i} = \varepsilon_t - \sum_{i=1}^{q} \theta_i \varepsilon_{t-i} \qquad (1)$$

3.5.1. Définition

A partir de la relation (1) si le retard est nul pour le processus AR, c'est-à-dire $i = 0$, on a :

$$Y_t = \varepsilon_t - \sum_{i=1}^{q} \theta_i \varepsilon_{t-i} \qquad (2)$$

Un processus moyenne mobile d'ordre q, noté $MA(q)$ est un processus Y_t stationnaire vérifiant une relation :

$$Y_t = \varepsilon_t - \theta_1 \varepsilon_{t-1} - \theta_2 \varepsilon_{t-2} - \cdots - \theta_q \varepsilon_{t-q} \qquad (3)$$

avec les $\theta_i (i = 1 \cdots q)$ des réels et $\varepsilon_t \sim BB(0; \sigma_\varepsilon^2)$.

L'introduction de l'opérateur de retard L dans (3) permet d'écrire :

$$Y_t = (1 - \theta_1 L - \theta_2 L^2 - \cdots - \theta_q L^q) \varepsilon_t \qquad (4)$$

Soit encore :

$$Y_t = \Theta(L) \varepsilon_t \qquad (5)$$

avec : $\Theta(L) = 1 - \theta_1 L - \theta_2 L^2 - \cdots - \theta_q L^q$ est un opérateur de retard d'ordre q.

En relation avec ce qui a été dit dans le cadre du théorème de Wold, si le polynôme Θ a toutes ses racines à l'extérieur du disque unité, alors on peut inverser ce polynôme et écrire un processus $MA(q)$ sous la forme d'un $AR(\infty)$.

$$\varepsilon_t = \Theta^{-1}(L)Y_t = \sum_{i=0}^{\infty} \phi_i Y_{t-i} \qquad (6)$$

avec $\phi_0 = 1$ et $\sum_{i=0}^{\infty} |\phi_i| < \infty$

3.5.2. Autocovariance et autocorrélation

3.5.2.1. La fonction d'autocovariance d'un processus MA

i) La fonction d'autocovariance

La fonction d'autocovariance d'un processus $MA(q)$ noté γ_k est définie par :

$$\operatorname{cov}(Y_t Y_{t-k}) = E(Y_t Y_{t-k}) = \gamma_k \qquad (7)$$

A partir de la relation (3) on pose :

$$\gamma_k = E\left[\left(\varepsilon_t - \theta_1 \varepsilon_{t-1} - \cdots - \theta_q \varepsilon_{t-q}\right)\left(\varepsilon_{t-k} - \cdots - \theta_q \varepsilon_{t-k-q}\right)\right] \qquad (8)$$

En faisant des développements de (7) et en posant un certain nombre de conditions, on obtient :

$$\gamma_k = \begin{cases} \sigma^2 \sum_{k=0}^{q} \theta_k \theta_{k+q} & \forall k = 0,1,\cdots,q \\ 0 & \forall k > q \end{cases} \qquad (9)$$

avec $\theta_0 = 1$

Par ailleurs, si $k = 0$, on obtient la variance du processus, conduisant à écrire :

$$\gamma_0 = \sigma^2 \sum_{k=0}^{q} \theta_k^2 = \left(1 + \theta_1^2 + \theta_2^2 + \cdots + \theta_q^2\right)\sigma_\varepsilon^2 = \sigma_Y^2 \qquad (10)$$

Ces différents résultats montrent une indépendance de tous les moments du processus par rapport au temps. Ce qui explique ou confirme la stationnarité du processus. En effet, $\text{cov}(Y_t Y_{t-k})$ ne dépend pas de t mais exclusivement de k.

ii) La fonction d'autocorrélation

A partir de la relation (10), on déduit la fonction d'autocorrélation ρ_k qui est le rapport d'autocorrélation d'ordre k sur l'autocorrélation d'ordre 0.

$$\rho_k = \frac{\gamma_k}{\gamma_0} \qquad (11)$$

Ce qui entraîne que :

$$\rho_k = \begin{cases} \dfrac{-\theta_k + \theta_1\theta_{k+1} + \cdots + \theta_{q-k} + \theta_q}{1 + \theta_1^2 + \cdots + \theta_q^2} & 1 \le k \le q \\ 0 & \forall k > q \end{cases} \qquad (12)$$

Il faut rappeler que le signe négatif de θ_k est dû au fait que :

$$\gamma_1 = \text{var}(Y_t Y_{t-1}) = -\theta\sigma^2 \qquad \text{d'où } \rho_1 = \frac{\gamma_1}{\gamma_0} = \frac{-\theta}{1+\theta^2} \qquad (13)$$

En effet, dans (12) si on pose $k = 1$, la relation :

$$\rho_k = \frac{-\theta_1}{1+\theta_1^2} = \rho_1$$

Propriété

Pour un processus $MA(q)$, $\rho_k = 0$ pour $k > q$. En d'autres mots, les autocorrélations deviennent nulles au-delà du rang q lorsque le vrai processus générateur des données est un $MA(q)$.

3.5.2.2. Ordre du processus

Cet ordre se ramène à la définition des autocorrélations partielles du processus. Généralement, pour ce faire, on a recours à l'algorithme de Durbin. Il faut néanmoins souligner d'une part, que la fonction d'autocorrélation partielle d'un *MA* n'a pas de propriété spécifique ; et que d'autre part, son développement est relativement compliqué.
Afin d'en faire la démonstration, considérons le processus $MA(1)$ qui est la forme la plus simple.

Le processus $MA(1)$

Soit ce processus $MA(1)$:

$Y_t = \varepsilon_t - \theta_1 \varepsilon_{t-1}$ (14)

avec $|\theta_1| < 1$ (condition d'inversibilité) et $\varepsilon_t \sim BB(0;\sigma_\varepsilon^2)$

Caractéristiques du processus

a) tendances centrales

L'espérance mathématique est nulle :

$$E(Y_t) = E[\varepsilon_t - \theta\, E(\varepsilon_{t-1})] = 0 \qquad (15)$$

La variance du $MA(1)$ est :

$$\begin{aligned} V(Y_t) &= V(\varepsilon_t - \theta\varepsilon_{t-1}) = \sigma^2 + \theta^2\sigma^2 - 2\theta 0 \\ &= (1+\theta^2)\,\sigma^2 = \gamma_0 \end{aligned} \qquad (16)$$

b) Autocorrélations partielles

Précédemment, il a été défini la fonction d'autocorrélation. On peut désormais déterminer les autocorrélations partielles en se référant à l'algorithme de Durbin. Pour ce faire, on pose :

$$\phi_{ii} = \begin{cases} \rho_1 & \text{pour } i = 1 \\ \dfrac{\rho_i - \sum_{j=1}^{i-1} \phi_{i-1,j}\,\rho_{i-j}}{1 - \sum_{j=1}^{i-1} \phi_{i-1,j}\,\rho_j} & \text{pour } i = 2,\cdots,k \end{cases} \qquad (17)$$

On sait que :

$\phi_{ij} = \phi_{i-1,j} - \phi_{ij}\phi_{i-1,i-j}$ (18) pour $i = 2,\cdots,k$ et $j = 1,\cdots, i\text{-}1$

C'est un algorithme qui est appelé algorithme de Durbin (1960). A la lumière des précédentes démonstrations, on constate que les coefficients d'autocorrélation partielle dépendent des coefficients d'autocorrélation et par un ensemble d'équations récursives.

De ce fait, on a pour différentes valeurs de i et j

$$\phi_{11} = \rho_1 = \frac{-\theta_1}{1+\theta_1^2} \qquad (19)$$

$$\phi_{22} = \frac{\rho_2 - \phi_{11}\rho_1}{1-\phi_{11}\rho_1} = \frac{-\rho_1^2}{1-\rho_1^2} \qquad (20)$$

$$\phi_{33} = \frac{\rho_3 - \phi_{21}\rho_2 - \phi_{22}\rho_1}{1-\phi_{21}\rho_1 - \phi_{22}\rho_2} = \frac{-\phi_{22}\rho_1}{1-\phi_{21}\rho_1} \qquad (21)$$

En effet, pour (19) il ressort que:

$$\rho_1 = \frac{\gamma_1}{\gamma_0} \quad \text{avec } \gamma_1 = -\theta_1\sigma_\varepsilon^2 \text{ et } \gamma_0 = \left(1+\theta_1^2\right)\sigma_\varepsilon^2$$

Quant à l'équation 20, on sait que $\phi_{11} = \rho_1$. En remplaçant par sa valeur, on aura :

$$\phi_{22} = \frac{\rho_2 - \phi_{11}\rho_1}{1-\phi_{11}\rho_1} = \frac{\rho_2 - \rho_1^2}{1-\rho_1^2} = -\frac{\rho_1^2}{1-\rho_1^2} \quad \text{puisque } \rho_2 = 0$$

Enfin, l'équation 21 se démontre comme suit :

$\rho_2 = \rho_3 = 0 \Rightarrow$ que le numérateur est égal à $-\phi_{22}\rho_1$. Quant au dénominateur, il est égal à $1-\phi_{21}\rho_1$ puisque $\phi_{22}\rho_2 = 0$. D'où :

$$\phi_{33} = \frac{-\phi_{22}\rho_1}{1-\phi_{21}\rho_1}$$

Or $\phi_{22} = -\dfrac{\rho_1^2}{1-\rho_1^2}$

Ce qui permet de réécrire (21) :

$$\phi_{33} = \frac{\rho_1^3}{\left(1-\rho_1^2\right)\left(1-\phi_{21}\rho_1\right)} \qquad (22)$$

Au numérateur (21) donne à partir de (18) :

$$\phi_{21} = \phi_{11} - \phi_{22}\phi_{11} = \phi_{11}\left(1-\phi_{22}\right)$$

$$= \rho_1\left(1-\phi_{22}\right) = \rho_1\left(1+\frac{\rho_1^2}{1-\rho_1^2}\right) = \frac{\rho_1}{1-\rho_1^2} \qquad (23)$$

D'où :

$$\phi_{33} = \frac{\rho_1^3}{\left(1-\rho_1^2\right)\left(1-\frac{\rho_1^2}{1-\rho_1^2}\right)} = \frac{\rho_1^3}{\frac{\left(1-\rho_1^2\right)\left(1-2\rho_1^2\right)}{1-\rho_1^2}} = \frac{\rho_1^3}{\left(1-2\rho_1^2\right)} \qquad (24)$$

Il est quelquefois intéressant d'étudier le sens des ϕ_{kk}. Pour ce faire, il faut exprimer ces autocorrélations partielles en fonction de θ_1 qui est le paramètre du processus $MA(1)$.

On sait que $\phi_{22} = -\frac{\rho_1^2}{\left(1-\rho_1^2\right)}$ et $\rho_1 = -\frac{\theta_1}{1+\theta_1^2}$

En combinant les deux formules, on tire que :

$$\phi_{22} = -\frac{\theta_1^2}{1+\theta_1^2+\theta_1^4} \qquad (25)$$

La considération du dénominateur permet de constater que l'expression $1+\theta_1^2+\theta_1^4$ est une suite géométrique dont le premier terme est 1 et la raison θ_1^2. Il en résulte ce qui suit :

$$1+\theta_1^2+\theta_1^4 = \frac{1-\theta_1^6}{1-\theta_1^2} \qquad (26)$$

Finalement :

$$\phi_{22} = \frac{-\theta_1^2\left(1-\theta_1^2\right)}{1-\theta_1^6}$$

De même on a :

$$\phi_{33} = -\frac{\rho_1^3}{1-2\rho_1^2} \quad \text{et} \quad \rho_1 = -\frac{\theta_1}{1+\theta_1^2}$$

Une démarche analogue permet de poser :

$$\phi_{33} = \frac{\theta_1^3\left(1-\theta_1^2\right)}{1-\theta_1^8} \qquad (27)$$

En définitive, la formule générale ou de récurrence pour les autocorrélations d'un processus $MA(1)$ s'écrit :

$$\phi_{kk} = \frac{\theta_1^k\left(1-\theta_1^2\right)}{1-\theta_1^{2(k+1)}} \qquad (28)$$

Il ressort la situation suivante :

- Pour $\theta_1 > 0$, toutes les valeurs de ϕ_{kk} sont négatives ;
- Pour $\theta_1 < 0$, les valeurs de ϕ_{kk} alternent de signe.

3.5.2.3. Méthode de prévision des processus $MA(q)$

Dans une chronique, la dernière observation se situe au temps T. Soit $\varepsilon_T^*, \varepsilon_{T-1}^*, \varepsilon_{T-2}^*, \cdots, \varepsilon_{T-q}^*$ les résidus estimés pour les périodes $T, T-1, T-2, \cdots, T-q$. Considérons le modèle $MA(q)$ d'équation :

$$Y_T = \varepsilon_T + \theta_1\varepsilon_{T-1} - \theta_2\varepsilon_{T-2} - \cdots - \theta_q\varepsilon_{T-q} \qquad (29)$$

Le problème qui est à résoudre est la prévision des Y_T à l'horizon h avec $h = 1, 2, \cdots, k$ soit :

$Y_T^*(1), Y_T^*(2), \cdots, Y_T^*(h)$. Pour ce fait, étudions un cas concret.

Exemple : soit un $MA(q)$ avec $q = 3$. Posons l'horizon de prévision $h = k = 4$.

Dans ce cas, l'équation (29) devient :

$$\left.\begin{array}{l} Y_{T+1} = \varepsilon_{T+1} - \theta_1 \varepsilon_T - \theta_2 \varepsilon_{T-1} - \theta_3 \varepsilon_{T-2} \\ Y_{T+2} = \varepsilon_{T+2} - \theta_1 \varepsilon_{T+1} - \theta_2 \varepsilon_T - \theta_3 \varepsilon_{T-1} \\ Y_{T+3} = \varepsilon_{T+3} - \theta_1 \varepsilon_{T+2} - \theta_2 \varepsilon_{T+1} - \theta_3 \varepsilon_T \\ Y_{T+4} = \varepsilon_{T+4} - \theta_1 \varepsilon_{T+3} - \theta_2 \varepsilon_{T+2} - \theta_3 \varepsilon_{T+1} \end{array}\right\} \quad (30)$$

Or, on sait que les innovations se sont produites pour $t \in T$ entraînant dans ce cas la possibilité de substituer ces innovations par les estimations ε_T^* d'où :

$$\left.\begin{array}{l} Y_{T+1} = \varepsilon_{T+1} - \theta_1 \varepsilon_T^* - \theta_2 \varepsilon_{T-1}^* - \theta_3 \varepsilon_{T-2}^* \\ Y_{T+2} = \varepsilon_{T+2} - \theta_1 \varepsilon_{T+1}^* - \theta_2 \varepsilon_T^* - \theta_3 \varepsilon_{T-1}^* \\ Y_{T+3} = \varepsilon_{T+3} - \theta_1 \varepsilon_{T+2}^* - \theta_2 \varepsilon_{T+1}^* - \theta_3 \varepsilon_T^* \\ Y_{T+4} = \varepsilon_{T+4} - \theta_1 \varepsilon_{T+3}^* - \theta_2 \varepsilon_{T+2}^* - \theta_3 \varepsilon_{T+1}^* \end{array}\right\} \quad (31)$$

Remarque :

Lorsque $t \geq T + 1$, les innovations ne sont pas connues, elles sont donc stochastiques.

L'observation d'une prévision ponctuelle ne peut se faire qu'à la condition de remplacer ces innovations par leur moyenne.

Or, $E(\varepsilon_T) = E(\varepsilon_{T+1}) = \cdots = E(\varepsilon_{T+h}) = 0$

d'où :

$$\left.\begin{array}{l} Y_T^*(1) = -\theta_1 \varepsilon_T^* - \theta_2 \varepsilon_{T-1}^* - \theta_3 \varepsilon_{T-2}^* \\ Y_T^*(2) = -\theta_2 \varepsilon_T^* - \theta_3 \varepsilon_{T-1}^* \\ Y_T^*(3) = -\theta_3 \varepsilon_T^* \\ Y_T^*(4) = 0 \end{array}\right\} \quad (32)$$

Il ressort que les prévisions d'un modèle $MA(q)$ sont nulles pour tout horizon h supérieur à l'ordre q du processus. Dans l'exemple précédent, on constate que $Y_T^*(4) = 0$ puisque

$E(\varepsilon_{T+4}) = E(\varepsilon_{T+3}) = E(\varepsilon_{T+2}) = E(\varepsilon_{T+1}) = 0$

Ce résultat confirme la propriété précédemment énoncée puisque $h = 4$ et $q = 3$ entraînant que $h > q$. Par contre, pour $h = q = 3$, on a $Y_T^*(3) = -\theta_3 \varepsilon_T^*$.

A partir des systèmes (30) et (32), on peut établir une relation entre les valeurs futures et les prévisions ; soit :

$$\left.\begin{aligned} Y_{T+1} &= Y_T^*(1) + \varepsilon_{T+1} \\ Y_{T+2} &= Y_T^*(2) + \varepsilon_{T+2} - \theta_1 \varepsilon_{T+1} \\ Y_{T+3} &= Y_T^*(3) + \varepsilon_{T+3} - \theta_1 \varepsilon_{T+2} - \theta_2 \varepsilon_{T+1} \\ Y_{T+4} &= Y_T^*(4) + \varepsilon_{T+4} - \theta_1 \varepsilon_{T+3} - \theta_2 \varepsilon_{T+2} - \theta_3 \varepsilon_{T+1} \end{aligned}\right\} \qquad (33)$$

Exercices

1. Soit le processus $ARIMA(p, d, q)$

$$\left(1-\rho_1 L-\rho_2 L^2-\cdots-\rho_p L^p\right)\Delta^d Y_t=\left(1-\alpha_1 L-\alpha_2 L^2-\cdots-\alpha_q L^q\right)\varepsilon_t \qquad (1)$$

Si on pose $ARIMA(0, 2, 2)$

$$\Delta^2 Y_t=\left[1-(1-\lambda)\right]^2 \varepsilon_t \qquad (2)$$

Montrer que : $\Delta^2 Y_t=\left[1-\alpha_1 L-\alpha_2 L^2\right]\varepsilon_t$ (3)

Quelles sont les valeurs de α_1 et α_2 ?

2. En considérant le modèle ci-après :

$$(1-\beta L)X_t=\mu_t \qquad (1)$$

$$A_1(L)\mu_t=\varepsilon_t \qquad (2)$$

a) Dans quelle circonstance on a un retard d'ordre p ou $p-1$?

b) Quelle est la nature du processus ?

3. Soit le modèle $AR(2)$ suivant :

$$Y_t=\mu+\phi_1 Y_{t-1}+\phi_2 Y_{t-2}+\varepsilon_t$$

a) Montrer que ce processus a deux racines

b) Si $L_1^*=1/a_1$ et $L_2^*=1/a_2$ sont les solutions ou racines du processus. Quelles sont les valeurs de a_1 et a_2 pour $\phi_1=2$ et $\phi_2=1$. Ecrivez le processus avec les paramètres estimés.

c) Dans le cas de l'existence de deux racines, quel est l'ordre d'intégration de la série ? Cet ordre permet-il de conclure à la stationnarité de la série ?

d) Montrer à partir du résultat de la question (c) qu'un $AR(2)$ peut engendrer une série $AR(1)$.

4. Soit le modèle d'anticipation suivant p_t^N le prix normal de la période t et p_t le prix observé de la période. Posons :

$$p_t^N - p_{t-1}^N = \beta\left(p_t - p_{t-1}^N\right) \quad 0 < \beta < 1$$

a) Ecrire l'équation sous une forme autorégressive (AR)

b) Montrer que le prix normal (p_t^N) est une moyenne pondérée des prix observés dans le passé.

5. Soit le processus suivant:

$$Y_t = \rho Y_{t-1} + \varepsilon_t + \theta\,\varepsilon_{t-1} \qquad (1)$$

a) Quelle est la nature du processus ?

b) Démontrer que ce processus peut s'écrire sous la forme :

$$Y_t = \frac{\varepsilon_t}{1-\rho L} + \frac{\theta\varepsilon_{t-1}}{1-\rho L} \qquad (2)$$

c) Montrer que $Y_t = 0{,}2Y_{t-1} + 0{,}15Y_{t-2} + \varepsilon_t + 0{,}3\varepsilon_{t-1}$ (3) peut s'écrire sous la même forme que l'équation (2). Quel est l'ordre du processus ?

6. Le modèle de consommation de Brown se présente comme suit :

$$C_t = C_0 + \alpha Y_t + \beta C_{t-1} \qquad (1) \quad \text{avec } 0 \le \beta \le 1$$

a) Montrer que $C_t = \dfrac{1}{1-\beta}\left(C_0 + \alpha Y_t\right)$ (2)

b) Démontrer que l'équation (1) peut s'écrire sous une forme de retards échelonnés en fonction du revenu Y_t.

c) Quelle place les revenus passés, proches et lointains jouent dans la détermination de la consommation ?

7. Soit le modèle d'anticipations adaptatives suivant de Friedman

$$Y_t^p - Y_{t-1}^p = \lambda\left(Y_t - Y_{t-1}^p\right) \qquad \text{avec } 0 < \lambda < 1$$

avec $Y_t^p =$ le revenu permanent

$\lambda =$ vitesse d'ajustement des anticipations

On pose que $C_t = kY_t^p$

Montrer que la consommation C_t peut s'exprimer sous la forme d'un $AR(1)$.

CHAPITRE IV

LES PROCESSUS NON STATIONNAIRES

INTRODUCTION

Les séries temporelles économiques sont rarement des distributions de processus aléatoires stationnaires. Pendant longtemps, les économistes avaient postulé que la plupart des chroniques économiques étaient stationnaires. Or, les mouvements économiques observables présentent généralement un profil complexe et une faible régularité. Il incombe à l'analyse de les représenter comme résultant de la combinaison de composantes multiples, de périodicité et d'amplitudes distinctes selon P. Y. Henin (1981). Les seules transformations auxquelles on avait recours étaient les filtres aux différences (C.F. Kaufman et Groboillot 1968) et la formule de Box-Cox (1964) qui contiennent comme cas particulier le logarithme des observations. De ce fait, il était fréquent que la transformation soit non appropriée aux situations de non stationnarité, ce qui avait pour conséquence d'introduire dans les séries des mouvements parasites. Par la suite, il y a eu les développements de Box et Jenkins (1976) où la non stationnarité est repérée graphiquement (tendance, cycle etc.) ou encore au moyen de la fonction d'autocorrélation et du spectre de la distribution brute. Plus tard, c'est à l'aide des moments que la non stationnarité des chroniques fut testée.

Figure 1 : Série non stationnaire en moyenne

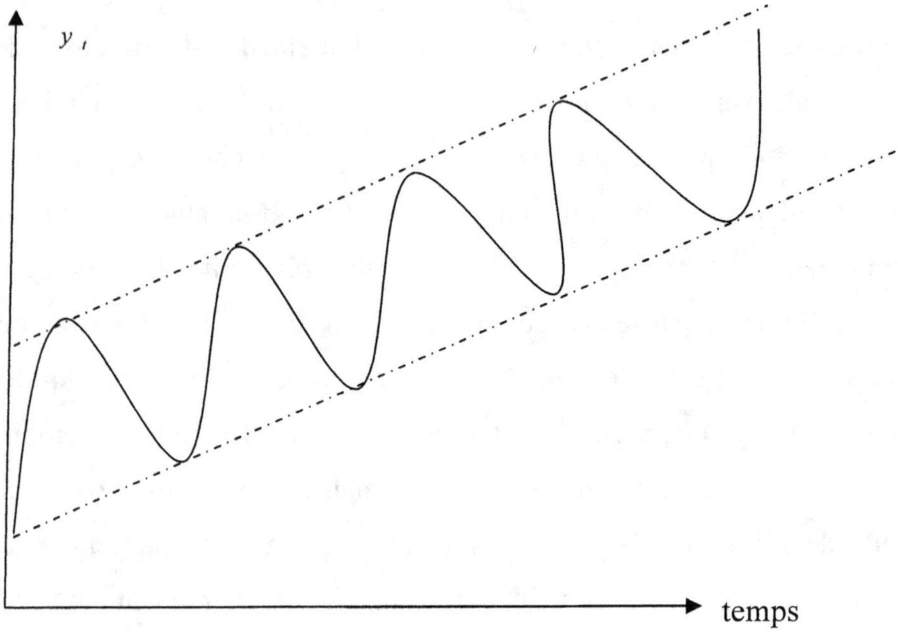

Figure 2 : Série non stationnaire en variance

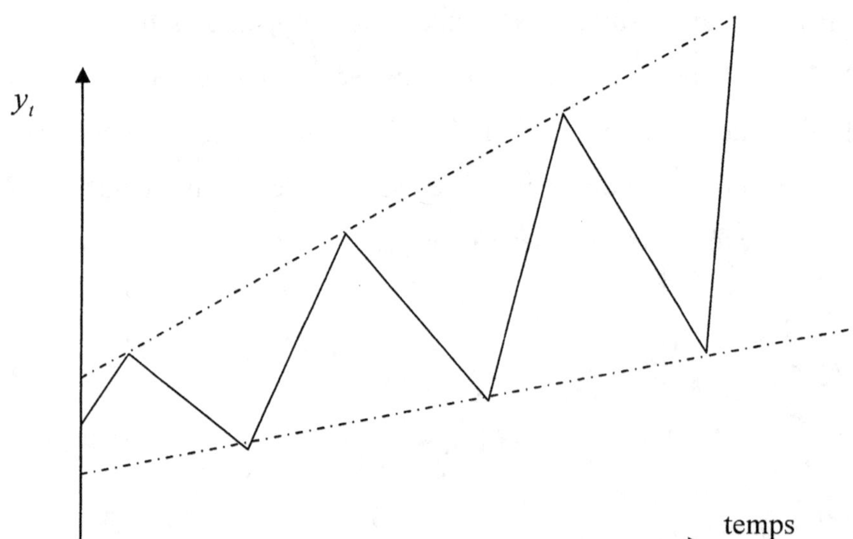

Depuis les travaux de Nelson et Plosser (1982), les situations de non stationnarité ont été approfondies à partir de deux types de processus :

- les processus de « Trend Stationary » (TS) qui sont caractérisés par une non stationnarité de type déterministe et ,
- les processus de « Differency Stationary » (DS) qui sont définis par une non stationnarité aléatoire. Ils représentent pour des séries $SARIMA$ ou $ARIMA$, les modèles de base pour la construction des tests de racine unitaire en l'absence d'hétéroscédasticité.

L'analyse des mouvements économiques obéit à une décomposition de Fourier où l'on distingue une composante tendancielle et des composantes périodiques ou cycles.

La composante tendancielle est analysée en termes de croissance connue sous le concept de développement car il s'agit d'un mouvement de long terme qui entraîne des modifications structurelles. Quant aux composantes périodiques, il s'agit de mouvements récurrents de l'activité économique en termes de fluctuations à caractère cyclique.

De façon générale, les périodes successives de croissance rapide et de stabilisation que l'on constate en économie sont appelées cycles économiques selon M. P. Burda et C. Wyplosz (1993).

Les théories des cycles constituent une branche de la macroéconomie.

Au plan macroéconomique, la théorie des cycles décompose toute chronique en trois composantes avec une analyse séparée de celles-ci. Or, un cycle est un mouvement conjoncturel qui regroupe des variations autour du trend avec des alternances périodiques. Il apparaît en ce moment une imbrication assez forte entre mouvements de long terme (trend) et mouvements de court terme (cycle). Cette forte liaison a été mise en relief par les travaux de Beveridge et Nelson (1981). L'idée fondamentale de cette représentation étant que tout modèle *ARIMA* peut se décomposer en une composante aléatoire (non stationnaire) et en une composante stationnaire. Cette décomposition a été rendue possible grâce aux processus TS et DS.

Le présent chapitre est de contribuer à une meilleure connaissance des processus aléatoires dans l'approfondissement des théories économiques. De façon plus spécifique, l'étude voudrait mettre en relief les déterminants de deux processus particuliers que sont les TS et les DS. Elle essaie dans un second temps d'apporter des éclaircissements sur les conséquences possibles d'une mauvaise spécification d'une chronique, et enfin, elle tente de montrer l'apport de ces deux processus à l'analyse macroéconomique et notamment à l'orientation des décisions de politique économique.

Les principales questions sont :

- quelles similarité et différence y a-t-il entre processus TS et DS ?
- quelles conséquences statistiques et économiques peut-il y avoir si on appliquait à une série un processus TS au lieu d'un DS et inversement ?
- et enfin, quel est l'apport des processus TS et DS dans l'analyse des cycles et de l'approfondissement de la théorie macroéconomique ?

Pour répondre à ces questions, nous commencerons par présenter les processus TS et DS (1), ensuite nous comparerons les processus TS et DS (2) et enfin, nous examinerons les incidences statistiques et économiques d'une mauvaise identification d'une chronique (3) enfin, nous testerons la théorie sur le PIB du Burkina Faso (4).

4.1. Présentation des processus TS et DS

Au regard de la complexité des situations, nous traiterons exclusivement des processus non saisonniers, c'est-à-dire des modèles *ARIMA*.

4.1.1. Les processus TS

Un processus TS. est noté $y_t = f_t + \varepsilon_t$ où f_t est une fonction polynomiale du temps, linéaire ou non linéaire et ε_t un processus stationnaire de type *ARIMA* - B. Bourbonnais et M. Terraza (1998).
Le processus TS le plus élémentaire est symbolisé par une fonction polynomiale de degré 1. Ce processus s'écrit $y_t = \alpha + \beta t + \varepsilon_t$.

Si ε_t est un bruit blanc, les caractéristiques de ce processus sont :

$$E(y_t) = \alpha + \beta t + E(\varepsilon_t) = \alpha + \beta t$$
$$V(y_t) = \sigma_\varepsilon^2$$
$$CoV(y_{t'} y_{t'}) = 0 \ pour \ t \neq t'$$

D'une manière générale, les processus TS peuvent s'exprimer comme une fonction déterministe du temps à laquelle s'ajoute un processus stochastique stationnaire d'espérance mathématique nulle – T.

Thiombiano (2002). La non stationnarité est de nature purement déterministe.

4.1.1.1. Propriétés des TS

Dans la réalité, les séries macroéconomiques ont une certaine tendance à présenter des variations en niveaux absolus de moyenne et de dispersion croissantes dans le temps et c'est souvent ce qui conduit à leur transformation en logarithmes.

Considérons Y_t une série chronologique. Au regard de la remarque précédente, les propriétés seront définies sur le logarithme y_t de Y_t et l'écart ε_t par rapport à la tendance. C'est en fait ce qui amène à écrire le processus TS sous la forme :

$$y_t = \alpha + \beta t + \varepsilon_t$$

Propriété 1

Si y représente le logarithme d'une variable Y, cela signifie que cette variable Y est sujette à un taux de croissance constant et que les écarts (ε_t) par rapport à la tendance suivent un processus $AR(1)$.

Remarque : l'accroissement constant est dû à l'espérance mathématique qui dépend (propriété 3) du temps.

Propriété 2

Les fluctuations des valeurs de Y_t autour du trend sans que l'on puisse observer une tendance particulière dans le sens d'une augmentation ou d'une diminution de l'ampleur des mouvements (fluctuations) explique que le trend soit dit stationnaire.

Graphique 1 : Représentation d'un TS

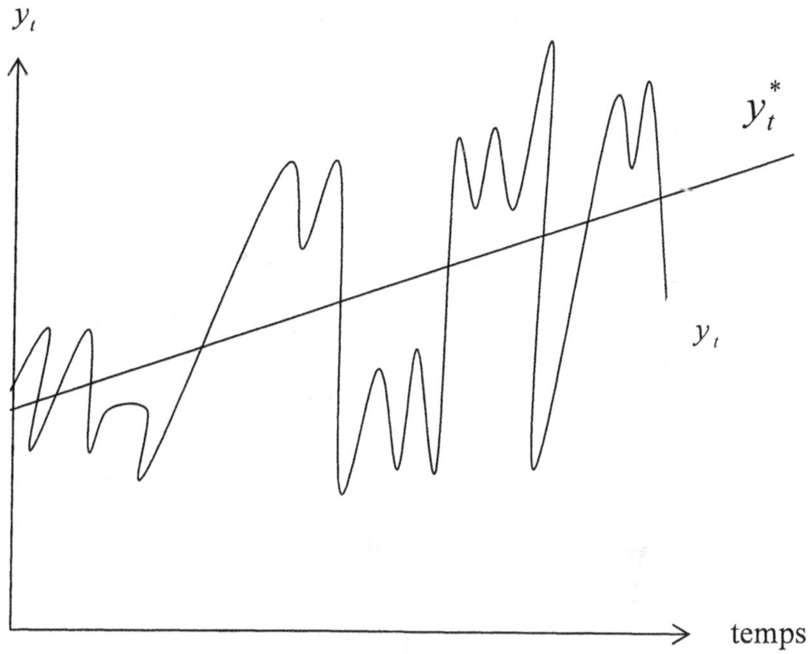

Propriété 3

Le trend est déterministe. En effet, $E(y_t) = \alpha + \beta t$ est un modèle déterministe en ce sens que $E(\varepsilon_t) = 0$.

4.1.1.2. Autres propriétés des TS

Parmi les autres propriétés des TS, il y a la stationnarité de la différence première et le fait que les écarts ε_t par rapport à la tendance suivent un $AR(1)$.

a) La stationnarité de la différence première

Soit $y_t = \alpha + \beta t + \varepsilon_t$ (1)

Retardons l'équation d'une période soit

$$y_{t-1} = \alpha + \beta(t-1) + \varepsilon_{t-1} \quad (1')$$

Soustrayons (1') de (1) d'où

$$\Delta y_t = \beta + \Delta\varepsilon_t \quad (2)$$

On sait que $\Delta\varepsilon_t$ est stationnaire puisque ε_t est stationnaire. Ce qui signifie que ε_t est intégré d'ordre 0 soit $I(1)$ et $\Delta\varepsilon_t$ est $I(1)$. Par ailleurs, β est une constante. D'où Δy_t ne dépend pas de t. De ce fait Δy_t est stationnaire.

b) Les ε_t suivent un AR(1) stationnaire

Considérons le modèle (3) de Dickey et Fuller (1979 et 1981)

$$y_t = \alpha + \beta t + \varepsilon_t \quad (1)$$

avec $(1-\rho L)\varepsilon_t = e_t$ (3)

si $|\rho| < 1$, il vient par transformation (T. Thiombiano, 2002) que

$$y_t = c + bt + \rho y_{t-1} + e_t \quad (4)$$

La tendance est $c + bt$

D'où l'écart :

$$y_t - c - bt = \rho y_{t-1} + e_t \quad (5)$$

Le membre de droite est effectivement un AR (1) stationnaire puisqu'au départ nous avons posé que $|\rho| < 1$.

4.1.1.3. Stationnarisation d'un TS

Du fait de l'existence d'un trend représenté par $y_t = \alpha + \beta t + \varepsilon_t$, on peut estimer les paramètres α et β au moyen de la méthode des MCO sur les couples de valeurs (y_t, t).

a) Propriété des estimateurs

Ces estimateurs possèdent la propriété d'être BLUE et peuvent de ce fait être employés par la suite pour effectuer une prévision de la série.

b) Stationnarisation

La connaissance des estimateurs α^* *et* β^* permet de stationnariser le processus en retranchant y_t^* de y_t soit $(y_t - y_t^*)$; en d'autres termes, on aura :

$$e_t^* = (y_t - \alpha^* - \beta_t^*)$$

4.1.1.4. Conséquences économiques

Compte tenu des propriétés précédentes et notamment des moments d'ordre 1 et 2 du processus, l'effet produit par une innovation (ou par plusieurs innovations aléatoires) à un moment t est passager, transitoire. En effet, la variance du processus est constante et égale à σ_ε^2. Par ailleurs, le modèle est déterministe de par $E(y_t)$.

Au regard de ces considérations, la série retrouvera son mouvement de longue période caractérisée ici par la droite du trend. Les processus TS sont caractérisés de processus à dérive temporelle du fait de l'espérance mathématique qui dépend du temps.

4.1.2. Les processus DS

Ce sont des processus en différences appelés par Nelson et Plosser (1982), « Difference Stationnary » et notés DS. Il s'agit de processus dont les différences d'ordre (p, q) admettent une représentation *ARMA* stationnaire et inversible.

Reconsidérons la série stationnaire en tendance

$$y_t = \alpha + \beta t + \eta_t \qquad (1)$$

avec $\eta_t = \rho\eta_{t-1} + \varepsilon_t \qquad (2)$

ou en introduisant l'opérateur de retard L dans (2), on a :

$$(1 - \rho L)\eta_t = \varepsilon_t \qquad (3)$$

puis on pose que $y_t - \alpha - \beta t = \eta_t \qquad (4)$

On remplace dans (3), η_t par sa valeur dans (4), on obtient :

$$(1 - \rho L)(y_t - \alpha - \beta t) = \varepsilon_t \qquad (5)$$

Les transformations conduisent au résultat ci-après :

$$y_t = [\alpha(1 - \rho) + \rho\beta] + \beta(1 - \rho)t + \rho y_{t-1} + \varepsilon_t \qquad (6)$$

où ε_t est un bruit blanc et où $|\rho| < 1$.

Si $\rho = 1$ dans l'équation (6) de manière à ce que la partie autorégressive de la relation (6) ait une racine unitaire, la série va fluctuer comme dans le processus TS mais va s'écarter de sa tendance linéaire.

La différence première devient à partir de (6).

$$(1-L)y_t = \beta + \varepsilon_t \Rightarrow \Delta y_t = \beta + \varepsilon_t \qquad (7)$$

ou

$$y_t = y_{t-1} + \beta + \varepsilon_t \qquad (8)$$

4.1.2.1. La stationnarité en différence

En reprenant l'équation (7) on a :

$$\Delta y_t = \beta + \varepsilon_t$$

où ε_t est un processus stationnaire de type bruit blanc (gaussien ou non).

L'équation (7) est une différence première avec une constante β et un bruit blanc ε_t. Donc Δy_t est stationnaire.

Ce sont ces deux facteurs qui font qu'on dit que la variable y_t est stationnaire en différence (DS).

4.1.2.2. Caractéristique du processus suivant β

Selon la valeur de β, le processus peut se présenter de façon différente. Deux hypothèses :

$$H_0 : \beta = 0$$

$$H_1 : \beta \neq 0$$

A) Si $\beta = 0$

En se basant sur l'équation (8) on a :

$$y_t = y_{t-1} + \varepsilon_t$$

Il s'agit d'un processus $AR(1)$ avec le paramètre $\rho = 1$ ou encore d'une équation de récurrence du premier ordre. Dans la mesure où ε_t est un bruit blanc, ce processus DS est appelé Modèle de marche au hasard ou de marche aléatoire. En effet, si ε_t est un bruit blanc, cela signifie que le processus n'a pas de mémoire. En d'autres termes, les ε_{t-i} n'ont pas d'influence sur les ε_{t-j} avec $(j > i)$.

a) Caractéristiques du processus

Afin de définir les moments de ce processus, écrivons le sous sa forme *MA* infinie.

$$\begin{aligned} y_t &= y_{t-1} + \varepsilon_t \\ y_{t-1} &= y_{t-2} + \varepsilon_{t-1} \\ &\vdots \\ y_{t-\theta+1} &= y_{t-\theta} + \varepsilon_{t-\theta+1} \end{aligned}$$

Si on généralise avec $t = \theta$, le modèle devient :

$$y_t = y_0 + \sum_{i=1}^{t} \varepsilon_i$$

où y_0 désigne la valeur initiale de la distribution y_t

Les caractéristiques de ce processus sont :

$$E(y_t) = y_0$$
$$V(y_t) = t\sigma_\varepsilon^2$$
$$Cov(y_t y_{t'}) = \sigma_\varepsilon^2 \quad \forall\, t \neq t'$$

b) Non stationnarité du processus

Au regard de la variance du processus qui dépend du temps t, on dit que le processus est non stationnaire. Par ailleurs, il est aléatoire dans la mesure où cette non stationnarité est identifiée par rapport à ε_t. C'est un processus DS sans dérive.

B) Si $\beta \neq 0$

a) Caractéristiques du processus

$$y_t = y_{t-1} + \beta + \varepsilon_t$$

en retardant on a :

$$y_{t-1} = y_{t-2} + \beta + \varepsilon_{t-1}$$
$$y_{t-2} = y_{t-3} + \beta + \varepsilon_{t-2}$$

d'où $y_t = y_{t-3} + 3\beta + \varepsilon_{t-2} + \varepsilon_{t-1} + \varepsilon_t$

etc.

Si on admet que la valeur initiale y_0 est connue et déterministe, le processus devient :

$$y_t = y_0 + \beta t + \sum_{i=1}^{t} \varepsilon_i$$

Les caractéristiques sont :

$$E(y_t) = y_0 + \beta t$$
$$V(y_t) = t\sigma_\varepsilon^2$$
$$Cov(y_t y_{t'}) = \sigma_\varepsilon^2 \quad \forall \ t \neq t'$$

b) Non stationnarité du processus

Le processus est non stationnaire de par son espérance mathématique et sa variance. L'espérance mathématique est de la même forme que celle d'un processus TS d'où le qualificatif d'un processus non stationnaire déterministe. Toutefois, il est aussi aléatoire de par la variance de ε_t. C'est un processus non stationnaire de nature déterministe et stochastique.

4.1.2.3. Stationnarisation du processus

La stationnarisation d'un DS quelle que soit la valeur de la constante β se fait en recourant au filtre en différences premières. C'est la raison pour laquelle on dit que les processus DS sont des processus que l'on peut rendre stationnaire par l'utilisation d'un filtre aux différences : $(1-L)^d y_t = \beta + \varepsilon_t$ où d est l'ordre du filtre aux différences.

Généralement, on utilise le filtre aux différences premières (d = 1). On parle dans ce cas d'un processus du premier ordre

$$y_t = y_{t-1} + \beta + \varepsilon_t \Leftrightarrow (1-L)y_t = \beta + \varepsilon_t$$

ou en recourant à la forme développée

$$y_t = y_0 + \beta t + \sum_{i=1}^{t} \varepsilon_i$$

Les processus DS sont souvent caractérisés de processus de marche au hasard au regard de la variance. Le processus est sans dérive si $\beta = 0$ et avec dérive si $\beta \neq 0$.

4.1.3. Comparaison entre processus TS et DS

Cette comparaison se fera d'une part, en distinguant les points communs, d'autre part, les points spécifiques à chaque processus. Cela aura pour avantage d'examiner dans le quatrième point, les conséquences au plan statistique et économique.

Tableau 1 Caractéristiques des TS et DS

Caractéristiques	TS	DS	
		$\beta = 0$	$\beta \neq 0$
$E(y_t)$	$\alpha + \beta t$	y_0	$y_0 + \beta t$
$V(y_t)$	σ_{ε}^{2}	$t\sigma_{\varepsilon}^{é}$	$t\sigma_{\varepsilon}^{é}$
$CoV(y_t y_{t'})$	0	σ_{ε}^{2}	σ_{ε}^{2}
Nature processus	Déterministe non stochastique	Marche au hasard sans dérive	• Marche au hasard avec dérive •Déterministe stochastique

4.1.3.1. Points d'identité

- Les processus TS et DS sont tous des processus non stationnaires ;
- Dans le cas d'un DS où $\beta \neq 0$, les deux processus ont la même forme d'espérance mathématique. D'où le qualificatif pour les deux de processus non stationnaires déterministes. Cependant, il existe une différence au niveau des variances car dans le cas TS, la variance est constante alors que dans le cas DS, elle est fonction du temps. D'où le qualificatif du processus DS de non stationnarité de nature déterministe et stochastique ;
- Les ε_t des deux processus sont des processus stationnaires de type *ARMA* ou encore des bruits blancs.

4.1.3.2. Points de divergences

- Outre le fait qu'un TS est un processus déterministe non stochastique, il y a aussi d'autres considérations ;
- L'espérance mathématique d'un TS dépend du temps alors que dans le cas d'un processus DS avec $H_0 : \beta = 0$, l'espérance mathématique est indépendante du temps soit y_0 ;
- Les processus TS sont rendus stationnaires par estimation des coefficients du trend à l'aide des MCO. De ce fait, on retranche $(y_t - y_t^*)$ alors que les DS sont stationnarisés au moyen d'un filtre aux différences $(1-L)^d y_t = \beta + \varepsilon_t$;
- Le caractère déterministe du processus TS entraîne que les chocs ou innovations ont un effet transitoire selon J. Johnston et J. Dinardo (1997) ; c'est-à-dire que la chronique retrouvera son mouvement de long

terme qui est caractérisé par la droite de tendance. L'incertitude selon G. Bresson et A. Pirotte (1995), est « bornée » ;

➢ Les chocs ou innovations sur les DS ont un effet permanent du fait que la variance dépend du temps. Cela veut dire qu'à long terme, la chronique s'éloigne de son sentier de croissance ou de sa trajectoire.

➢ Enfin, pour le processus TS, la constante α est un paramètre fixe, tandis que pour le processus DS, y_0 la constante est une réalisation particulière de la variable y_t. C'est la raison pour laquelle on ne peut recourir aux MCO pour estimer y_0 comme on le ferait pour α.

D'une manière générale, la différence fondamentale entre les deux processus se situe au niveau des perturbations et de leur impact. Pour les processus DS, les ε_t représentent une accumulation de chocs aléatoires $\left(\sum_{i=1}^{t} \varepsilon_i\right)$ caractérisant une non stationnarité de tendance stochastique. Cet aspect est assez important pour la prévision économique. Pour les processus TS, l'espérance mathématique de y_{T+h} est une fonction croissante de l'horizon (h) soit $y_{t+h} = y_T + \beta h$, et la variance de l'erreur de prévision $\left(\sigma_\varepsilon^2\right)$ reste inchangée, donc constante quel que soit l'horizon fixé. En d'autres mots, l'incertitude est dans une certaine manière « bornée ». A l'inverse, dans le cas DS, la variance n'est plus constante tout comme la covariance. Elles croissent à l'horizon h. Cette situation est due au fait que chacun des chocs aléatoires a un effet durable sur le comportement de la chronique.

4.1.3.3. Incidences statistiques et économiques des processus TS et DS

Au regard des points de différences précédemment développés, il va sans dire que la modélisation des chroniques économiques ne peut se faire de façon uniforme* puisqu'une identification du processus semble indispensable avant toute décomposition.

En effet, il ressort de nombreux travaux (Nelson et Kang, Beveridge et Nelson (1981)) qu'une mauvaise application de méthode a des conséquences à la fois au plan statistique et au plan économique. Nous tenterons de synthétiser ces conséquences.

A) Conséquences statistiques et économiques

a) Au plan statistique

Lorsqu'un processus TS linéaire est pris comme un processus DS, il en résulte une amplification des valeurs spectrales de fréquences hautes, qui montre l'introduction dans la série traitée d'un mouvement cyclique court. En effet, le processus obtenu Δy_t n'a pas les caractéristiques d'un

---

* Bien que les tests de racine unitaire permettent de faire la distinction entre un processus stationnaire et un processus non stationnaire, ils ne permettent cependant pas d'opérer la différence entre un TS et DS. Pour le savoir, on a recours aux tests d'hypothèses jointes (cf. T. Thiombiano 2002 pour plus de détails).

bruit blanc puisque $\gamma_h \ (ou\, \rho_h)^*$ n'est pas la fonction d'autocovariance d'un bruit blanc. A l'inverse, quand une série DS est statistiquement traitée comme un TS, le spectre de la chronique transformée possède une concentration de ses puissances spectrales autour des faibles fréquences relevant la génération dans la série transformée d'un mouvement cyclique long.

Ces résultats indiquent sur le plan statistique et notamment pour faire une prévision, que le choix d'un processus DS ou TS comme structure de la distribution d'échantillonnage n'est pas neutre.

b) Au plan économique

Considérons le PIB d'un pays tel que le Burkina Faso en valeur réelle. Si ce PIB est DS plutôt que TS, il est alors indispensable de remettre en cause la décomposition traditionnelle (trend et cycle) et sa justification théorique : l'indépendance des schémas explicatifs. Si le PIB est effectivement DS, la croissance et le cycle sont liés et ne peuvent de ce fait, être étudiés de manière séparée. Or, selon les travaux de Nelson et Plosser (1982) sur des séries macroéconomiques des U.S.A, la variabilité

---

* On sait que $\gamma_h = \begin{cases} 2\sigma_\varepsilon^2 & si\ h=0 \\ -\sigma_\varepsilon^2 & si\ h=\{-1;+1\} \\ 0 & ailleurs \end{cases}$

La fonction d'autocorrélation $\rho_h = \dfrac{\gamma_h}{\gamma_0}$

$$\rho_h = \begin{cases} 1 & si \quad h=0 \\ -1/2 & si \quad h=\{-1;+1\} \\ 0 & ailleurs \end{cases}$$

relevée de la composante conjoncturelle serait due à une structure DS. Or, jusqu'à maintenant l'étude de cette composante s'effectuait à partir du résidu d'une régression entre le PIB et un trend déterministe, c'est-à-dire à partir d'un TS. Cette étude surestime l'amplitude du cycle et sous-estime l'importance du trend.

Nous voyons là, l'erreur que faisaient les économistes en recourant à une régression systématique par MCO sur toute série chronologique. De ce fait, il est important lorsque l'on a une chronique de déterminer si elle est TS ou DS.

A partir de cette observation, S. Beveridge et C.R. Nelson (1981) proposent une décomposition des processus selon un trend stochastique (permanent) qui suit une marche au hasard avec ou sans dérive et une composante stationnaire (transitoire) d'où $y_t = y_t^p + y_t^s$.

En effet, traditionnellement, la théorie des cycles décompose toute chronique macroéconomique en trend (f_t), en cycle (s_t) et en aléa (ε_t). L'économie est supposée suivre un sentier de croissance*.

De manière générale, on admet dans l'hypothèse d'un développement soutenable que les variables évoluent sur des sentiers de croissance et que les écarts représentent des mouvements cycliques. Nous savons par ailleurs, que l'approche macroéconomique traite souvent les concepts " tendance" et "cycle" de façon séparée. Selon la catégorie d'analyse macroéconomique, les approches diffèrent et les précédents

* Pour plus de détails voir G. Bresson et A. Pirotte (1995) R. Bourbonnais et M. Terraza (1998), Nelson et Plosser (1982), A.C. Harvey (1988).

développements le montrent bien.

B) L'approche de la théorie de la croissance

Cette approche met l'accent sur les forces capables de changer les tendances de longue période d'où l'idée que l'approche de la théorie de la croissance se fonde sur l'étude des mouvements économiques observables. C'est dire que la composante tendancielle est analysée en termes de croissance caractérisée du fait des changements structurels par le concept de développement.

Pour Samuelson et al. (1995), « La croissance économique représente l'accroissement du produit potentiel d'un pays. A cet effet, l'offre et la demande globales sont au cœur de l'évolution de l'économie à court et à long termes ».

A court terme, l'interaction de la demande globale et de l'offre globale détermine les niveaux de production, du chômage et de la capacité d'utilisation et joue un rôle fondamental dans les mouvements du niveau des prix (l'inflation). Dans le long terme (une décennie ou plus), l'offre globale est le principal facteur explicatif de la croissance selon certains économistes tels que : Laffer Arthur, Craig Paul Roberts et Nerman Ture*.

Les réponses aux différents problèmes d'écarts des séries macro-économiques par rapport au sentier qui sont constatées sont données grâce à l'analyse des cycles économiques.

---

* Ces auteurs ont développé la théorie de l'offre, en d'autres termes de la production dans les années 1960. Cette théorie a inspiré le Président Reagen aux USA et Margaret Thatcher au Royaume-Uni de 1979 à 1990.

C) L'approche des cycles

Un cycle est un mouvement conjoncturel qui regroupe des variations autour de la tendance avec des alternances d'époques caractérisées par des phases d'expansion et de récession (T. Thiombiano 2002). P. Samuelson et W. Nordhau (1995) définissent les cycles économiques comme « des fluctuations de la production nationale, du revenu et de l'emploi, d'une durée habituelle allant de 2 à 10 ans, caractérisée par l'expansion ou la contraction et simultanément de nombreux secteurs de l'économie ». En définitive, les cycles économiques ne sont rien d'autres que les représentations concrètes des fluctuations (mouvements) de l'activité économique.

Dans les cycles économiques, on observe des fluctuations à court terme et une croissance régulière de long terme du PNB connue sous le nom de croissance économique.

Suivant les théories des cycles économiques, les causes de ces mouvements s'expliquent par des déplacements de la demande globale ou par l'offre globale.

D'une manière générale, on classe les théories des cycles en deux grandes catégories :

- les théories externes qui estiment que les fluctuations sont causées par des phénomènes exogènes ;
- les théories internes qui privilégient les mécanismes internes des phénomènes.

La théorie des cycles essaie d'expliquer les fluctuations de court, moyen et long termes de même que l'adéquation des politiques à mener pour stabiliser ces mouvements cycliques.
Rappelons qu'il existe des cycles courts (Shikin), moyens (Juglar) et long (Kondratieff)*.

Ainsi qu'on le voit dans la définition et dans la démarche des deux théories, les deux approches ne peuvent être séparées car les interactions sont trop évidentes. Le principal problème réside dans la distinction des mouvements cycliques et des ruptures de tendance. Il y a une imbrication assez forte entre trend et cycle. Ceci a été caractérisé par Beveridge et Nelson (1981). L'idée fondamentale de cette représentation est que tout modèle *ARIMA* peut se décomposer comme une somme d'une composante aléatoire et d'une composante stationnaire. C'est ce qu'ils expriment en trend permanent y_t^p et en composante stationnaire y_t^s entraînant que le processus $y_t = y_t^p + y_t^s$.

D) La décomposition de Beveridge et Nelson et la compréhension des cycles économiques

a) Approche théorique

On sait que la théorie économique des cycles décompose toute série macroéconomique en tendance (f_t), cycle (s_t) et aléa (ε_t). L'économie est censée suivre un sentier de variation séculaire perturbé par des

---

* Notons qu'à l'intérieur du cycle Kondratieff, les économistes distinguent les cycles majeurs de Juglar

fluctuations cycliques. L'objectif des macroéconomistes est à tout instant de faire la séparation de ces différentes composantes, et les processus TS apportent une solution à cette préoccupation.

Considérons un processus Y_t intégré d'ordre 1. Si on part de la représentation de Wold du processus stationnaire Δy_t :

$$\Delta y_t = \beta + \mathrm{B}(L)\varepsilon_t \qquad (1)$$

avec $\varepsilon_t \sim BB\left(0;\ \sigma_\varepsilon^2\right)$

On peut décomposer le polynôme de retard $B(L)$ en un terme de réponse à long terme $B(1)$ [$B(1)$ est égal à la somme des coefficients du polynôme] et une distribution de retards $C(L)$. Il advient que :

$$B(L) = B(1) + (1-L)\,C(L) \qquad (2)$$

Cette expression (2) est une décomposition suivant la formule de Taylor, selon laquelle si $B(L)$ est un polynôme en L de degré p, on peut écrire :

$$B(L) = \sum_{k=0}^{d-1} \frac{B^{(k)}(1)}{k!}(-1)^k(1-L)^k \qquad (3)$$

avec $B^{(k)}$ la dérivée $k^{ième}$ de B. Par ailleurs, si $B(L)$ est une fraction rationnelle réelle et pour tout entier d, on peut écrire :

$$B(L) = \sum_{k=0}^{d-1} \frac{B^{(k)}(1)}{k!}(-1)^k(1-L)^k + C(L)(1-L)^d \qquad (4)$$

La relation (2) utilisée dans la décomposition de Beveridge et Nelson est de ce fait un cas particulier du développement de Taylor dans laquelle $d = 1$ (en effet dans l'équation 1, il est supposé que Y_t soit $I(1)$).

Finalement, la formule de Taylor permet de décomposer un polynôme de retard en deux parties distinctes :

- une partie indépendante de l'opérateur de retard (L) qui incarne l'ajustement de long terme de la variable ;
- une partie qui retrace les fluctuations de court terme et les ajustements plus ou moins instantanés de la variable.

Cette décomposition rejoint le théorème de Wold.

Remplaçons $B(L)$ de l'équation (2) dans (1), ce qui conduit à :

$$\Delta y_t = \beta + \mathrm{B}(1)\varepsilon_t + (1-L)C(L)\varepsilon_t \qquad (5)$$

soit encore :

$$\Delta y_t = \beta + \mathrm{B}(1)\varepsilon_t + C(L)\Delta\varepsilon_t \qquad (6)$$

En procédant par intégration, on obtient :

$$y_t = \beta t + \mathrm{B}(1)\sum_{i=0}^{t}\varepsilon_{t-i} + C(L)\varepsilon_t \qquad (7)$$

Si on pose :

$y_t^p = \beta t + \mathrm{B}(1)\sum_{i=0}^{t}\varepsilon_{t-i}$ qui est la composante permanente, c'est-à-dire du trend et du cycle $y_t^s = C(L)\varepsilon_t$ qui est la composante transitoire, alors on a : $y_t = y_t^p + y_t^s$

On sait que la forme générale $ARIMA$ pour un processus Y_t est :

$\left(1-\phi_1 L-\phi_2 L^2-\cdots-\phi_p L^p\right)\Delta^d y_t = \left(1-\alpha_1 L-\alpha_2 L^2-\cdots-\alpha_q L^q\right)\varepsilon_t$ avec y_t le logarithme et on pose $Y_t = \Delta y_t$.

La spécification de Beveridge et Nelson consiste à trouver la forme $ARIMA$ du processus. Considérons $ARIMA(1;1;1)$. Pour ce faire, en posant: $Y_t = \Delta y_t$

$$Y_t = 0{,}0025 + 0{,}560Y_{t-1} + \varepsilon_t - 0{,}352\varepsilon_{t-1}$$

Pour mettre en valeur la forme du cycle économique, on utilise la spécification des 2 auteurs et pour le cas ci-dessus d'un $ARIMA(1, 1, 1)$ on a la décomposition générale suivante :

$$y_t = \underset{(trend)}{\beta t} + \underset{(cycle)}{h\sum_{i=0}^{t}\varepsilon_i} + \underset{(aléa)}{C(L)\varepsilon_t}$$

Dans l'estimation précédente : $\phi_1 = 0{,}560$; $\alpha_1 = -0{,}352$

La forme générale de h est : $h = H(1) = \sum_{i=0}^{\infty} H_i = \dfrac{1 + \sum_{i=1}^{q} \alpha_i}{1 - \sum_{i=1}^{p} \phi_i}$

h est le coefficient de persistance, c'est-à-dire un effet sur la composante permanente.

Si $h > 1$, cela signifie que des changements interviendront dans la trajectoire dans la mesure où les perturbations ε_t ont un poids accru à long terme.

Si $h = 1$, ε_t est le meilleur indicateur des modifications de trajectoire de la série à long terme.

Si $0 < h < 1$, il y a convergence autour d'une tendance déterminée.

Inversement, dans l'exemple précédent, une variation de 1% du PIB du pays, entraîne une modification plus que proportionnelle du PIB potentiel du pays. Le PIB potentiel étant celui que l'on constaterait si l'économie fonctionnait à son niveau optimal de plein emploi. En reprenant l'exemple précédent d'un *ARIMA (1, 1,1)*, on a :

$$h = \frac{1 + \alpha_1}{1 - \phi_1} = \frac{1 - 0{,}352}{1 - 0{,}560} = 1{,}47$$

La forme de :

$$C(L)=\frac{\sum_{i=j+1}^{q}\alpha_i}{\sum_{i=s+1}^{p}\phi_i}=-\sum_{i=j+1}^{\infty}H_i$$

Dans l'exemple précédent, on a :

$$C(L)=-\frac{\alpha_1}{\phi_1}=-\frac{-0{,}352}{0{,}560}=0{,}629$$

Si nous nous reportons à la spécification des deux auteurs, il advient :

$$\underset{(trend)}{y_t=0{,}0025\,t}+\underset{(cycle)}{1{,}47\sum_{i=0}^{t}\varepsilon_i}+\underset{(aléa)}{0{,}629\,\varepsilon_t}$$

En définitive, on aura :

composante permanente : trend + cycle $\rightarrow$ $0{,}0025t+1{,}47\sum_{i=1}^{t}\varepsilon_i^*$

composante transitoire ou stationnaire : $0{,}629\varepsilon_t^*$

Donnons des illustrations graphiques.

Graphique 1 : Trend + cycle $= \Delta y_t^p$ (long terme de 50 ans, Kondratieff)

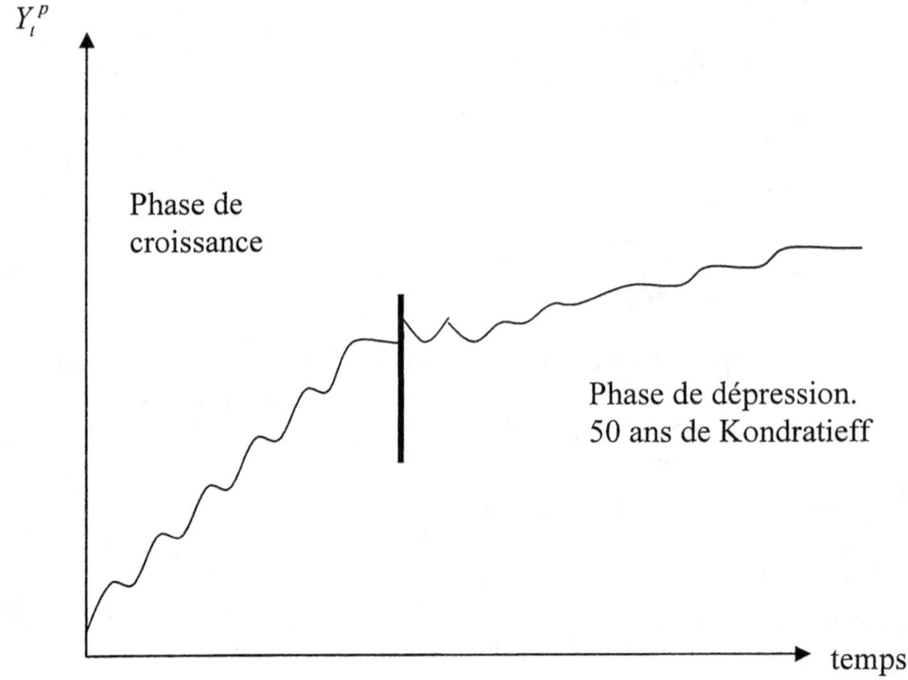

On voit que dans le trend, il y a des mouvements qui se répètent de façon périodique : c'est le mouvement cyclique. Ainsi, la phase de dépression doit correspondre au cycle dans le trend. C'est pourquoi il est difficile d'analyser les deux séparément.

Graphique 2 : Cycle s_t (durée moyenne 4 à 6 ans)

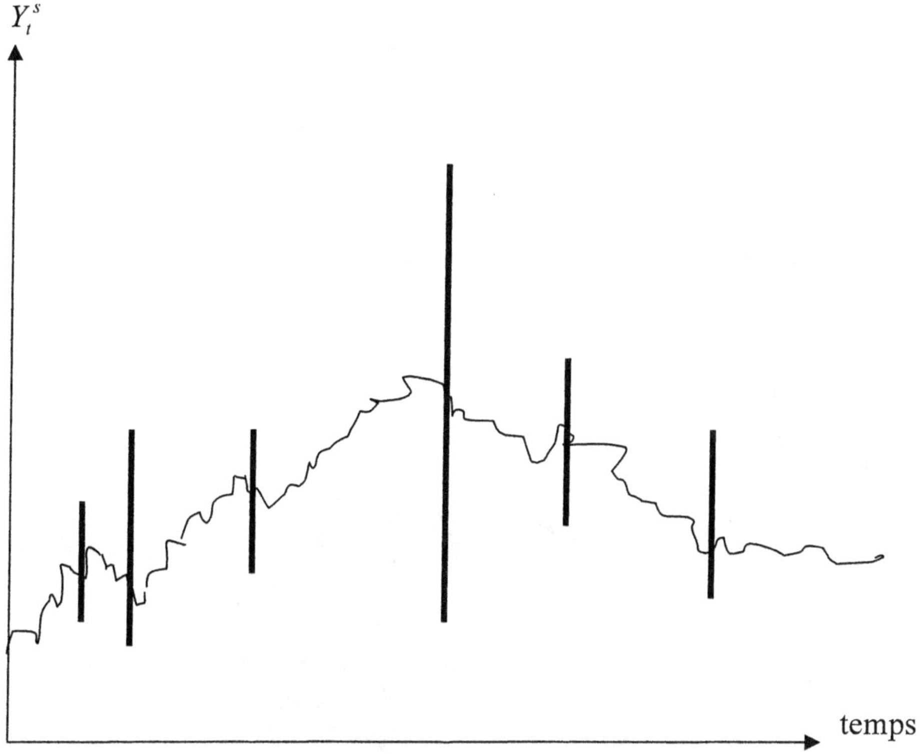

L'allure du graphique 2 peut être due au fait que tous les cinq ans avec les élections, on constate selon les sondages des mouvements de hausse ou de baisse du PIB.

Graphique 3 : Composante transitoire ε_t

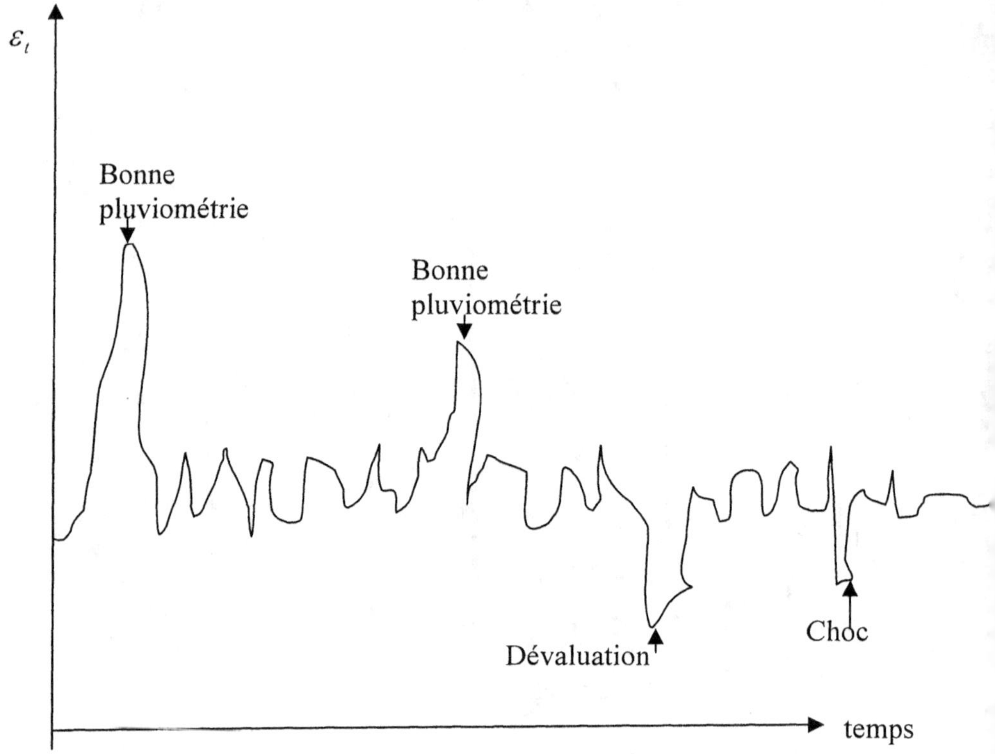

Ce sont des mouvements transitoires. Ils ne sont pas périodiques comme dans le cas du cycle. Au regard de l'allure de la courbe de la composante transitoire, on voit qu'elle est stationnaire. Ce qui est conforme à l'hypothèse que $\varepsilon_t \sim BB\left(0;\ \sigma_\varepsilon^2\right)$ et est stationnaire.

b) Etude de cas du PIB d'un pays sahélien

Soit à considérer le PIB pat tête du Burkina Faso de 1959 à 2000 (données tirées du Penn World Tables 6.1. de l'Université de Toronto). Il faut tout de suite souligner que la taille réduite de la distribution (42 observations) et son caractère annuel ne nous permettront pas de mettre en exergue les différents mouvements ; en particulier les mouvements transitoires.

La représentation graphique de la distribution brute montre que la série est non stationnaire et qu'il existe un trend linéaire. A priori, le processus est non stationnaire et de type TS. En effet, la courbe (graphique 4) montre une évolution linéaire de la distribution.

Graphique 4 : PIB par tête

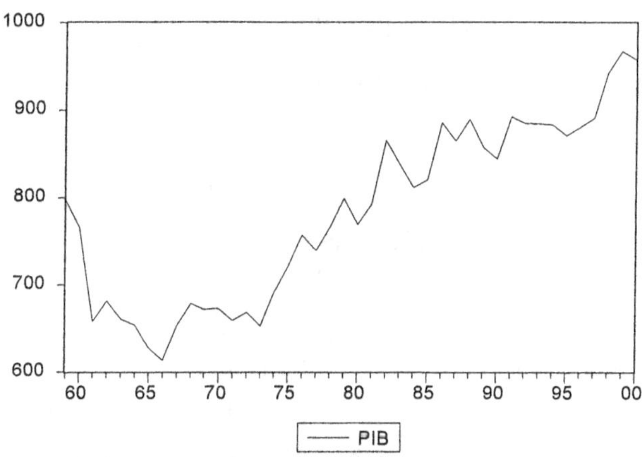

Ainsi, le graphique fait ressortir deux périodes, celle d'avant 1966, caractérisée par une phase descendante (récession) et celle d'après 1966, marquée par un mouvement ascendant. Au plan historique, 1966 est caractérisée par un changement de régime politique suite à un soulèvement populaire.

Cette non stationnarité est confirmée par le test de racine unitaire. Les résultats de ce test se présentent comme suit :

Test statistique ADF	- 0,225210	1%	Valeur critique*	-3,6019
		5%	Valeur critique	-2,9358
		10%	Valeur critique	-2,6059

*valeur critique de Mackinnon pour le rejet de l'hypothèse d'une racine unitaire

Dans le cas présent, la statistique ADF est supérieure à la valeur critique jusqu'à 10%. De ce fait, la série n'est pas stationnaire à un quelconque seuil. Ce qui confirme la conclusion tirée à partir de la représentation graphique. Cependant, le même test nous indique que la série est stationnaire en différences premières (conformément à l'équation du TS). En effet, nous avons les résultats suivants :

Test statistique ADF	-6,551953	1%	Valeur critique*	-3,6067
		5%	Valeur critique	-2,9378
		10%	Valeur critique	-2,6069

*valeurs critiques de MacKinnon pour le rejet de l'hypothèse de racine unitaire

Il ressort du Tableau ci-dessus que la statistique ADF_c = -6,551953 est inférieure à la statistique théorique ADF_α = -3,6067 à 1%. On conclut à la stationnarité en différence première.

Graphique 5 : ΔPIB_t

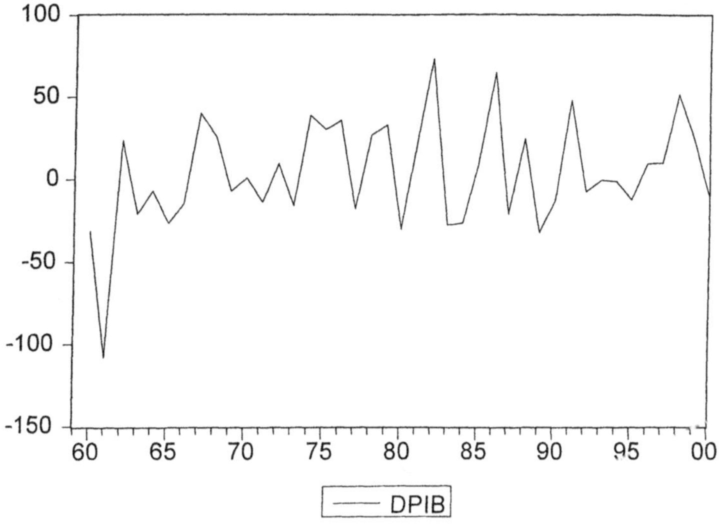

La stationnarité du processus à l'ordre 1 est évidente.

b1) Considérons le modèle comme un TS

Les résultats de l'estimation du modèle TS :

$PIB_t = \alpha + \beta t + \rho PIB_{t-1} + e_t$ sont :

$PIB_t = 230{,}26 + 3{,}59t + 0{,}61 PIB_{t-1} + e_t^*$

Ici $\rho = 0{,}61 < 1$. De ce fait, nous voyons que la différence par rapport au trend suit un $AR(1)$. Vérifions sa stationnarité. Le test de racine unitaire réalisé sur $PIB_t - 230{,}26 - 3{,}59t$ donne la statistique $ADF = -4{,}981016$ et à 5%, la valeur critique est - 4,2023. On conclut que cette différence est stationnaire. Ceci est confirmé par la valeur de $|\rho| < 1$ dans l'équation $0{,}61 PIB_{t-1} + e_t^*$, ce qui montre que l'écart ε^*_t par rapport à la tendance suit un $AR(1)$ stationnaire.

L'ajustement de la série brute par le trend suivant l'équation

$PIB_t = at + b$, donne pour expression du trend :

$PIB_t^* = 7{,}49t + 622{,}11$.

Graphique 6 : ajustement

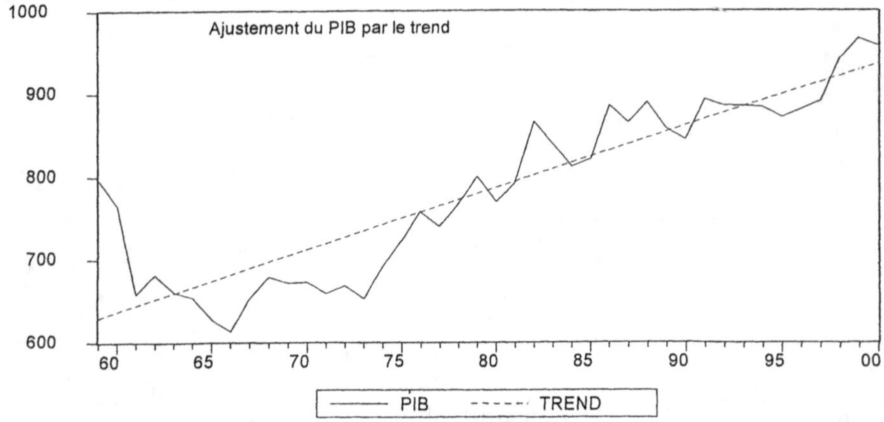

On voit que le processus fluctue autour de sa tendance et ne s'en écarte pas trop. On peut dire à priori que le PIB_t est un TS.

Afin de détecter l'existence de mouvements aléatoires ne provenant pas forcément d'une modification structurelle des paramètres, nous avons eu recours au test Cusum de Brown, Durbin et Evans (1975). Les résultats sont obtenus à partir du logiciel EVIEWS. Il ressort que le modèle est stable comme l'illustre le graphique ci-dessous des valeurs spectrales.

Graphique 7 : valeurs spectrales

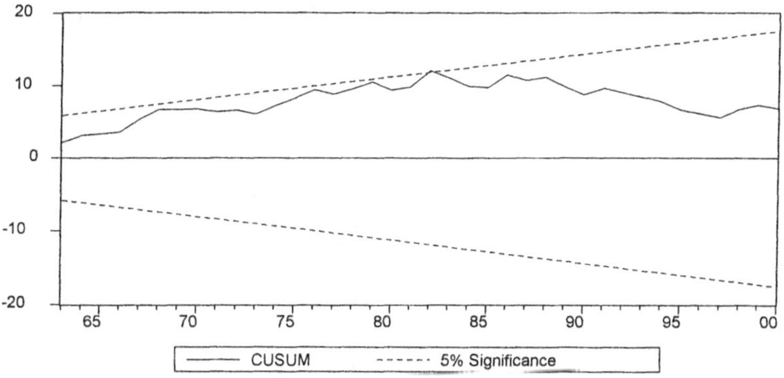

Le graphique illustre que les erreurs e_t* d'estimation évoluent dans l'intervalle – 5% à + 5%. L'allure de la courbe montre une certaine stationnarité. Nous pouvons conclure que le PIB du Burkina Faso suit un *TS.*

b2) La distribution est un DS

Si nous formulons plutôt l'hypothèse que ce PIB suit un DS. En considérant les particularités de la constante, il ressort pour :

i) La constante $\beta = 0$

Ce qui revient à avoir un modèle de la forme $PIB_t = PIB_{t-1} + \varepsilon_t$

Les résultats obtenus sont : $PIB_t = 1{,}005 PIB_{t-1}$

Ici, le coefficient $\rho = 1{,}005 > 1$. Nous pouvons dire que nous avons affaire à un modèle explosif ou tout au moins non stationnaire si on considère que le coefficient est assez voisin de 1.

Graphique 8 : valeurs spectrales pour $\beta = 0$

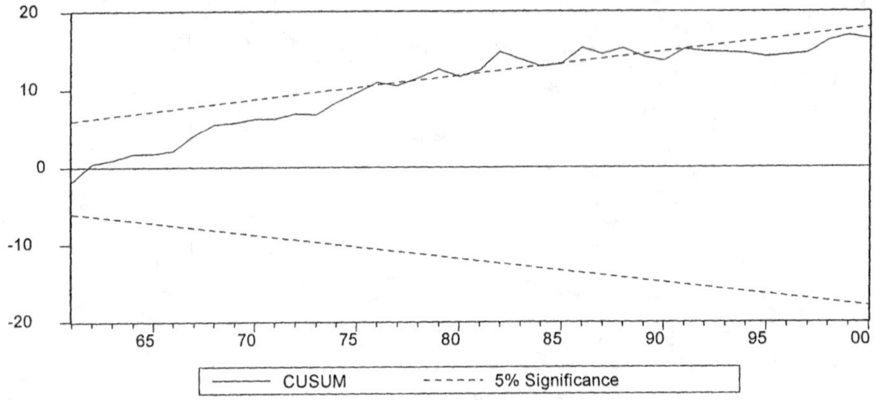

Tel que cela apparaît sur le graphique, les valeurs spectrales sortent de l'intervalle – 5% à + 5%. On observe une amplification effective des valeurs de fréquences hautes. De ce fait, les ε_t* ne suivent pas un bruit blanc. Cela est confirmé par la valeur de ρ qui est supérieure à 1. En effet, sur le graphique, on peut remarquer que la courbe sort du corridor. Le modèle n'est pas stable, et il est difficile de le stationnariser.

ii) La constante $\beta \neq 0$

Le DS avec constante s'écrit : $PIB_t = PIB_{t-1} + \beta + \varepsilon_t$.

L'estimation conduit au résultat ci-après :

$PIB_t = 0{,}98 PIB_{t-1} + 15{,}86$.

On constate que ρ ≈ 1. La constante n'est pas significative, par contre le PIB l'est. Ce modèle est non stationnaire et stable, comme l'illustre le graphique suivant. On sait que la stationnarité implique la stabilité.

Graphique 9 : valeurs spectrales pour $\beta \neq 0$

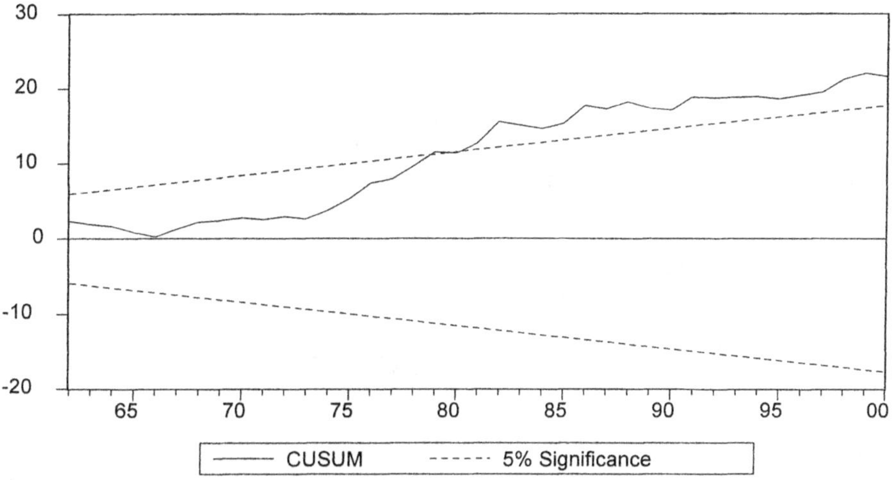

On voit que les valeurs spectrales s'écartent en hausse de la probabilité 5%. Il y a même une tendance à l'éloignement de cette probabilité de façon importante. A priori, la prise en compte de la constante entraîne une amplification plus importante que sans la constante.

On peut confirmer l'inadaptation du DS en différenciant deux fois. En retardant le processus en différences secondes avec constante on obtient le résultat suivant :

$PIB_t = 0{,}97 PIB_{t-1} + 0{,}013 PIB_{t-2} + 14{,}60.$

Le modèle est toujours instable comme l'indique le graphique ci-dessous.

Graphique 10 : valeurs spectrales pour I(2) et $\beta \neq 0$

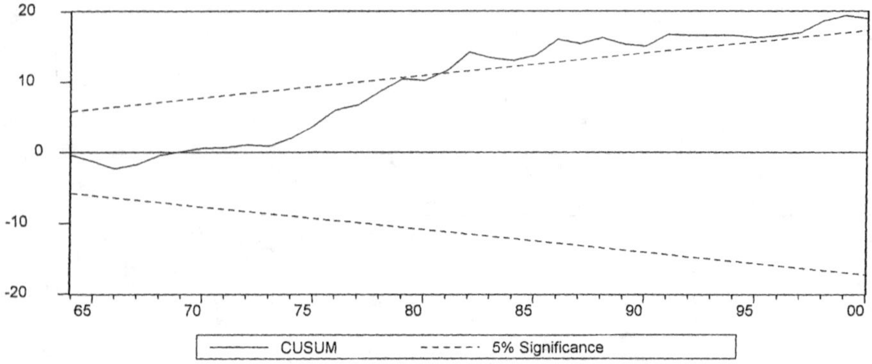

De même en écartant la constante, le modèle demeure toujours instable. En effet, on a le résultat suivant : $PIB_t = 0{,}98 PIB_{t-1} + 0{,}03 PIB_{t-2}$.

Graphiquement le modèle se présente :

Graphique 11 : valeurs spectrales pour *I(2)* et $\beta = 0$

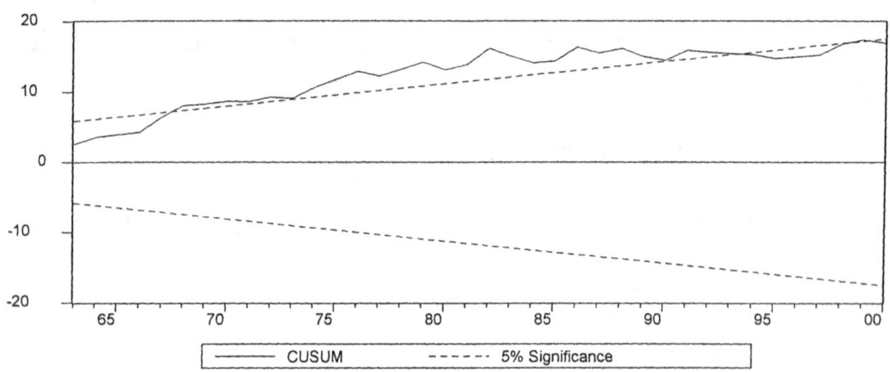

L'amplitude augmente sur le graphique plus rapidement.

Les deux situations avec I(2) indiquent que le PIB du Burkina Faso ne suit pas un DS. On pourra différencier autant de fois que l'on veut, les aléas seront toujours hors intervalle.

En conclusion, le PIB du Burkina Faso, suit un TS. En effet, en regardant l'allure de la courbe PIB(t) du graphique (2), on observe :

- une constance du taux de croissance du PIB ;
- des fluctuations autour du trend sans mouvements particuliers. Le trend est stationnaire.

4.2. Les processus *ARIMA*

Le recours aux tests de racine unitaire permet en théorie de déterminer si le processus étudié est de forme TS ou DS. Dans le cas des processus DS, on a recours aux filtres aux différences de manière à stationnariser la série étudiée. En partant de ces filtres, on peut définir brièvement les processus *ARMA* intégrés, notés *ARIMA* (AutoRegressive Integreted moving Average).

4.2.1. Définition

On parlera de forme ARIMA d'ordre p, d, q noté $ARIMA(p,d,q)$, chaque fois qu'il y aura une relation du type suivant du processus Y_t.

$$(1 - \phi_1 L - \phi_é L^2 - \cdots - \phi_p L^p)\Delta^d Y_t = (1 - \alpha_1 L - \alpha_2 L^2 - \cdots - \alpha_q L^q)\varepsilon_t \qquad (1)$$

Ce qui peut s'écrire encore en vertu des relations précédentes sur les processus $ARMA(p,\ q)$ et des opérateurs de retard $A(L)$et $B(L)$ comme suit :

$$A(L)\Delta^d Y_t = B(L)\varepsilon_t \quad (2)$$

d est un entier positif qui est appelé paramètre d'intégration ou de différentiation tel que défini dans le paragraphe relatif à l'intégration.

En définitive, ajuster un processus $ARIMA(p, \mathrm{d}, q)$ sur un processus non stationnaire Y_t revient à l'ajustement d'un processus $ARMA(p,\ q)$ sur la série stationnaire $\Delta^{\mathrm{d}} Y_t$. Nous voyons qu'il apparaît un filtre aux différences caractérisant un DS. C'est le recours à ce filtre qui autorise à définir les processus $ARMA$ intégrés, notés $ARIMA$.

D'une manière générale, l'étude des processus $ARIMA$ est similaire à celle des processus $ARMA$ permettant de faire extension à des processus saisonniers.

4.2.2. Les processus ARIMA saisonniers

Les processus $SARIMA$ appelés $ARIMA$ saisonniers sont basés sur les $ARIMA$ spécifiés par des polynômes autorégressifs et moyenne mobile avec des opérateurs de différence ordinaire (Δ) ou saisonnière (Δ_s) de degrés respectifs d et D.

Les polynômes (autorégressifs et moyenne mobile) sont obtenus successivement comme produits de polynômes ordinaires $\phi(L)$ et $\alpha(\mathrm{L})$ (en l'opérateur de retard L) et des polynômes saisonniers $\phi(\mathrm{L}^s)$ et $\alpha(\beta^s)$ (en l'opérateur de retard saisonnier L^s). Dans ce modèle intervient une constante (c) ou une moyenne (μ) avec la probabilité de la transformation de puissance de la variable. Box et Jenkins (1976) ont proposé un type particulier de modèles *SARIMA* : les modèles multiplicatifs ainsi définis :

$$\phi_p(L)\phi_P(L^s)(1-L)^d(1-L^s)^D Y_t = \alpha_q(L)\,\alpha_Q(L^s)\varepsilon_t \qquad (3)$$

De cette forme générale peut découler d'autres types de modèles notamment deux :

1er cas : avec moyenne et transformation de puissance de la variable

$$\phi(L)\phi(L^s)\left[\Delta^d\Delta_s^D Y_i^x - m\right] = \alpha(L)\alpha(L^s)\varepsilon_t \qquad (4)$$

2e cas : avec une constante et transformation de puissance de la variable

$$\phi(L)\phi(L^s)\left[\Delta^d\Delta_s^D Y_i^x\right] = c + \alpha(L)\alpha(L^s)\varepsilon_t \qquad (5)$$

Avec :

➢ $\phi_p, \phi_P, \alpha_q, \alpha_Q$, des polynômes de degrés p, P, q et Q dont les racines sont de module supérieur à 1, et ε_t un bruit blanc ;

➢ s représente la saisonnalité (s = 12 pour des données mensuelles, s = 4 pour des données trimestrielles) ;

➢ $\Delta = 1 - \mathrm{L}$, $\Delta_s = 1 - L^s$, $\Delta_s^D = (1 - L^s)^D$

L'ensemble de ces processus (3), (4) et (5) est appelé processus $SARIMA(p, d, q)(P, D, Q)$.

En reconsidérant le modèle (3), si les deux polynômes sont égaux à 1 signifiant que $p = P = 0$, on peut écrire :

$$W_t = \Delta^d \Delta_s^D Y_t \qquad (6)$$

Considérons que $d = D = 1$ et $s = 12$ pour des données mensuelles, alors l'équation (6) devient :

$$\begin{aligned} W_t &= \Delta\Delta_{12} Y_t = \Delta_{12}(Y_t - Y_{t-1}) \\ &= (Y_t - Y_{t-12}) - (Y_{t-1} - Y_{t-13}) \end{aligned}$$

Soit le modèle suivant $SARIMA(1, 0, 0)(1, 0, 1)$ avec une saisonnalité mensuelle $s = 12$. Au regard de l'égalité (6), on peut poser :

$$(1 - \phi_1 L)(1 - \Phi_{12} L^{12}) Y_t = (1 - \alpha L^{13}) \varepsilon_t$$

En développant, on obtient :

$$(1 - \phi_1 L - \Phi_{12} L^{12} + \phi_1 \Phi_{12} L^{13}) Y_t = (1 - \alpha_{12} L^{13}) \varepsilon_t$$

d'où

$$Y_t = \phi_1 Y_{t-1} + \Phi_{12} Y_{t-12} - \phi_1 \Phi_{12} Y_{t-13} + \varepsilon_t - \alpha_{12} \varepsilon_{t-13}$$

Exercices

1. Soit le processus déterministe linéaire suivant :

$$Y_t = \mu + \beta\, t + v_t \quad \text{avec} \quad v_t = \varphi(L)\,\varepsilon_t$$

a) Expliciter la valeur de Y_t et de son espérance mathématique pour $t = 1; 2; \cdots ;5$

b) Quelle est la progression de Y_t à chaque période ?

c) Quelle est la cause de la non stationnarité de Y_t ?

d) Quelle est la nature de la tendance ?

2. Considérons la série temporelle :

$$Y_t = \beta_1 + \beta_2 t + \beta_3 Y_{t-1} + \varepsilon_t \quad (1) \quad \text{avec} \quad \varepsilon_t \text{ un bruit blanc}$$

A partir de (1) définissez pour les différentes valeurs de β_i les processus suivants :

a) $\beta_1 = 0;\ \beta_2 = 0;\ \beta_3 = 1$

b) $\beta_1 \neq 0;\ \beta_2 = 0;\ \beta_3 = 1$

c) $\beta_1 \neq 0;\ \beta_2 \neq 0;\ \beta_3 = 0$

3. Soit une série dont la moyenne et la variance varient au cours du temps. Dans le cas présent, on considérera une nouvelle série y_t par différenciation.

a) Comment appelle-t-on cette nouvelle série par rapport à y_t ? Ecrivez la.

b) Si la nouvelle série n'a pas ses caractéristiques indépendantes du temps, on définit une nouvelle série z_t qui représente les différences premières de y_t. Démontrer que z_t est une série des différences secondes de y_t, la série initiale.

c) Déterminer la formulation de cette nouvelle variable (z_t) en fonction de Y_t.

d) Présenter les résultats de la question (c) en introduisant l'opérateur de retard $A(L)$.

4. Soit la série suivante caractérisée par un processus $AR(1)$: $Y_t = \mu + \beta Y_{t-1} + \varepsilon_t$ (1)

1) Dans quelle circonstance la série est caractérisée :

a) de stationnaire ?

b) de non stationnaire ?

c) Dans le cas de b) quel est le qualificatif attribué à la série ?

2) Pour une valeur initiale Y_0 donnée, montrer que l'équation trouvée en (b) peut s'écrire : $Y_t = \mu\, t + Y_0 + \sum_{i=0}^{t} \varepsilon_i$ (2)

3) Montrer que le processus (2) est non stationnaire par son espérance mathématique et par sa variance.

4) Quel est le degré d'intégration du processus ?

5) Montrer que la différence première z_t de l'équation b) est stationnaire.

6) Définissez l'ordre d de la série z_t. Comment appelle-t-on ces séries différenciées ?

CHAPITRE V

TESTS DE RACINE UNITE

Introduction

Aujourd'hui, il existe un grand nombre de tests de racine unité. Au plan historique, les pionniers dans le domaine sont Fuller (1976), et Dickey et Fuller (1979, 1981). Les tests de Dickey et Fuller sont des tests paramétriques se basant sur l'estimation d'un processus autorégressif. Le constat est que ces tests semblent trouver de l'engouement dans leur utilisation au regard de leur simplicité. Cependant, les critiques ont noté que ces tests souffrent d'un certain nombre d'insuffisances. Cet état de fait a entraîné l'élaboration d'autres tests de racine unitaire dont ceux de Phillips et Perron (1988), Perron (1989) etc.

Il est examiné successivement dans ce chapitre les tests suivants :

- Dickey et Fuller (DF) ;
- Dickey et Fuller Augmenté (ADF) ;
- Hypothèses jointes ;
- Phillips et Perron ;
- Dickey et Pantula ;
- Perron ;
- KPSS.

5.1. Test de Dickey et Fuller (DF)

Nous distinguons successivement (1) les modèles de base de Dickey et Fuller, (2) le principe du test.

5.1.1. Les modèles de base

Ils sont au nombre de trois. Dans chacun de ces modèles, on suppose que $\varepsilon_t \sim BB\left(0;\sigma_\varepsilon^2\right)$. Outre cette hypothèse, il existe un certain nombre de caractéristiques communes aux trois modèles.

Si $\rho = 1$, traduction qu'une des racines du polynôme retard est égale à 1. En d'autres termes, on est en présence d'une racine unitaire. La conclusion qui s'impose est que le processus Y_t est non stationnaire et que cette non stationnarité est de nature stochastique. En fait, il s'agit d'un DS quelque soit le modèle.
La démarche consiste à tester l'hypothèse nulle H_0 de racine unitaire (Y_t est intégré d'ordre 1, donc non stationnaire) contre l'hypothèse alternative H_1 d'absence de racine unitaire (Y_t a un ordre d'intégration nul (0), c'est-à-dire stationnaire).

Les trois modèles se présentent comme suit :

- Modèle 1 : $Y_t = \phi Y_{t-1} + \varepsilon_t$ qui est un $AR(1)$
- Modèle 2 : $(1 - \phi L)(Y_t - \mu) = \varepsilon_t$, un $AR(1)$ où μ = constante
- Modèle 3: $(1 - \phi L)(Y_t - \alpha - \beta t) = \varepsilon_t$, un $AR(1)$ avec tendance

De façon générale, dans chacune des deux hypothèses, on obtient le processus ci-après :

- $H_0 : \phi = 1,$ le processus suit une marche au hasard ;
- $H_1 : |\phi| < 1,$ le processus est asymptotiquement stationnaire.

Pratiquement, on aura pour chacun des trois modèles :

<u>Modèle 1</u> : $Y_t = \phi Y_{t-1} + \varepsilon_t$

➢ $H_0 : \phi = 1 \Leftrightarrow Y_t = Y_{t-1} + \varepsilon_t$

$$\Delta Y_t = \varepsilon_t$$

C'est un processus DS de marche au hasard sans dérive[1] caractérisé par une non stationnarité de nature purement stochastique.

➢ $H_1 : |\phi| < 1, \text{avec } Y_0 = 0,$ c'est-à-dire un processus sans constante.

$$Y_t = \phi Y_{t-1} + \varepsilon_t$$

Il s'agit d'un $AR(1)$ stationnaire sans constante.

<u>Modèle 2</u> : $(1 - \phi L)(Y_t - \mu) = \varepsilon_t$

Développons l'égalité en précisant que $\mu = E(Y_t) \neq 0$

$Y_t - \phi L Y_t - \mu - \phi L \mu = \varepsilon_t$
$Y_t = \phi Y_{t-1} + (1 - \phi)\mu + \varepsilon_t$
posons $c = (1 - \phi)\mu$
d'où $Y_t = c + \phi Y_{t-1} + \varepsilon_t$

[1] Un modèle est sans dérive si le processus est sans constante.

➢ $H_0 : \phi = 1 \Leftrightarrow Y_t = Y_{t-1} + \varepsilon_t$

$\Delta Y_t = \varepsilon_t$

Nous nous situons dans le cas du modèle 1, à savoir qu'il s'agit d'un DS ou processus de marche au hasard sans dérive caractérisé par une non stationnarité de nature purement stochastique.

➢ $H_1 : |\phi| < 1,$ il vient que :

$Y_t = c + \phi Y_{t-1} + \varepsilon_t$ avec $c = \mu(1 - \phi)$

Il s'agit d'un $AR(1)$ avec dérive[2].

<u>Modèle 3</u> : $(1 - \phi L)(Y_t - \alpha - \beta t) = \varepsilon_t$

Le développement du modèle donne :

$Y_t = c + bt + \phi Y_{t-1} + \varepsilon_t$
avec $c = (1 - \phi)\alpha + \phi\beta$
$b = (1 - \phi)\beta$

➢ $H_0 : \phi = 1 \Leftrightarrow c = \beta$ et $b = 0$

$\Delta Y_t = \beta + \varepsilon_t$

Si nous reprenons autrement la démarche, toujours sous $H_0 : \phi = 1$ et en considérant le modèle initial nous aurons :

$(1 - L)(Y_t - \alpha - \beta t) = \varepsilon_t$
ou $\Delta(Y_t - \alpha - \beta t) = \varepsilon_t$

---

[2] Un modèle est avec dérive si le processus possède une constante.

Il s'agit d'un processus de marche au hasard avec dérive, donc un DS. Il est caractérisé par une non stationnarité de nature mixte (croissant) et stochastique. Les écarts ε_t par rapport à la tendance linéaire $\alpha + \beta t$ sont stationnaires en différence.

➢ $H_1 : |\phi| < 1$, il vient que :

$$Y_t = c + bt + \phi Y_{t-1} + \varepsilon_t$$

Autrement, si on considère cette hypothèse alternative, on peut écrire à partir de l'équation initiale :

$$(1 - \phi L)\gamma_t = \varepsilon_t \Leftrightarrow Y_t - \alpha - \beta t = \gamma_t \text{ ou que } Y_t = \alpha + \beta t + \gamma_t$$

Ce qui permet d'établir la relation entre γ_t et ε_t :

$$\gamma_t = Y_t - \alpha - \beta t = \frac{1}{1 - \phi L}\varepsilon_t$$

Concrètement, sous l'hypothèse alternative H_1, le modèle 3 est un TS caractérisé par une non stationnarité de nature purement déterministe. Les écarts γ_t par rapport à la tendance linéaire suivent un $AR(1)$ stationnaire.

5.1.2. Principe du test DF

Sous l'hypothèse H_0, le processus Y_t n'est pas stationnaire quel que soit le modèle considéré. Les règles habituelles de l'inférence statistique ne sont pas applicables pour vérifier cette hypothèse, notamment la distribution de Student du paramètre ϕ. Dickey et Fuller ont analysé la distribution asymptotique de l'estimateur de ϕ. Au moyen de simulations de Monte-Carlo, les deux auteurs ont tabulé les valeurs critiques pour différents échantillons.

De façon pratique, pour tester les trois modèles, il est important de dégager les équations du test.

5.1.2.1. Premier modèle de DF

Les caractéristiques du test se présentent ainsi qu'il suit :

$H_0 : Y_t = Y_{t-1} + \varepsilon_t \quad (1) \quad pour \ \phi = 1$

$H_1 : Y_t = \phi Y_{t-1} + \varepsilon_t \quad (2) \text{ avec } |\phi| < 1$

Dans l'hypothèse H_0, c'est-à-dire nulle du coefficient, Y_t est intégré d'ordre 1 et on note $I(1)$. Dans l'hypothèse alternative, la distribution est stationnaire et suit un $AR(1)$. En fait dans H_0, il s'agit comme il a été noté dans la présentation des modèles, d'un DS de marche au hasard sans dérive.

L'équation de test s'obtient en différenciant le modèle dans l'hypothèse alternative, c'est-à-dire H_1.

Considérons l'équation 2 en retranchant à chaque membre de l'égalité Y_{t-1}, on obtient :

$\Delta Y_t = (\phi - 1)Y_{t-1} + \varepsilon_t \quad (3) \text{ avec } \eta = \phi - 1$

d'où $\Delta Y_t = \eta_t Y_{t-1} + \varepsilon_t \qquad (4)$

Dans l'hypothèse nulle $\eta = 0$, on peut calculer le coefficient de Student en estimant par les MCO l'équation (3). A l'inverse, dans l'hypothèse nulle, H_0, la présence d'une racine unitaire c'est-à-dire $\phi = 1$ ne permet pas à la statistique de suivre, même de façon asymptotique, une distribution de Student. En d'autres termes, la statistique de Student est peu favorable à H_0. Pour pallier cette situation, on a recours à la distribution tabulée par Dickey et Fuller ou éventuellement celle proposée par Mackinnon.

Finalement, il revient au même de tester l'hypothèse $H_0 : \phi = 1$ ou $\phi - 1 = \eta = 0$. Ce qui conduit les deux auteurs à construire des «t statistiques » similaires à celles de Student du modèle linéaire classique. Les différentes étapes du test sont les suivantes :

- Estimation par MCO du coefficient $\phi - 1 = \eta$;
- On calcule t_{η^*} selon la formule :

$$t_{\eta^*} = \frac{\phi^* - 1}{\sigma_{\eta^*}} = \frac{\eta^*}{\sigma_{\eta^*}}$$

On accepte H_0 si $t_{\eta^*} > t_\alpha$, il existe dans ce cas une racine unité. Le processus est non stationnaire. Dans le cas contraire, on rejette H_0 au profit de l'hypothèse alternative H_1.

5.1.2.2. Second modèle de DF

La même hypothèse est formulée que dans le cas du 1er modèle. Ainsi que nous l'avons vu au départ, dans l'hypothèse alternative H_1, la série est stationnaire et suit un $AR(1)$ avec constante :

$H_0 : Y_t = Y_{t-1} + \varepsilon_t$ (5) si $\phi = 1$

$H_1 : Y_t = (1 - \phi)\mu + \phi Y_{t-1} + \varepsilon_t$ (6) avec $|\phi| < 1$ et μ une constante non nulle.

L'équation de test s'écrit en procédant comme dans le cas du modèle 1, c'est-à-dire, en retranchant de chaque côté de (6) la variable Y_{t-1}.

$$\Delta Y_t = \eta Y_{t-1} + (1-\phi)\mu + \varepsilon_t \quad (7) \text{ avec } \eta = \phi - 1 \text{ et } (1-\phi)\mu = c$$

La procédure de test est semblable à celle du modèle 1. Cependant, dans l'hypothèse d'acceptation de H_0, il n'est pas possible d'appliquer les tests de Student classiques au paramètre c[3] du modèle 2. Toutefois, J. Hamilton (1994) recommande de remplacer le coefficient de Student par un coefficient de Fisher.

5.1.2.3. Troisième modèle de DF

Du fait de la présence d'une constante, l'hypothèse H_0 diffère du modèle 2. Dans le cas alternatif H_1, la distribution est stationnaire autour d'un trend déterministe, lié au temps.

$$H_0 : Y_t = Y_{t-1} + \beta + e_t \quad (8)$$

$$H_1 : Y_t = [\alpha(1-\phi) + \phi\beta] + (1-\phi)\beta t + \phi Y_{t-1} + e_t \quad (9)$$

L'équation de test est :

$$\Delta Y_t = \eta Y_{t-1} + [\alpha(1-\phi) + \phi\beta] + \beta(1-\phi)t + e_t \quad (10)$$

En posant $c = \alpha(1-\phi) + \phi\beta$ et $b = \beta(1-\phi)$

Il apparaît le résultat suivant :

$$\Delta Y_t = c + bt + \eta Y_{t-1} + e_t \quad (11)$$

[3] Ce paramètre est égal à $(1-\phi)\mu$

Il ressort que les valeurs critiques ne sont pas les mêmes que dans le cas des deux modèles précédents. Tout comme dans le cas du second modèle, on peut remplacer le ratio de Student par un test de Fisher.

En résumé, les trois modèles sont testés sous la forme suivante :

- Modèle 1 : $\Delta Y_t = \eta Y_{t-1} + \varepsilon_t$
- Modèle 2 : $\Delta Y_t = \eta Y_{t-1} + c + \varepsilon_t$
- Modèle 3 : $\Delta Y_t = \eta Y_{t-1} + c + bt + \varepsilon_t$

Dans chacun des modèles $\eta = \phi - 1$ avec $\varepsilon_t \sim BB(0\,;\sigma_\varepsilon^2)$. La procédure consiste à tester $H_0 : \eta = 0$ (existence d'une racine unitaire) contre $H_1 : \eta \neq 0$ (absence de racine unitaire) en se basant sur les Tables DF (1976, 1979, 1981). Du fait que les valeurs critiques sont négatives, la règle de décision se présente comme suit :

- Si la valeur calculée $t_{\eta^*} < t_\eta^\alpha$ dans la table, on rejette l'hypothèse nulle H_0 de non stationnarité. En d'autres termes, le processus est stationnaire : c'est la confirmation de H_1.
- Si la valeur calculée $t_{\eta^*} > t_\eta^\alpha$ dans la table, on accepte l'hypothèse nulle H_0 de non stationnarité. Dans ce cas présent, le processus possède une racine unitaire ; il est non stationnaire.

Table 5.1 : valeurs théoriques du test DF pour $\phi = 1$

Taille échantillon	1%	5%	10%
		Modèle 1	
100	- 2,6	-1,95	-1,62
250	- 2,58	-1,95	-1,62
500	- 2,58	-1,95	-1,62
∞	-2,58	-1,95	-1,62
		Modèle 2	
100	- 3,51	-2,89	-2,58
250	- 3,46	-2,88	-2,57
500	- 3,44	-2,87	-2,57
∞	-3,43	-2,86	-2,57
		Modèle 3	
100	- 4,04	-3,45	-3,15
250	- 3,99	-3,43	-3,13
500	- 3,98	-3,42	-3,13
∞	-3,96	-3,41	-3,12

De façon générale, le test DF s'effectue sur un des modèles. Cependant, il faut remarquer que les trois modèles peuvent aboutir à des résultats différents. Suivant les recommandations des deux auteurs, il faut appliquer une démarche séquentielle composée de trois étapes. C'est une démarche ascendante qui consiste à partir du modèle 3 pour remonter au modèle 1.

Etape 1 : estimation de l'équation (11) modèle 3. On commence par tester la significativité du trend en recourant aux tables DF.

Table 5.2 : valeurs critiques de la constante et de la tendance (tests DF)

Taille de l'échantillon (T)	Modèle 2			Modèle 3					
	Constante			Constante			Trend		
	1%	5%	10%	1%	5%	10%	1%	5%	10%
100	3,22	2,54	2,17	3,78	3,11	2,73	3,53	2,79	2,38
250	3,19	2,53	2,16	3,74	3,09	2,73	3,49	2,79	2,38
500	3,18	2,52	2,16	3,72	3,08	2,72	3,48	2,78	2,38
∞	3,18	2,52	2,16	3,71	3,08	2,72	3,46	2,78	2,38

➢ Si la tendance n'est pas significative, on passe à la seconde étape.

➢ Si la tendance est significative, on teste l'hypothèse nulle de racine unitaire en comparant le t_{η^*} au t_{η}^{α} figurant dans la table 5.1. Il existe deux alternatives :

✓ Acceptation de la nullité H_0, signifiant que Y_t est non stationnaire. Dans un tel cas, on différencie le processus Y_t et on refait la procédure du test sur ΔY_t.

✓ Rejet de la nullité H_0, Y_t est stationnaire. Dès lors, la procédure de test prend fin puisque $Y_t \sim I(0)$ et on peut travailler sur la série d'origine.

Etape 2 : pour qu'on passe à cette étape, il faut que la tendance du modèle 3 ne soit pas significative. Dans ce cas, on estime le modèle 2. La procédure consiste à tester la significativité de la constante c sur la base des tables 5.2 de DF.

➢ Si la constante n'est pas significative, cela veut dire que le modèle est sans constante. Ce qui autorise à aborder l'étape 3.

➢ Par contre, si la constante est significative, on teste l'hypothèse nulle H_0 de racine unitaire en procédant à la comparaison de t_{η^*} aux valeurs théoriques de (table 5.1). Il se dégage deux alternatives :

✓ Acceptation de la nullité H_0, Y_t est non stationnaire. Dans un tel cas, il faut différencier la série Y_t et refaire le test sur la distribution ΔY_t.

✓ Si on rejette H_0, de ce fait on accepte la stationnarité du processus. Ce qui veut dire que la procédure du test prend fin, et on travaille directement sur la série initiale Y_t.

Etape 3 : Le recours à cette phase 3 ne se fait que sous réserve que le test révèle dans le modèle 2, la non significativité de la constante. On procède à l'estimation du modèle (1) et on teste l'hypothèse nulle H_0 de l'existence d'une racine unitaire en recourant aux valeurs tabulées de DF (table 5.1).

➢ Acceptation de la nullité H_0, Y_t est non stationnaire. On procède à la différenciation du processus Y_t et on teste la nouvelle série ΔY_t.

➢ Si on rejette H_0, Y_t est stationnaire. On arrête la procédure du test et on exploite directement la série initiale Y_t.

Dans le cas de cette étape 3, si la différence première est non-stationnaire, il convient de différencier une seconde fois et procéder à nouveau au test jusqu'à obtenir une nouvelle série stationnaire. Si on n'aboutit pas à la stationnarisation, cela signifie tout simplement que le mouvement est explosif et de ce fait, la racine est supérieure à 1.

Exemple : Evolution des prix du kilogramme de céréales dans 14 départements de la province du Salmatenga (Burkina Faso) de 1981 à 1991 (données mensuelles)

L'exercice consiste à déterminer le type de modèle que cette série statistique suit. Conforment à la démarche précédente, on commence par faire une représentation graphique de la distribution Y_t.

Graphique 1 : Représentation de la série Y_t des prix

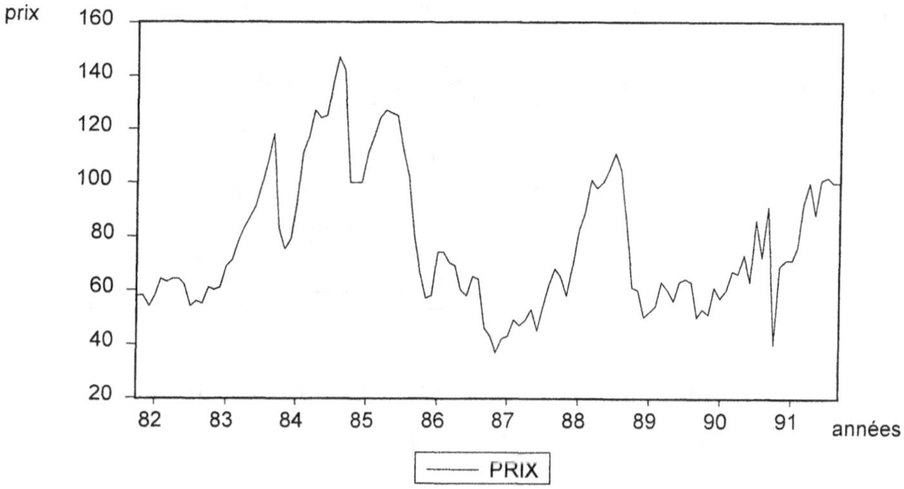

A priori, au regard de l'allure de la courbure on est conduit à conclure à un *DS*. Toutefois, il s'agit d'une impression qui doit être confirmée éventuellement par le test *DF*. Ensuite, si c'est un *DS*, on n'est pas en mesure de dire si c'est avec ou sans dérive. Procédons aux différentes étapes en suivant la méthode ascendante.

Etape 1 : modèle 3 : $Y_t = c + bt + \phi Y_{t-1} + \varepsilon_t$

C'est un modèle avec trend et constante. La première étape consiste à tester la significativité du coefficient du trend à partir de l'équation :

$\Delta Y_t = \eta Y_{t-1} + c + bt + \varepsilon_t$

Dickey-Fuller Test Equation
Dependent Variable: D(PRIX) = ΔY_t
Method: Least Squares
Sample(adjusted): 1981:11 1991:09
Included observations: 119 after adjusting endpoints

Variable	Coefficient	Std. Error	t-Statistic	Prob.
PRIX(-1) = Y_{t-1}	-0.096085	0.039942	-2.405631	0.0177
C	8.326559	3.905807	2.131841	0.0351
@TREND(1981:10)	-0.008993	0.029468	-0.305180	0.7608

R-squared	0.047532	Mean dependent var	0.352941
Adjusted R-squared	0.031110	S.D. dependent var	11.10091
S.E. of regression	10.92688	Akaike info criterion	7.645215
Sum squared resid	13850.01	Schwarz criterion	7.715277
Log likelihood	-451.8903	F-statistic	2.894424
Durbin-Watson stat	1.998844	Prob(F-statistic)	0.059337

Le coefficient du trend est non significatif car la probabilité qui y est associée est supérieure au seuil de 10%.

Nous pouvons alors passer à la seconde étape.

2e Etape : Estimation du modèle 2 : $\Delta Y_t = \eta Y_{t-1} + c + \varepsilon_t$

Ici il s'agit de tester la significativité de la constante.

Dickey-Fuller Test Equation
Dependent Variable: D(PRIX)
Method: Least Squares
Sample(adjusted): 1981:11 1991:09
Included observations: 119 after adjusting endpoints

Variable	Coefficient	Std. Error	t-Statistic	Prob.
PRIX(-1)	-0.094326	0.039370	-2.395873	0.0182
C	7.650950	3.205329	2.386947	0.0186

R-squared	0.046767	Mean dependent var	0.352941
Adjusted R-squared	0.038620	S.D. dependent var	11.10091
S.E. of regression	10.88445	Akaike info criterion	7.629211
Sum squared resid	13861.13	Schwarz criterion	7.675919
Log likelihood	-451.9380	F-statistic	5.740206
Durbin-Watson stat	2.000749	Prob(F-statistic)	0.018166

Le test révèle que la constante est significative à 5% au vu de la probabilité associée qui est de 0,0186.

Nous pouvons maintenant passer au test DF.

Testons au seuil de 5% l'hypothèse nulle :

$H_0 : \eta = 0$

$H_1 : |\eta| \neq 0 \Rightarrow |\phi| < 1$

Le tableau suivant présente les résultats du test.

Statistique du test DF	-2.395873	*Valeur critique au seuil de 1%	-3.4861
		Valeur critique au seuil de 5%	-2.8857
		Valeur critique au seuil de 10%	-2.5795

*valeurs critiques de MacKinnon pour le rejet de l'hypothèse nulle de racine unitaire.

Le test DF montre par comparaison de la statistique DF qui correspond au $t_{\eta^*} = -2{,}395893$, aux valeurs critiques de Mackinnon[4] aux différents seuils, qu'il y a présence de racine unitaire. C'est-à-dire qu'on accepte H_0 au seuil de 1% puisque $t_{\eta^*} > t_{\eta}^{\alpha}$.

[4] Qui correspondent aux valeurs théoriques du test DF tabulées à la table 5.1

Testons alors la stationnarité de la série différenciée.

Statistique du test DF	-11.30031	*Valeur critique au seuil de 1%	-3.4865
		Valeur critique au seuil de 5%	-2.8859
		Valeur critique au seuil de 10%	-2.5796

*valeurs critiques de MacKinnon pour le rejet de l'hypothèse nulle de racine unitaire.

Ce test révèle une absence de racine unitaire. Donc la série prix est stationnaire en différence première. C'est une série $I(1)$.

Cependant, la constante est non significative ici. Il existe un point de contradiction entre la signification de la constante dans le modèle 2 et le résultat pour la série différenciée. Ceci est matérialisé dans le tableau ci-dessous.

Augmented Dickey-Fuller Test Equation
Dependent Variable: D(DPRIX)
Method: Least Squares
Sample(adjusted): 1981:12 1991:09
Included observations: 118 after adjusting endpoints

Variable	Coefficient	Std. Error	t-Statistic	Prob.
DPRIX(-1)	-1.047999	0.092741	-11.30031	0.0000
C	0.373016	1.030031	0.362141	**0.7179**

R-squared	0.523999	Mean dependent var	0.000000
Adjusted R-squared	0.519896	S.D. dependent var	16.13988
S.E. of regression	11.18325	Akaike info criterion	7.683515
Sum squared resid	14507.55	Schwarz criterion	7.730476
Log likelihood	-451.3274	F-statistic	127.6971
Durbin-Watson stat	1.985414	Prob(F-statistic)	0.000000

La non significativité de la constante conduit à passer au modèle 1.

3e Etape : Estimation du modèle 1: $\Delta Y_t = \eta Y_{t-1} + \varepsilon_t$

Augmented Dickey-Fuller Test Equation
Dependent Variable: D(DPRIX)
Method: Least Squares
Sample(adjusted): 1981:12 1991:09
Included observations: 118 after adjusting endpoints

Variable	Coefficient	Std. Error	t-Statistic	Prob.
DPRIX(-1)	-1.046922	0.092348	-11.33668	0.0000

R-squared	0.523461	Mean dependent var	0.000000
Adjusted R-squared	0.523461	S.D. dependent var	16.13988
S.E. of regression	11.14165	Akaike info criterion	7.667696
Sum squared resid	14523.95	Schwarz criterion	7.691176
Log likelihood	-451.3941	Durbin-Watson stat	1.985626

Le résultat du test confirme que la série est stationnaire en différence première sans constante. Ici, nous recourons à la probabilité à 1%. Le coefficient $\phi = 0{,}0469$ de la régression confirme cette stationnarité.

5.1.3. Limites du test DF

- Ce test ne permet pas de discriminer entre les processus TS et DS ;
- La distribution du test est fonction de la représentation de la série stationnaire dans le cas alternatif H_1;
- L'écart stochastique e_t ou ε_t est formulé de façon à être non corrélé. Or, on ne peut écarter l'éventualité que Y_t est fonction d'autres variables qui ne figurent pas dans l'équation. S'il ressort une autocorrélation de ces variables, dans ce cas l'aléa e_t ou ε_t l'est aussi ;
- Le test est basé sur la constance des paramètres a et b dans le cas alternatif (H_1) avec comme corollaire, que la tendance déterministe n'a

pas de rupture. S'il en est autrement, Perron (1989) montre que ce test DF n'est pas robuste.

- Le dernier problème d'insuffisance du test apparaît dans le cas de l'utilisation de données désaisonnalisées.

5.1.3.1. Test de Schmidt-Philipps (1992)

C'est pour parer à ces insuffisances que Schmidt-Phillips (1992) recommandent de travailler sur des séries débarrassées de leur tendance déterministe. Considérons une série $Y_t^{'}$ dont on a enlevé le trend déterministe.

$Y_t^{'} = Y_t - a^{'} - b^{'}t$ (1)

avec $b^{'} = \dfrac{Y_T - Y_1}{T-1}$ (2) et $a^{'} = Y_1 - b^{'}$(3)

A la lumière de (1), il ressort que l'équation du test est alors :

$\Delta Y_t = a + \eta Y_{t-1}^{'} + e_t$ avec $\eta = \phi - 1$

Si on a $\eta = 0$, on peut recourir au coefficient de Student et on compare avec la statistique tabulée par Schmidt-Phillips.

5.1.3.2. La correction de l'autocorrélation des écarts aléatoires

Il existe deux types de tests qui sont d'une part, les tests paramétriques tel que celui de Dickey et Fuller Augmenté (1981) appelé ADF, et d'autre part, les tests non paramétriques de Phillips-Perron (1988) ou du ratio de vraisemblance (Cochrane, 1988) qui donnent l'opportunité de prendre en compte des formes plus générales d'autocorrélations des erreurs.

5.2. Tests d'hypothèses jointes

Il peut arriver que le test de DF révèle l'existence d'une racine unitaire sans toutefois être en mesure de discriminer la nature du processus TS ou DS. Cette confusion peut se révéler dans le cas des modèles (2) et (3) surtout. C'est pour clarifier cette situation qu'il a été mis au point les tests d'hypothèses jointes.

5.2.1. Objet des tests d'hypothèses jointes

Ils permettent de détecter une racine unitaire et d'identifier les marches au hasard des processus TS linéaires.

5.2.2. Démarche

On effectue le test de recherche de racine unitaire, puis, le test d'hypothèses jointes. Le test se fonde sur la statistique empirique F_i qui est analogue à celle de Fisher.

a) **Modèle 2** : $Y_t = \phi Y_{t-1} + c + \varepsilon_t$

La statistique de ce modèle est F_1. Dickey et Fuller ont tabulé en 1981 les valeurs critiques de sa distribution.

$$F_1 = \frac{(SCR_c - SCR_2)/2}{SCR_2/(T-2)}$$

avec :

SCR_c = somme des carrés des résidus du modèle (2) contraint sous l'hypothèse $H_0^1 : (c;\phi) = (0;1)$ contre l'hypothèse H_1^1, aucun des paramètres n'est nul. Cette somme est $SCR_c = \sum (Y_t - Y_{t-1})^2$

SCR_2 = sommes des carrés des résidus du modèle (2) non contraint estimé par les MCO.

T = nombre d'observations auxquelles on a recours pour estimer les paramètres du modèle.

Le nombre de degrés de liberté au numérateur se détermine comme suit : $(T-0)-(T-2)=2$; ou on part de l'hypothèse que le nombre total de paramètres à estimer est égal 2. Ceci correspond aux paramètres du modèle non contraint qui sont estimés par les MCO. Ainsi qu'on l'a vu, il n'y a pas d'estimation de paramètres dans le modèle contraint[5].

---

[5] Il peut arriver que dans certains cas, des auteurs mettent au numérateur 3 degrés de liberté. Ils partent de l'idée qu'il faut compenser la perte d'une observation au niveau du modèle contraint.

Si $F_1 > \Phi_1$ lue dans la table avec un seuil α, on rejette H_0^1, c'est-à-dire que le paramètre c est différent de 0. Le processus est un $AR(1)$ avec constante.

b) Modèle 3

$$Y_t = \phi Y_{t-1} + bt + c + \varepsilon_t$$
$$\text{avec } b = \beta(1-\phi)$$
$$c = \alpha(1-\phi) + \phi\beta$$

Une fois le test de racine unitaire effectué, on procède dans le cadre de ce modèle 3 aux tests des deux hypothèses jointes ci-après :

- $H_0^2 : (c; b; \phi) = (0; 0; 1)$ contre H_1^2 l'un des paramètres est différent de 0.
- $H_0^3 : (c; b; \phi) = (c; 0; 1)$ contre l'hypothèse H_1^3, l'un des paramètres est différent de 0.

1er cas : H_0^2 : on teste avec la statistique F_2 ;

$$F_2 = \frac{\left(SCR_c^3 - SCR_{\bar{c}}^3\right)/3}{SCR_{\bar{c}}^3 / (T-3)}$$

SCR_c^3 = somme des carrés des résidus du modèle contraint soit $\sum\left(Y_t - Y_{t-1} - c^*\right)^2$

$SCR_{\bar{c}}^3$ = somme des carrés des résidus du modèle non contraint estimé par MCO.

Le nombre de degrés de liberté est égal au nombre de paramètres du modèle soit 3 donnant $(T-0)-(T-3)=3$.

2e cas: H_0^3 : on teste avec la statistique F_3 ;

$$F_3 = \frac{\left(SCR_c^3 - SCR_{\bar{c}}^3\right)/2}{SCR_{\bar{c}}^3/(T-3)}$$

SCR_c^3 = somme des carrés des résidus du modèle (3) contraint

$SCR_{\bar{c}}^3$ = somme des carrés des résidus du modèle (3) non contraint estimé par MCO.

Pour le numérateur, le nombre de degrés de liberté est déterminé comme suit :

$(T-1)-(T-3)=2$. On tient compte du fait que dans le modèle contraint, il y a néanmoins un paramètre à estimer à savoir c.

De même que pour la statistique F_1, les statistiques F_2 et F_3 sont analogues à une loi de Fisher. De ce fait, on se base pour les tests sur les statistiques de Dickey et Fuller.

- Si $F_2 > \Phi_2$ lue dans la table, on rejette l'hypothèse H_0^2 à un seuil α.
- Si $F_3 > \Phi_3$ on rejette H_0^3 au seuil α.

Indépendamment des distributions TS, DS, ces hypothèses permettent dans le cas d'un *DS* de dire si la marche au hasard est sans dérive (sans constante) ou avec dérive (avec constante).

Exemple : Appliquons ces tests sur la série des prix des céréales de la section 5.1.2

Pour le modèle 2

$H_0^1 : (c; \phi) = (0; 1)$ contre l'hypothèse H_1^1, aucun des paramètre n'est nul.

$SCR_c = 14536{,}12$ et $SCR_2=13861{,}13$. Ce qui donne :

$$F_1 = \frac{(14536{,}12 - 13861{,}12)/2}{13861{,}12/(119-2)} = 2{,}84875151$$

$F_{0,05}(119{,}2) = 3{,}071 > F_1$; on accepte alors l'hypothèse nulle H_0. Ce qui signifie que la constante n'est pas significative. Ce résultat est conforme à celui du test DF.

Pour le modèle 3

➢ 1er cas : $H_0^2 : (c; b; \phi) = (0; 0; 1)$ contre H_1^2 l'un des paramètres est différent de 0.

$SCR_c^3 = 14536{,}12$ et $SCR_{\bar{c}}^3 = 13861{,}13$. Ce qui donne :

$$F_2 = \frac{(14536{,}12 - 13861{,}12)/3}{13861{,}12/(119-3)} = 1{,}88293547$$

$F_{0,05}(119{,}3) = 2{,}681 > F_2$; on accepte alors l'hypothèse nulle H_0. Ce qui signifie que ni la tendance, ni la constante, ne sont significatives.

➢ <u>2e cas</u> : $H_0^3 : (c; b; \phi) = (c; 0; 1)$ contre l'hypothèse H_1^3, l'un des paramètres est différent de 0.

$SCR_c^3 = 13861{,}13$ et $SCR_c^3 = 13850{,}01$. Ce qui donne :

$$F_3 = \frac{(13861{,}12 - 13850{,}01)/2}{13850{,}01/(119-2)} = 0{,}04692668$$

$F_{0,05}(119{,}2) = 3{,}071 > F_3$; on accepte alors l'hypothèse nulle H_0.

5.3. Test de Dickey et Fuller Augmenté (ADF)

Une des principales critiques portées au test DF repose sur l'hypothèse que le processus ε_t est un bruit blanc, de ce fait qu'il y a absence de corrélation des erreurs. Or, en réalité, aucune raison ne peut expliquer cela.

Afin de prendre en compte cette critique, les deux auteurs ont en 1981 corrigé cette hypothèse conduisant à un nouveau test appelé ADF. Il faut aussi remarquer que le test DF portait principalement sur un $AR(1)$. Le test ADF est plus général, puisqu'il porte sur un $AR(p)$. En d'autres termes, Dickey et Fuller admettent que le terme d'erreur ε_t de ces trois modèles suit un processus $AR(p-1)$.

5.3.1. *Transformation des modèles de base*

Soit v_t le terme d'erreur,

$A_1(L)v_t = \varepsilon_t$, avec $\varepsilon_t \sim B(0;\sigma_\varepsilon^2)$;

En développant on a :

$(1-\theta_1 L-\theta_2 L^2-\cdots-\theta_{p-1}L^{p-1})v_t = \varepsilon_t$; $A_1(L)$ étant considéré comme un polynôme de retard $(p-1)$ satisfaisant les conditions de stationnarité. Dans une telle situation, il n'est plus possible d'estimer ces modèles par des MCO. Il est préconisé deux (2) solutions :

- changer la procédure d'estimation ;
- adopter d'autres modèles de régression.

En définitive, les deux auteurs ont adopté d'autres modèles de régression qui sont en fait en correspondance avec les trois premiers modèles.

Soit le modèle suivant :

$(1-\Phi L)Y_t = v_t$ (1)

$\theta_1(L)v_t = \varepsilon_t$ (2)

Avec $v_t \sim AR(p-1)$, c'est-à-dire :

$$v_t = \sum_{i=1}^{p-1}\theta_i v_{t-i} + \varepsilon_t \quad \text{(3), où } \varepsilon_t \sim BB(0;\sigma_\varepsilon^2)$$

L'introduction de l'opérateur de retard $\theta_1(L)$ nous permet de réécrire l'équation (3)

$\theta_{p-1}(L)v_t = \varepsilon_t$ (4)

avec : $\theta_{p-1}(L)v_t = 1-\sum_{i=1}^{p-1}\theta_i L^i v_t$

En considérant l'équation (4) on peut remplacer v_t par sa valeur de (1), d'où :

$$\theta_{p-1}(L)(1-\Phi L)Y_t = \theta_{p-1}(L)v_t = \varepsilon_t \qquad (5)$$

En développant, on a :

$$\left(1-\sum_{i=1}^{p-1}\theta_i L^i\right)(Y_t - \Phi Y_{t-1}) = \varepsilon_t \qquad (6)$$

On obtient :

$$Y_t - \Phi Y_{t-1} - \sum_{i=1}^{p-1}\theta_i Y_{t-i} + \Phi\sum_{i=1}^{p-1}\theta_i Y_{t-1-i} = \varepsilon_t \qquad (7)$$

Soit en développant :

$$\begin{aligned} &Y_t - \Phi Y_{t-1} - \theta_1 Y_{t-1} - \theta_2 Y_{t-2} - \cdots - \theta_{p-1}Y_{t-p+1} \\ &\qquad + \Phi\theta_1 Y_{t-2} + \Phi\theta_2 Y_{t-3} + \cdots + \Phi\theta_{p-1}Y_{t-p} = \varepsilon_t \qquad (8) \end{aligned}$$

La mise en facteur donne :

$$\begin{aligned} Y_t = &(\Phi+\theta_1)Y_{t-1} + (\theta_2 - \Phi\theta_1)Y_{t-2} + \cdots + (\theta_{p-1} - \Phi\theta_{p-2})Y_{t-p+1} \\ &\qquad - \Phi\theta_{p-1}Y_{t-p} + \varepsilon_t \qquad (9) \end{aligned}$$

Il apparaît que le processus Y_t suit un $AR(p)$ alors que le modèle initial était un $AR(1)$ avec des erreurs autocorrélées d'ordre p tel qu'il apparaît dans l'équation 3. De la sorte, comme le souligne Lardic et Mignon (2002), le processus a été blanchi ou nettoyé. Ce nettoyage permet désormais d'appliquer les tests de Dickey et Fuller.

Dans la mesure où Y_t est un $AR(p)$, voyons ce qui se passe si on donne quelques valeurs à p.

➢ Soit un processus $AR(1)$ suivant :

$Y_t = \beta_1 Y_{t-1} + \varepsilon_t \qquad (10)$ avec $\varepsilon_t \sim BB(0;\sigma_\varepsilon^2)$

Retranchons Y_{t-1} de part et d'autre de l'égalité (10), soit :

$$Y_t - Y_{t-1} = \beta_1 Y_{t-1} - Y_{t-1} + \varepsilon_t$$

En différence, il advient :

$$\Delta Y_t = (\beta_1 - 1)Y_{t-1} + \varepsilon_t \qquad (11)$$

Si on pose $\phi_1 = \beta_1 - 1$. Testons l'hypothèse nulle de non stationnarité $H_0 : \phi_1 = 0$ contre l'hypothèse alternative de stationnaire $H_1 : |\phi_1| < 1$.

➢ Considérons le processus $AR(2)$

$$Y_t = \beta_1 Y_{t-1} + \beta_2 Y_{t-2} + \varepsilon_t \qquad (12)$$

A l'image du $AR(1)$, on peut présenter (12) sous forme de différence :

$$\begin{aligned} Y_t - Y_{t-1} &= \beta_1 Y_{t-1} - Y_{t-1} + \beta_2 Y_{t-1} - \beta_2 Y_{t-1} + \beta_2 Y_{t-2} + \varepsilon_t \\ \Delta Y_t &= (\beta_1 - 1) Y_{t-1} - \beta_2 \Delta Y_{t-1} + \beta_2 Y_{t-1} + \varepsilon_t \\ &= (\beta_1 + \beta_2 - 1) Y_{t-1} - \beta_2 \Delta Y_{t-1} + \varepsilon_t \qquad (13) \end{aligned}$$

➢ Soit le modèle $AR(3)$

$$Y_t = \beta_1 Y_{t-1} + \beta_2 Y_{t-2} + \beta_3 Y_{t-3} + \varepsilon_t \qquad (14)$$

Suivant la même démarche que les deux modèles précédents, on peut écrire :

$$\begin{aligned} Y_t - Y_{t-1} &= \beta_1 Y_{t-1} - Y_{t-1} + \beta_2 Y_{t-1} - \beta_2 Y_{t-1} + \beta_2 Y_{t-2} + \beta_3 Y_{t-1} \\ &\quad - \beta_3 Y_{t-1} + \beta_3 Y_{t-3} + \beta_3 Y_{t-2} - \beta_3 Y_{t-2} + \varepsilon_t \\ \Delta Y_t &= (\beta_1 + \beta_2 + \beta_3 - 1)Y_{t-1} - \beta_2 (Y_{t-1} - Y_{t-2}) \\ &\quad - \beta_3 (Y_{t-1} - Y_{t-2}) - \beta_3 (Y_{t-2} - Y_{t-3}) + \varepsilon_t \\ &= (\beta_1 + \beta_2 + \beta_3 - 1)Y_{t-1} - (\beta_2 + \beta_3)\Delta Y_{t-1} - \beta_3 \Delta Y_{t-2} + \varepsilon_t \qquad (15) \end{aligned}$$

Les développements précédents permettent de généraliser à un modèle $AR(p)$ par récurrence :

$$Y_t = \beta_1 Y_{t-1} + \beta_2 Y_{t-2} + \cdots + \beta_p Y_{t-p} + \varepsilon_t$$

$$\Delta Y_t = \left(\sum_{i=1}^{p} \beta_i - 1\right) Y_{t-1} - \sum_{j=1}^{p-1}\left(\sum_{h=j+1}^{p} \beta_h\right)\Delta Y_{t-j} + \varepsilon_t \qquad (16)$$

En recourant à l'équation (9) on peut établir une relation entre les paramètres de (9) et les β_i de l'équation (16). Ainsi, on pose :

$$\begin{aligned} \beta_1 &= \theta_1 \\ \beta_2 &= \theta_2 - \phi\theta_1 \\ &\vdots \\ \beta_{p-1} &= \theta_{p-1} - \phi\theta_{p-2} \\ \beta_p &= -\phi\theta_{p-1} \end{aligned}$$

Remplaçons les β_i par les valeurs dans (16).

$$\begin{aligned} \Delta Y_t = {} & (\phi + \theta_1 + \theta_2 - \phi\theta_1 + \cdots + \theta_{p-1} - \phi\theta_{p-2} - \phi\theta_{p-1} - 1)Y_{t-1} \\ & - \sum_{j=1}^{p-1}\left(\sum_{h=j+1}^{p} \beta_h\right)\Delta Y_{t-j} + \varepsilon_t \qquad (17) \end{aligned}$$

En faisant les regroupements des coefficients (17), on obtient :

$$\begin{aligned} \Delta Y_t = {} & \lfloor \phi(1 - \theta_1 - \theta_2 - \cdots - \theta_{p-1}) + (\theta_1 + \theta_2 + \cdots + \theta_{p-1}) - 1 \rfloor Y_{t-1} \\ & - \sum_{j=1}^{p-1}\left(\sum_{h=j+1}^{p} \beta_h\right)\Delta Y_{t-j} + \varepsilon_t \qquad (18) \end{aligned}$$

En factorisant cette égalité, on a :

$$\Delta Y_t = [(\phi - 1)(1 - \theta_1 - \theta_2 - \cdots - \theta_{p-1})]Y_{t-1} - \sum_{j=1}^{p-1}\left(\sum_{h=j+1}^{p} \beta_h\right)\Delta Y_{t-j} + \varepsilon_t \qquad (19)$$

Posons :

$$\lambda_j = \sum_{h=j+1}^{p} \beta_h \qquad (20)$$

Ensuite les coefficients : $\rho = (\phi - 1)(1 - \theta_1 - \theta_2 - \cdots - \theta_{p-1})$ (21)

L'égalité (19) devient :

$$\Delta Y_t = \rho Y_{t-1} - \sum_{j=1}^{p-1} \lambda_j \Delta Y_{t-j} + \varepsilon_t \qquad (22)$$

Le test de racine unitaire dans le cas de ce modèle se ramène à tester la nullité du paramètre ρ de la variable retardée Y_{t-1} de la même manière qu'un test DF ordinaire. Pour bien comprendre le lien entre les anciens modèles de DF et les nouveaux, il faut se rappeler de la critique formulée sur l'hypothèse de non corrélations des erreurs. Ainsi, lorsqu'on teste par exemple le modèle (1) et qu'il apparaît effectivement une corrélation des erreurs, la procédure consiste à transformer ce modèle initial tel qu'il est désormais posé dans les équations (1) et (2). Avec l'hypothèse H_0 de nullité du coefficient, on revient à la procédure du test initial DF.

Finalement, on teste $H_0 : \rho = 0$, contre $H_1 : |\rho| < 0$. En définitive, ce qui est testé, c'est l'hypothèse $\phi = 1$ en ce sens qu'il n'existe aucun motif pour que $\sum_{i=1}^{p-1} \theta_i = 1$. Il en résulte que ce qui a permis de nettoyer le résidu et du même coup qui occasionne le recours à nouveau aux tests DF, c'est l'introduction dans le modèle (1) des variables en différence.

L'hypothèse H_0 testée est :

$H_0 : \rho = (\phi - 1)(1 - \theta_1 - \theta_2 - \cdots - \theta_{p-1}) = 0$

Au regard de ce qui a été dit précédemment sur la somme des coefficients θ_i, il vient qu'on ne peut avoir que : $\phi - 1 = 0 \Rightarrow \phi = 1$ ce qui conduit à la non stationnarité du processus. La démarche qui a été faite dans le cas précédent et qui a comme base le modèle (1) génère le modèle (4). Pour les modèles (2) et (3), conduisant à leurs pendants (5) et (6), on adopte des démarches similaires au test DF (R. Bourbonnais et al. 2004) :

- Recherche de racine unitaire ;
- Test d'hypothèses jointes ;
- Stratégie du test.

5.3.2. Spécification des modèles

Modèle 4 :

Soit le modèle suivant :

$$(1-\phi L)Y_t = v_t \qquad (1)$$
$$A_1(L)v_t = \varepsilon_t \qquad (2)$$

Remplaçons v_t par sa valeur dans (2)

$$A_1(L)(1-\phi L)Y_t = \varepsilon_t \quad (3)$$

- Si $\phi = 1$

L'équation (3) devient : $A_1(L)\Delta Y_t = \varepsilon_t \quad (4)$

Il s'agit d'un processus DS autocorrélé, caractérisé par une non stationnarité $(\phi = 1)$ de nature purement aléatoire (ε_t), stationnaire en différence (ΔY_t). Le processus Y_t est intégré d'ordre 1 soit $I(1)$ et suit un $ARI(p-1;\ 1)$ sans constante.

- Si $|\phi| < 1$

L'équation (3) s'écrit :

$$A_1(L)(1-\phi L)Y_t = \varepsilon_t \qquad (5)$$

D'où en faisant le produit des deux opérations, on obtient :

$A(L)Y_t = \varepsilon_t$ (6)

L'équation (6) est un $AR(p)$ asymptotiquement stationnaire et sans constante. En effet, le caractère asymptotique vient du fait que $|\phi| < 1$ et on sait que $\phi = \phi_i^p$ et pour $p \to \infty$ on a $\phi_i^p \to 0$ et $\phi \to 0$

Modèle 5 :

Considérons la transformation du modèle (2) sous la forme suivante :

$(1-\phi L)(Y_t - \mu) = v_t$ (1)

$A_1(L)v_t = \varepsilon_t$ (2)

En remplaçons v_t par sa valeur dans (2) on obtient :

$A_1(L)(1-\phi L)(Y_t - \mu) = \varepsilon_t$ (3) avec $\mu = E(Y_t) \neq 0$

Le développement de (3) donne :

$A_1(L)(1-\phi L)Y_t = A_1(L)(1-\phi L)\mu + \varepsilon_t$

d'où

$A_1(L)(1-\phi L)Y_t = c + \varepsilon_t$ (4) avec $c = A_1(L)(1-\phi L)\mu$ qui est une constante.

- Hypothèse H_5^0 : si $\phi = 1 \Leftrightarrow c = 0$

L'équation (4) devient : $A_1(L)\Delta Y_t = \varepsilon_t$ (5)

C'est un processus DS autocorrélé, caractérisé par une non stationnarité de nature purement aléatoire, stationnaire en différence. Y_t est intégré d'ordre 1 et suit un processus $AR(p-1;1)$.

- Hypothèse H_5^1 : si $|\phi| < 1$, hypothèse alternative.

A partir de l'équation (3), on obtient :

$A_1(L)(1-\phi L)Y_t = c + \varepsilon_t$ (6)

d'où $A(L)Y_t = c + \varepsilon_t$ (7)

Le processus est qualifié $d'AR(p)$ avec constante asymptotiquement stationnaire.

Modèle 6 :

Considérons la transformation du modèle (3) sous la forme suivante :

$$Y_t = \alpha + \beta t + \mu_t \qquad (1)$$
$$(1-\phi L)\mu_t = v_t \qquad (2)$$
$$A_1(L)v_t = \varepsilon_t \qquad (3)$$

soit l'équation (1) :

$$Y_t - \alpha - \beta t = \mu_t \qquad (4)$$

On remplace μ_t par sa valeur dans (2) :

$$(1-\phi L)(Y_t - \alpha - \beta t) = v_t \qquad (5)$$

En substituant l'égalité (5) dans (3)

$$A_1(L)(1-\phi L)(Y_t - \alpha - \beta t) = \varepsilon_t \qquad (6)$$

En développant on a :

$$A_1(L)(1-\phi L)Y_t = c + bt + \varepsilon_t \qquad (7)$$

avec $b = A_1(L)(1-\phi)\beta$ et $c = A_1(L)[\alpha(1-\phi)+\phi\beta]$

- Sous l'hypothèse $H_6^0 : \phi = 1,$ on obtient :

$$A_1(L)\Delta Y_t = c + \varepsilon_t$$

avec $b = 0$ et $c = A_1(L)\beta$

C'est un DS avec constante (dérive) autocorrélé, caractérisé par une non stationnarité de nature mixte : déterministe et aléatoire. Le processus est un $AR(p-1;1)$ avec dérive.

- Sous l'hypothèse $H_6^1 : |\phi| < 1$

En considérant l'égalité (6), on a :

$$A(L)Y_t = c + bt + \varepsilon_t$$

Il s'agit d'un TS caractérisé par une tendance purement déterministe.

5.3.3. Procédure de test

Les tests *ADF* se basent sous l'hypothèse alternative $|\phi| < 1$, sur l'estimation par MCO des trois nouveaux modèles dont la base est l'équation (22).

- Modèle 4 : sans tendance déterministe et sans dérive

$$\Delta Y_t = \phi Y_{t-1} - \sum_{j=1}^{p} \lambda_j \Delta Y_{t-j} + \varepsilon_t$$

- Modèle 5 : sans tendance déterministe et avec dérive

$$\Delta Y_t = \phi Y_{t-1} + \mu - \sum_{j=1}^{p} \lambda_j \Delta Y_{t-j} + \varepsilon_t$$

- Modèle 6 : avec tendance déterministe et avec dérive

$$\Delta Y_t = \phi Y_{t-1} + c + bt - \sum_{j=1}^{p} \lambda_j \Delta Y_{t-j} + \varepsilon_t$$

Le constat pour la mise en œuvre du test *ADF* est que la procédure est la même que celle du test *DF*. Les tables auxquelles on a recours sont celles de Mackinnon (1991). Le logiciel approprié est Eviews. Toutefois, il subsiste une difficulté pour l'application du test *ADF* et qui repose sur le choix du nombre de retards p qu'il faut appliquer afin de blanchir ou de nettoyer les résidus (ε_t).

Ce qu'il faut retenir, c'est que plusieurs méthodes sont proposées, témoignant par là de la difficulté d'avoir une formule universelle satisfaisante pour tout le monde.

Parmi les différentes propositions, on retiendra entre autres :

- l'étude des autocorrélations partielles de la série ΔY_t et on gardera comme p le retard correspondant à la dernière autocorrélation partielle significativement différent de zéro ;
- le recours au « test du portmanteau » ou statistique de Box-Pierce (1970) qui consiste à tester l'absence d'autocorrélation des résidus. Tel que le fait remarquer certains auteurs (Lardic-Mignon, 2002), ce test est peu puissant, caractérisé par une valeur relativement faible du nombre de décalages p.
- la procédure d'élimination successive en recourant à plusieurs valeurs de p relativement grandes. On recourt au test classique de Student pour décider des valeurs à éliminer.
- L'utilisation des critères d'information de Akaike, Schwarz pour différentes valeurs de p et l'on retient celles qui minimisent ces coefficients de AIC ou SC. Certains auteurs ont émis des réserves là aussi en ce qui concerne ces tests. Là où il semble avoir concordance des procédures, c'est de partir d'une valeur de p suffisamment élevée, puis on estime les modèles successifs jusqu'à $p = 0$, et on retient la valeur du retard p qui minimise les critères AIC et SC. Si la valeur de p est retenue, on peut recourir au test DF. Par ailleurs, l'hypothèse qui a été formulée est que l'erreur ε_t suit un processus $ARMA(p, q)$. Pour les deux auteurs, la présentation définitive de la régression demeure la même.

Enfin, de manière similaire au recours aux tests d'hypothèses jointes dans le cas des tests DF, ici aussi on peut faire appel à ces tests pour les modèles (5) et (6).

Exemple : poursuivons toujours avec la même série des prix

Pour la présente série, le test DF suffisait pour déterminer la présence ou non de la racine unitaire car pour des retards allant de 1 à 10[6], le critère de Schwarz est minimal au niveau 1. Ce qui confirme le résultat du test précédent. Par contre, le critère d'Akaike ne l'est qu'au retard 4.

Nombre de retards	AIC	SC
1	7,609546	7,656248
2	7,634679	7,705121
3	7,613152	7,707585
4	7,604049	7,722738
5	7,625599	7,768813
6	7,649368	7,817380
7	7,669023	7,822112
8	7,690781	7,909232
9	7,705014	7,949116
10	7,724928	7,994976

Ce résultat indique qu'il n'y a pas toujours concordance entre les deux critères. Toutefois, pour des raisons académiques, considérons un retard $p = 4$. Procédons alors aux différents tests ADF.

1ère Etape : Estimation du modèle 6 et test de significativité du trend.

Pour p = 4 l'équation du test est :

$$\Delta Y_t = \phi Y_{t-1} + c + bt - \lambda_1 \Delta Y_{t-1} - \lambda_2 \Delta Y_{t-2} - \lambda_3 \Delta Y_{t-3} - \lambda_4 \Delta Y_{t-4} + \varepsilon_t$$

---

[6] Contrairement au modèle à retards échelonnés où la variable endogène est différente de la variable exogène, dans le cas du processus autorégressif, le retard 0 est symbolisé par la variable endogène. Ce qui conduit à commencer par 1 au lieu de 0.

L'estimation de cette équation donne

Augmented Dickey-Fuller Test Equation
Dependent Variable: D(PRIX)
Method: Least Squares
Sample(adjusted): 1982:03 1991:09
Included observations: 115 after adjusting endpoints

Variable	Coefficient	Std. Error	t-Statistic	Prob.
PRIX(-1)	-0.103926	0.045462	-2.285985	0.0242
D(PRIX(-1))	0.049394	0.097076	0.508818	0.6119
D(PRIX(-2))	0.177356	0.093694	1.892926	0.0610
D(PRIX(-3))	-0.162938	0.094993	-1.715265	0.0892
D(PRIX(-4))	0.060366	0.096450	0.625880	0.5327
C	9.148067	4.506557	2.029946	0.0448
@TREND(1981:10)	-0.012379	0.031427	-0.393911	0.6944
R-squared	0.114289	Mean dependent var		0.313043
Adjusted R-squared	0.065082	S.D. dependent var		11.26893
S.E. of regression	10.89606	Akaike info criterion		7.673618
Sum squared resid	12822.21	Schwarz criterion		7.840701
Log likelihood	-434.2330	F-statistic		2.322647
Durbin-Watson stat	1.996881	Prob(F-statistic)		0.037857

Le paramètre de la tendance est non significatif. Nous pouvons passer alors au modèle 5.

2e étape : Estimation du modèle 5

Dans ce modèle on teste la significativité de la constante. L'équation du test est : $\Delta Y_t = \phi Y_{t-1} + \mu - \lambda_1 \Delta Y_{t-1} - \lambda_2 \Delta Y_{t-2} - \lambda_3 \Delta Y_{t-3} - \lambda_4 \Delta Y_{t-4} + \varepsilon_t$

Nous obtenons les résultats ci-après :

Augmented Dickey-Fuller Test Equation
Dependent Variable: D(PRIX)
Method: Least Squares
Sample(adjusted): 1982:03 1991:09
Included observations: 115 after adjusting endpoints

Variable	Coefficient	Std. Error	t-Statistic	Prob.
PRIX(-1)	-0.099869	0.044108	-2.264178	0.0255
D(PRIX(-1))	0.047184	0.096537	0.488767	0.6260
D(PRIX(-2))	0.175445	0.093205	1.882351	0.0625
D(PRIX(-3))	-0.165459	0.094409	-1.752573	0.0825
D(PRIX(-4))	0.058936	0.096007	0.613876	0.5406
C	8.066679	3.560003	2.265919	0.0254

R-squared	0.113016	Mean dependent var	0.313043
Adjusted R-squared	0.072329	S.D. dependent var	11.26893
S.E. of regression	10.85375	Akaike info criterion	7.657662
Sum squared resid	12840.63	Schwarz criterion	7.800876
Log likelihood	-434.3156	F-statistic	2.777672
Durbin-Watson stat	1.997591	Prob(F-statistic)	0.021151

Comme dans le cas du DF, ici aussi la constante est significative. Procédons au test de racine. Le test donne :

Statistique du test ADF	-2.264178	*Valeur critique au seuil de 1%	-3.4880
		Valeur critique au seuil de 5%	-2.8865
		Valeur critique au seuil de 10%	-2.5799

*valeurs critiques de MacKinnon pour le rejet de l'hypothèse nulle de racine unitaire.

La statistique ADF (-2,264178) est supérieure à la valeur critique même au seuil de 10%. Ce qui dénote la présence d'une racine unitaire.

Nous devons alors reprendre la procédure sur la série ΔY_t.

Modèle 5 : significativité de la constante

Augmented Dickey-Fuller Test Equation
Dependent Variable: D(PRIX,2)
Method: Least Squares
Sample(adjusted): 1982:04 1991:09
Included observations: 114 after adjusting endpoints

Variable	Coefficient	Std. Error	t-Statistic	Prob.
D(PRIX(-1))	-1.101294	0.217317	-5.067679	0.0000
D(PRIX(-1),2)	0.095481	0.190881	0.500213	0.6179
D(PRIX(-2),2)	0.223468	0.159069	1.404844	0.1629
D(PRIX(-3),2)	0.002737	0.136625	0.020031	0.9841
D(PRIX(-4),2)	0.017251	0.097170	0.177535	0.8594
C	0.370538	1.047293	0.353805	0.7242

R-squared	0.557318	Mean dependent var	0.008772
Adjusted R-squared	0.536823	S.D. dependent var	16.38718
S.E. of regression	11.15264	Akaike info criterion	7.712425
Sum squared resid	13433.19	Schwarz criterion	7.856436
Log likelihood	-433.6082	F-statistic	27.19347
Durbin-Watson stat	2.004012	Prob(F-statistic)	0.000000

La constante n'est pas significative. Nous passons au modèle 4

Modèle 4 : estimation et test de racine unitaire

Finalement, la régression se présente comme suit dans le tableau ci-dessous

Statistique du test ADF	-5.075730	*Valeur critique au seuil de 1%	-2.5838
		Valeur critique au seuil de 5%	-1.9428
		Valeur critique au seuil de 10%	-1.6172

*valeurs critiques de MacKinnon pour le rejet de l'hypothèse nulle de racine unitaire.

Augmented Dickey-Fuller Test Equation
Dependent Variable: D(DPRIX)
Method: Least Squares
Sample(adjusted): 1982:04 1991:09
Included observations: 114 after adjusting endpoints

Variable	Coefficient	Std. Error	t-Statistic	Prob.
DPRIX(-1)	-1.095798	0.215890	-5.075730	0.0000
D(DPRIX(-1))	0.090977	0.189690	0.479606	0.6325
D(DPRIX(-2))	0.220338	0.158185	1.392919	0.1665
D(DPRIX(-3))	0.000583	0.135941	0.004292	0.9966
D(DPRIX(-4))	0.015993	0.096714	0.165358	0.8690
R-squared	0.556805	Mean dependent var		0.008772
Adjusted R-squared	0.540541	S.D. dependent var		16.38718
S.E. of regression	11.10779	Akaike info criterion		7.696040
Sum squared resid	13448.76	Schwarz criterion		7.816049
Log likelihood	-433.6743	F-statistic		34.23531
Durbin-Watson stat	2.003324	Prob(F-statistic)		0.000000

Ici, il y a absence de racine unitaire. Alors la série est stationnaire en différence première. Résultat qu'on avait déjà trouvé dans le cas du test DF.

5.3.4. *Tests d'hypothèses jointes*

Une fois recherchée l'existence d'une racine unitaire, on procède aux tests d'hypothèses jointes.

- Modèle 5

On teste l'hypothèse jointe H_0^4 : (c ; ϕ) = (0 ; 0) contre l'hypothèse alternative H_1^4 selon laquelle au moins un des coefficients n'est pas nul dans ce modèle 5. La statistique est :

$$F_4 = \frac{\left(SCR_c^5 - SCR_{\bar{c}}^5\right)/2}{SCR_{\bar{c}}^5/(T-p-1)}$$

SCR_c^5 = somme des carrés des résidus du modèle (5) contraint avec $c = 0$ et $\phi = 0$.

On sait que :

$\Delta Y_t = \sum_{j=1}^{p} \alpha_j \Delta Y_{t-j} + \varepsilon_t$, ce qui conduit à poser que :

$$SCR_{\bar{c}}^5 = \left(\Delta Y_t - \sum_{j=1}^{p} \alpha_j^* \Delta Y_{t-j}\right)^2$$

$SCR_{\bar{c}}^5$ = somme des carrés des résidus du modèle (5) non contraint estimé par MCO

T = nombre d'observations effectivement utilisées pour déterminer les coefficients du modèle.

p = nombre de retards

La démarche est la même que dans le modèle (2) puisque F_4 est similaire à une loi de Fisher et tabulée par Dickey et Fuller en 1981. L'interprétation est la suivante :

Si $F_4 > \Phi^{\alpha}_{2;T\text{-}p\text{-}1}$, on rejette l'hypothèse H_0^4 à un seuil α. C'est-à-dire qu'au moins un des coefficients est différent de zéro.

- Modèle 6

Dans le cas du modèle (6), deux hypothèses sont formulées :

H_0^5 : (c ; b ; ϕ) = (0 ; 0 ; 0) contre H_1^5

H_0^6 : (c ; b ; ϕ) = (c ; 0 ; 0) contre H_1^6

Correspondant aux statistiques ci-après :

Hypothèse H_0^5 :

$$F_5 = \frac{\left(SCR_c^6 - SCR_{\bar{c}}^6\right)/3}{SCR_{\bar{c}}^6/(T-p-2)}$$

En fait, le dénominateur 3 du numérateur, exprime les 3 paramètres. Quant au dénominateur du dénominateur, le calcul se fait comme suit : $T-(p-1)-3 = T-p-2$. Le $p-1$ s'expliquant par le démarrage de la somme à partir de la seconde valeur.

Si $F_5 > \Phi^{\alpha}_{3;T\text{-}p\text{-}2}$, on rejette H_0^5 au seuil α c'est-à-dire qu'au moins un des coefficients n'est pas nul contrairement à l'hypothèse formulée.

Hypothèse H_0^6 :

$$F_6 = \frac{\left(SCR_c^6 - SCR_{\bar{c}}^6\right)/2}{SCR_{\bar{c}}^6/(T-p-2)}$$

SCR_c se calcule comme suit :

$\Delta Y_t = \sum_{j=1}^{p} \alpha_j \Delta Y_{t-j} + c + \varepsilon_t$, ce qui donne

$$SCR_{\bar{c}}^6 = \left(\Delta Y_t - \sum_{j=1}^{p} \alpha_j^* \Delta Y_{t-j} - c^*\right)^2$$

$SCR_{\bar{c}}^6$ = somme des carrés des résidus du modèle non contraint estimé par MCO.

Si $F_6 > \Phi_{2;T-p-2}^{\alpha}$, on rejette H_0^6 au seuil α, signifiant qu'au moins un des deux coefficients n'est pas nul.

<u>Exemple</u> : Prix des céréales

<u>Modèle</u> 5

Test de l'hypothèse : $H_0^4 : (c;\phi) = (0;0)$ contre H_1^4

$SCR_c^5 = 13445{,}48$ et $\mathrm{SCR}_{\bar{c}}^5 = 12840{,}63$. On a pour $T = 115$ et $p = 4$:

$$F_4 = \frac{(13445{,}48 - 12840{,}63)/2}{12840{,}63/(115-4-1)} = 2{,}59074126$$

$F_{0,05}(115,3) = 3,077 > F_4$; on accepte alors l'hypothèse nulle H_0. Ce qui signifie que ni le paramètre, ni la constante ne sont significatives. Ce résultat est conforme à celui du test ADF.

Modèle 6 :

Test de l'hypothèse : $H_0^5 : (c;b;\phi) = (0;0;0)$ contre H_1^5

$SCR_c^5 = 13445,48$ et $SCR_{\bar{c}}^6 = 12822,21$. Ce qui donne pour $T = 115$ et $p = 4$:

$$F_5 = \frac{(13445,48 - 12822,21)/3}{12822,21/(115-4-2)} = 1,76611338$$

$F_{0,05}(115,3) = 2,69 > F_5$; on accepte alors l'hypothèse nulle H_0. Ce qui signifie que ni la tendance, ni la constante ne sont significatives. Ce résultat est conforme à celui du test ADF.

Test de l'hypothèse : $H_0^6 : (c;b;\phi) = (c;0;0)$ contre H_1^6

$SCR_c^6 = 12840,63$ et $SCR_{\bar{c}}^6 = 12822,21$. On a pour $T = 115$ et $p = 4$:

$$F_6 = \frac{(12840,63 - 12822,21)/2}{12822,21/(115-4-2)} = 0,07829306$$

$F_{0,05}(115,3) = 3,077 > F_6$, on accepte l'hypothèse nulle H_0.

5.4. Le test de Phillips et Perron (1988)

5.4.1. Définition

C'est un test non paramétrique dont l'objectif est de résoudre les problèmes liés au non respect des hypothèses formulées sur les aléas (non corrélation, hétérocédasticité etc.). Pour éliminer les paramètres de nuisance liés à l'existence de corrélations dans la partie aléatoire qui biaisent les résultats des tests de racine unitaire de Dickey et Fuller, Phillips et Perron proposent une correction non paramétrique des statistiques (Z) des coefficients concernés[7]. De façon pratique, ils adjoignent à la statistique de Student du paramètre autorégressif, un facteur de correction basé sur des estimateurs convergents des coefficients de nuisance qui corrige cette dépendance asymptotique.

5.4.2. Statistiques du test

Elles sont fondées sur les 3 premiers modèles de Dickey et Fuller.

<u>Modèle 1</u>

C'est un modèle sans constante, ni tendance.

$$Z\left(t_{\phi^*}\right)=\left(\frac{s_{\varepsilon}^{*}}{\sigma_{Tl}^{*}}\right)t_{\phi^*}-\frac{0{,}5T^{2}\left(\sigma_{Tl}^{*2}-s^{*2}\right)}{\left(\sum_{t=2}^{T}Y_{t-1}^{2}\right)^{1/2}}$$

[7] Il s'agit du nombre de paramètres dans le modèle. Ainsi, dans le modèle 2 on a un seul paramètre $Z\left(\phi^*\right)$ alors que dans le modèle 3, on a 3 paramètres donnant : $Z(\bar{\phi}), Z(\bar{\mu}), Z(\bar{\beta})$

En fait, dans le cas de ce modèle 1, il s'agit de tester le paramètre ϕ^* qui est l'unique paramètre.

Modèle 2

Les t statistiques se réfèrent aux coefficients $\widetilde{\phi}$ et $\widetilde{\mu}$ qui sont les estimateurs de ϕ et μ.

$$Z\left(t_{\widetilde{\phi}}\right)=\left(\frac{\widetilde{s}}{\widetilde{\sigma}_{Tl}}\right)t_{\widetilde{\phi}}-\frac{0{,}5T^2\left(\widetilde{\sigma}_{Tl}^2-\widetilde{s}^2\right)}{\left(\widetilde{\sigma}_{Tl}^2\sum_{t=2}^{T}\left(Y_{t-1}-\widetilde{Y}_{-1}\right)^2\right)^{1/2}}$$

$$Z\left(t_{\widetilde{\mu}_1}\right)=\left(\frac{\widetilde{s}_\varepsilon}{\widetilde{\sigma}_{Tl}}\right)t_{\widetilde{\mu}_1}-\frac{0{,}5\sqrt{T}\left(\widetilde{\sigma}_{Tl}^2-\widetilde{s}^2\right)\sum_{t=2}^{T}Y_{t-1}}{\left(\widetilde{\sigma}_{Tl}^2\sum_{t=2}^{T}\left(Y_{t-1}-\widetilde{Y}_{-1}\right)^2\sum_{t=2}^{T}Y_{t-1}^2\right)^{1/2}}$$

Modèle 3

Les statistiques sont au nombre de trois et portent sur les estimateurs des trois paramètres.

$$Z\left(t_{\overline{\phi}}\right)=\frac{\overline{s}_\varepsilon}{\overline{\sigma}_{Tl}}t_{\overline{\phi}}-\frac{T^3\left(\overline{\sigma}_{Tl}^2-\overline{s}_\varepsilon^2\right)}{4\left(3\overline{\sigma}_{Tl}^2D_{YY}\right)^{1/2}}$$

$$Z\left(t_{\overline{\mu}}\right)=\frac{\overline{s}_\varepsilon}{\overline{\sigma}_{Tl}}t_{\overline{\mu}}-\frac{T^4\sqrt{T}\left(\overline{\sigma}_{Tl}^2-\overline{s}_\varepsilon^2\right)\sum_{t=2}^{T}Y_{t-1}}{4\left(3\overline{\sigma}_{Tl}^2D_{YY}\left(12D_{YY}+T^3\left(\sum_{t=2}^{T}Y_{t-1}\right)^2\right)\right)^{1/2}}$$

$$Z\left(t_{\bar{\beta}}\right)=\frac{\bar{s}_{\varepsilon}}{\bar{\sigma}_{Tl}}t_{\bar{\beta}}-\frac{T\sqrt{T}\left(\bar{\sigma}_{Tl}^{2}-\bar{s}_{\varepsilon}^{2}\right)\left(T\sum_{t=2}^{T}Y_{t-1}-2\sum tY_{t-1}\right)}{4\left(\bar{\sigma}_{Tl}^{2}D_{YY}\sum_{t=2}^{T}\left(Y_{t-1}-\bar{Y}\right)^{2}\right)^{1/2}}$$

avec :

a) $s_{\varepsilon}^{2}=T^{-1}\sum\left(Y_{t}-Y_{t-1}\right)^{2}=T^{-1}\sum_{t=2}^{T}\varepsilon_{t}^{2}$. C'est l'estimation de la variance de court terme des résidus. De telle sorte que l'écart type est :

$$s_{\varepsilon}^{*}=T^{-1}\sum_{t=2}^{T}\varepsilon_{t}^{*2},\qquad \bar{s}_{\varepsilon}=T^{-1}\sum_{t=2}^{T}\bar{\varepsilon}_{t}^{2},\qquad \tilde{s}_{\varepsilon}=T^{-1}\sum_{t=2}^{T}\tilde{\varepsilon}_{t}^{2}$$

Par ailleurs, $\bar{Y}_{-1}=\left(T-1\right)^{-1}\sum_{t=2}^{T}Y_{t-1}$

b) $\sigma_{Tl}^{2}=s_{\varepsilon}^{2}+\frac{2}{T}\sum_{s=1}^{l}\left(1-\frac{s}{l+1}\right)\sum_{t=s+1}^{T}\varepsilon_{t}\varepsilon_{t-s}$

De manière spécifique, on a pour chacun des modèles :

$$\sigma_{Tl}^{*2}=s_{\varepsilon}^{*2}+\frac{2}{T}\sum_{s=1}^{l}w_{sl}\sum_{t=s+1}^{T}\varepsilon_{t}^{*}\varepsilon_{t-s}^{*}$$

$$\tilde{\sigma}_{Tl}^{2}=\tilde{s}_{\varepsilon}^{2}+\frac{2}{T}\sum_{s=1}^{l}w_{sl}\sum_{t=s+1}^{T}\tilde{\varepsilon}_{t}\tilde{\varepsilon}_{t-s}$$

$$\bar{\sigma}_{Tl}^{2}=\bar{s}_{\varepsilon}^{2}+\frac{2}{T}\sum_{s=1}^{l}w_{sl}\sum_{t=s+1}^{T}\bar{\varepsilon}_{t}\bar{\varepsilon}_{t-s}$$

où $w_{sl}=1-\frac{s}{l+1}$ traduit les poids des autocovariances et augmente avec la taille de l'échantillon. Avant de revenir sur le choix du paramètre *l*, rappelons que σ_{Tl}^{2} est la variance de long terme. C'est le facteur correctif établi à partir de la structure des covariances des aléas des 3 modèles précédents estimés par MCO. Ainsi, les transformations qui sont opérées aboutissent à des distributions similaires à celles de Dickey et Fuller.

c) Choix de l

La définition de σ^2_{Tl} nécessite la définition préalable du nombre de retards l estimé en fonction du nombre d'observations T. En fait, l est le paramètre de troncature. La démarche dans ce choix est similaire à celle du choix du nombre de retards p dans le modèle du test *ADF*. Par ailleurs, la construction du test de Phillips-Perron (PP) est identique à celle du test *DF*, consistant à adopter une stratégie séquentielle descendante partant de l'estimation par *MCO* du modèle 3 de Dickey-Fuller et à remonter vers le modèle 1 si nécessaire.

Il existe plusieurs méthodes ou formules de choix de l, on retiendra la forme suivante qui est la plus consacrée $l = T^{1/4}$. Il apparaît que le test PP est moins sensible au choix de l que le test *ADF* au choix de p.

d) La pondération D_{YY} est déterminée comme suit:

$$D_{YY} = \left(T^2 \frac{(T^2-1)}{12} \right) \sum_{t=2}^{T} Y_{t-1}^2 - T\left(\sum_{t=2}^{T} tY_{t-1} \right)^2 + T(T+1)\left(\sum_{t=2}^{T} tY_{t-1} \right)\left(\sum_{t=2}^{T} Y_{t-1} \right) - \frac{(T(T+1)(2T+1))}{6}\left(\sum_{t=2}^{T} Y_{t-1} \right)^2$$

En résumé, la mise en œuvre du test de Phillips-Perron se déroule suivant les étapes ci-après :

- Estimation par *MCO* des trois modèles de base des tests *DF* et détermination des statistiques associées, soit ε_t le résidu estimé ;
- Estimation de la variance de court terme des résidus s_ε^2;
- Estimation du facteur correctif σ_{Tl}^2, appelé variance de long terme ;
- Calcul de la statistique de PP avec :

$$t_{\phi^*}^c = \sqrt{k}\,\frac{(\phi^* - 1)}{s_{\phi^*}^*} + \frac{T(k-1)s_{\phi^*}^*}{\sqrt{k}}$$

avec $k = \frac{s^{*2}}{\sigma_{Tl}^{*2}}$. Ce coefficient est égal à 1 asymptotiquement si $\varepsilon_t \sim BB$.

Dans une telle situation on a $t_{\phi^*}^c = \frac{\phi^* - 1}{s_{\phi^*}^*}$. Cette statistique est à comparer aux valeurs critiques de Mackinnon. En définitive, pour $l = 0$, le test de PP est équivalent au test DF, du fait que :

$\sigma_{T0}^{*2} = s^{*2}$, $\bar{\sigma}_{T0}^2 = \bar{s}^2$, $\tilde{\sigma}_{T0}^2 = \tilde{s}^2$ de telle sorte que

$(\sigma_{T0}^{*2} - s^{*2})$, $(\bar{\sigma}_{T0}^2 - \bar{s}^2)$ et $(\tilde{\sigma}_{T0}^2 - \tilde{s}^2)$

sont nulles et les rapports $\left(\frac{s^*}{\sigma_{T0}^*}\right)$, $\left(\frac{\bar{s}}{\bar{\sigma}_{T0}}\right)$ et $\left(\frac{\tilde{s}}{\tilde{\sigma}_{T0}}\right)$ sont égaux à 1. Les statistiques de PP deviennent :

$$Z(\phi^*) = T\phi^*,\ Z(t_{\phi^*}) = t_{\phi^*},\ Z(\tilde{\phi}) = T\tilde{\phi},\ Z(t_{\tilde{\phi}}) = t_{\tilde{\phi}},\ Z(\bar{\phi}) = T\bar{\phi},\ Z(t_{\bar{\phi}}) = t_{\bar{\phi}},$$
$$Z(t_{\bar{\mu}}) = t_{\bar{\mu}},\ Z(t_{\tilde{\mu}}) = t_{\tilde{\mu}},\ Z(t_{\bar{\beta}}) = t_{\bar{\beta}}$$

Ces statistiques sont celles de Student issues des MCO appliquées respectivement aux trois modèles de Dickey et Fuller.

Exemple : Considérons le test de Phillips et Perron sur la même série étudiée aux sections précédentes.

- Le choix de l

Par application de la formule $l = T^{1/4} = 119^{1/4} = 3{,}30 = 4$ qu'on approxime avec un chiffre rond, donc égal à 4.

- Estimation du modèle 3 et test de significativité du trend

Phillips-Perron Test Equation
Dependent Variable: D(PRIX)
Method: Least Squares
Sample(adjusted): 1981:11 1991:09
Included observations: 119 after adjusting endpoints

Variable	Coefficient	Std. Error	t-Statistic	Prob.
PRIX(-1)	-0.096085	0.039942	-2.405631	0.0177
C	8.326559	3.905807	2.131841	0.0351
@TREND(1981:10)	-0.008993	0.029468	-0.305180	0.7608

R-squared	0.047532	Mean dependent var	0.352941
Adjusted R-squared	0.031110	S.D. dependent var	11.10091
S.E. of regression	10.92688	Akaike info criterion	7.645215
Sum squared resid	13850.01	Schwarz criterion	7.715277
Log likelihood	-451.8903	F-statistic	2.894424
Durbin-Watson stat	1.998844	Prob(F-statistic)	0.059337

Le trend n'est pas significatif. Nous passons alors au modèle 2.

- Estimation du modèle 2 et test de racine unitaire

Estimation

Phillips-Perron Test Equation
Dependent Variable: D(PRIX)
Method: Least Squares
Sample(adjusted): 1981:11 1991:09
Included observations: 119 after adjusting endpoints

Variable	Coefficient	Std. Error	t-Statistic	Prob.
PRIX(-1)	-0.094326	0.039370	-2.395873	0.0182
C	7.650950	3.205329	2.386947	0.0186

R-squared	0.046767	Mean dependent var	0.352941
Adjusted R-squared	0.038620	S.D. dependent var	11.10091
S.E. of regression	10.88445	Akaike info criterion	7.629211
Sum squared resid	13861.13	Schwarz criterion	7.675919
Log likelihood	-451.9380	F-statistic	5.740206
Durbin-Watson stat	2.000749	Prob(F-statistic)	0.018166

La constante est significative. Le test de racine unitaire donne :

Statistique du test de PP	-2.496611	Valeur critique au seuil de 1% *	-3.4861
		Valeur critique au seuil de 5%	-2.8857
		Valeur critique au seuil de 10%	-2.5795

*valeur critique de MacKinnon pour le rejet de l'hypothèse nulle de racine unitaire

Lag truncation for Bartlett kernel: 4	(Newey-West suggests: 4)	
Residual variance with no correction		116.4801
Residual variance with correction		127.1303

Il y a présence de racine unitaire puisque la valeur PP_c est supérieure à la valeur théorique quel que soit le seuil. La procédure se poursuit en reprenant le test sur la variable retardée.

Le test effectué sur la série retardée avec le modèle 2 donne:

Phillips-Perron Test Equation
Dependent Variable: D(DPRIX)
Method: Least Squares
Sample(adjusted): 1981:12 1991:09
Included observations: 118 after adjusting endpoints

Variable	Coefficient	Std. Error	t-Statistic	Prob.
DPRIX(-1)	-1.047999	0.092741	-11.30031	0.0000
C	0.373016	1.030031	0.362141	0.7179
R-squared	0.523999	Mean dependent var		0.000000
Adjusted R-squared	0.519896	S.D. dependent var		16.13988
S.E. of regression	11.18325	Akaike info criterion		7.683515
Sum squared resid	14507.55	Schwarz criterion		7.730476
Log likelihood	-451.3274	F-statistic		127.6971
Durbin-Watson stat	1.985414	Prob(F-statistic)		0.000000

La constante n'est pas significative. On passe au dernier modèle.

- Le passage au modèle 1 permet d'obtenir :

Lag truncation for Bartlett kernel: 4	(Newey-West suggests: 4)	
Residual variance with no correction		123.0843
Residual variance with correction		123.5524

Phillips-Perron Test Equation
Dependent Variable: D(DPRIX)
Method: Least Squares
Date: 05/18/06 Time: 10:29
Sample(adjusted): 1981:12 1991:09
Included observations: 118 after adjusting endpoints

Variable	Coefficient	Std. Error	t-Statistic	Prob.
DPRIX	-1.046922	0.092348	-11.33668	0.0000
R-squared	0.523461	Mean dependent var		0.000000
Adjusted R-squared	0.523461	S.D. dependent var		16.13988
S.E. of regression	11.14165	Akaike info criterion		7.667696
Sum squared resid	14523.95	Schwarz criterion		7.691176
Log likelihood	-451.3941	Durbin-Watson stat		1.985626

Statistique du test de PP	-11.33578	Valeur critique au seuil de	1% *	-2.5831
		Valeur critique au seuil de	5%	-1.9427
		Valeur critique au seuil de	10%	-1.6171

*valeur critique de MacKinnon pour le rejet de l'hypothèse nulle de racine unitaire

La comparaison de la statistique de PP aux différentes valeurs critiques permet de conclure à une absence de racine unitaire. En effet, $PP_c = -11{,}33578$ est inférieure au $PP_\alpha = -2{,}5831$ au seuil de 1%. Donc la série *DPRIX* est stationnaire, c'est-à-dire intégrée d'ordre 1. Ce résultat confirme celui du test *DF* et *ADF*.

5.5. Le test de Dickey et Pantula

Parmi les critiques portées au test DF, on peut retenir aussi la procédure qui consiste à partir du modèle (3) pour en arriver au modèle (1) afin de vérifier l'absence d'autres racines unitaires lorsque le 1er test s'avère concluant quant à l'existence d'une racine. Cette méthode ascendante ou séquentielle peut se révéler fausse du fait que les distributions statistiques des trois modèles ne sont pas identiques suivant l'existence d'une ou de deux racines unitaires. Cette remarque a été faite par Dickey et Pantula (1987) et partant, ils ont proposé une stratégie de test différente permettant de tester simultanément la présence de plusieurs racines unitaires[8]. En fait, la méthode séquentielle reste la démarche des deux auteurs et se présente ainsi qu'il suit en considérant par exemple le test dans le cas de deux racines unitaires.

- 1ère étape : tester l'hypothèse H_0^1 de l'existence de deux racines unitaires contre l'hypothèse alternative H_1^1 d'une seule racine unitaire.

[8] Pour d'autres développements on peut se référer à Barthélémy (1996) et Haldrup (1998).

De ce fait, on pose $H_0^1 : \theta_1 = \theta_2 = 0$ contre $H_1^1 : \theta_1 = 0$. Si H_0^1 est rejetée, c'est-à-dire de la présence de deux racines unitaires, on passe à la seconde étape. Dans le cas de l'acceptation de H_0^1, cela signifie que la série est $I(2)$.

➢ 2e étape : Dans le cas de rejet de H_0^1, on revient à cette seconde étape. On teste l'hypothèse classique nulle H_0^2 de la présence d'une racine unitaire contre l'hypothèse alternative classique H_1^2 d'absence de racine unitaire.

De façon concrète, ce test (DP) relatif à l'existence de deux racines unitaires peut se faire de la manière ci-après dans le cas d'un $AR(p)$ avec $p = 2$

$$(1 - \phi_1 L)(1 - \phi_2 L) Y_t = \varepsilon_t \quad \text{avec } \varepsilon_t \sim BB\left(0; \sigma_\varepsilon^2\right)$$

Soit $Y_t = \phi_1 Y_{t-1} + \phi_2 Y_{t-1} - \phi_1 \phi_2 Y_{t-2} + \varepsilon_t$

Introduisons le polynôme du second degré $(1 - L)^2$ afin de stationnariser Y_t. Pour ce faire, ajoutons aux membres de l'égalité la quantité $-2Y_{t-1} + Y_{t-2}$, ce qui conduit à avoir* :

$$\Delta^2 Y_t = (1 - L)^2 Y_t = \phi_1 Y_{t-1} + \phi_2 Y_{t-1} - \phi_1 \phi_2 Y_{t-2} - 2Y_{t-1} + Y_{t-2} + \varepsilon_t$$

soit en mettant en facteurs :

$$\Delta^2 Y_t = (\phi_1 \phi_2 - 1)\Delta Y_{t-1} - (\phi_1 - 1)(\phi_2 - 1) Y_{t-1} + \varepsilon_t$$

Posons : $\theta_1 = -(\phi_1 - 1)(\phi_2 - 1)$ et $\theta_2 = (\phi_1 \phi_2 - 1)$

---

* Cet ajout de la valeur $-2Y_{t-1} + Y_{t-2}$ permet de garder la valeur initiale de l'équation Y_t que l'introduction du polynôme $(1 - L)^2$ a modifié

Ceci permet d'obtenir la forme suivante :

$\Delta^2 Y_t = \theta_1 \Delta Y_{t-1} + \theta_2 Y_{t-1} + \varepsilon_t$

Conformément au test DP en deux étapes, on a :

<u>1ère étape</u> : $H_0^1 : \phi_1 = \phi_2 = 0$ contre $H_1^1 = \theta_1 = 0$. S'il y a absence de deux racines unitaires, c'est-à-dire si H_0^1 est rejetée, on teste l'hypothèse alternative, H_1^1. On régresse l'équation :

$\Delta^2 Y_t = \theta_2 \Delta Y_{t-1} + \varepsilon_t$

- Si $t_{\theta_2} \le t_\alpha$, on rejette H_0^1 et on passe à la seconde étape ;
- Si $t_{\theta_2} > t_\alpha$, on accepte H_0^1, le processus a deux racines unitaires.

<u>2e étape</u> : A partir du rejet de H_0^1, cela signifie qu'il y a une seule racine unité. On teste alors l'hypothèse nulle H_0^2 de la présence d'une racine unité contre l'hypothèse alternative H_1^2, il n'y a aucune racine unitaire dans le modèle $\Delta Y_t = \theta_1 Y_{t-1} + \varepsilon_t$. La procédure consiste à tester θ_1.

- Si $t_{\theta_1} \le t_\alpha$, on rejette H_0^2 de la présence d'une racine unité, on accepte H_1^2;
- Si $t_{\theta_1} > t_\alpha$, on accepte H_0^2, le modèle est $I(1)$.

5.6. Le test de Perron (1989)

Souvent les observations contiennent des valeurs aberrantes et occasionnent une rupture dans l'évolution de la distribution. L'approche s'inscrit dans le cadre des modèles avec intervention proposés par Box et Tiao (1975)[9].

Soit un choc survenant à la période T_b. On formule l'hypothèse que T_b s'accroît au même rythme que T, $(T_b = \lambda T)$.

Le test se fonde sur trois types de modèles :

- Modèle 1 : changement d'input (exogène) dans le niveau
- Hypothèse nulle H_0 :

$$Y_t = \mu + dD(T_b)_t + Y_{t-1} + \varepsilon_t \qquad (1)$$

avec

$$D(T_b)_t = \begin{cases} 1 & \text{si } t = T_b + 1 \\ 0 & \text{sinon} \end{cases}$$

- Hypothèse alternative H_1 :

$$Y_t = \mu_1 + \beta t + (\mu_2 - \mu_1)Du_t + \varepsilon_t \qquad (2)$$

avec $\varepsilon_t \sim BB$, Du_t une variable muette. Il ressort que :

$$Du_t = \begin{cases} 1 & \text{si } t > T_b \\ 0 & \text{sinon} \end{cases}$$

- Modèle 2 : changement exogène dans le taux de croissance
- Sous l'hypothèse nulle H_0 :

[9] Ces modèles sont considérés comme des cas particuliers des modèles de fonction de transfert dans lesquels les variables explicatives sont des variables binaires.

$$Y_t = \mu_1 + Y_{t-1} + (\mu_2 - \mu_1)Du_t + \varepsilon_t \qquad (3)$$

avec

$$Du_t = \begin{cases} 1 & \text{si } t > T_b \\ 0 & \text{sinon} \end{cases}$$

- Sous l'hypothèse alternative H_1 :

$$Y_t = \mu_1 + \beta_1 t + (\beta_2 - \beta_1)DT_t^* + \varepsilon_t \qquad (4)$$

avec $DT_t^* = \begin{cases} t\text{-}T_b & \text{si } t > T_b \\ 0 & \text{sinon} \end{cases}$

➢ <u>Modèle 3</u> : changement de la variable exogène dans la pente et le niveau de la tendance

- Sous l'hypothèse nulle H_0 :

$$Y_t = \mu_1 + Y_{t-1} + (\mu_2 - \mu_1)Du_t + dD(T_b)_t + \varepsilon_t \qquad (5)$$

avec

$$Du_t = \begin{cases} 1 & \text{si } t > T_b \\ 0 & \text{sinon} \end{cases} \quad \text{et} \quad D(T_b)_t = \begin{cases} 1 & \text{si } t = T_b + 1 \\ 0 & \text{sinon} \end{cases}$$

- Sous l'hypothèse alternative H_1 :

$$Y_t = \mu_1 + \beta_1 t + (\mu_2 - \mu_1)Du_t + (\beta_2 - \beta_1)DT_t + \varepsilon_t \qquad (6)$$

avec $Du_t = \begin{cases} 1 & \text{si } t > T_b \\ 0 & \text{sinon} \end{cases}$ et $DT_t = \begin{cases} 1 & \text{si } t > T_b \\ 0 & \text{sinon} \end{cases}$

De manière générale, il se dégage les conséquences d'une mauvaise spécification des composantes déterministes. On peut relever trois types de variations possibles dans la tendance :

➢ changement de niveau (modèle 1)

➢ changement de pente (modèle 2)

➢ combinaison des deux modèles (modèle 3)

Ces trois modèles ont pour but d'étudier les implications d'une évolution dans le trend sur les tests de Dickey et Fuller.

Soit $\hat{Y}_t^i$ avec $i = 1, 2, 3$, les résidus de la régression de Y_t sur :

- une constante, un trend et Du_t pour $i = 1$
- une constante, un trend et DT_t^* pour $i = 2$
- une constante, un trend et DT_i pour $i = 3$

Considérons $\hat{\rho}^i$ l'estimateur MCO de $\ddot{\rho}$ dans la régression ci-après :

$$\hat{Y}_t^i = \hat{\rho}^i \hat{Y}_{t-i}^i + \hat{\varepsilon}_t \qquad (7)$$

Les valeurs critiques de la statistique $t_{\hat{\rho}^i}$ sont tabulées au tableau 1 avec λ tel que $T_b = \lambda T$.

Hypothèse H_0 : existence d'une racine unitaire

Hypothèse H_1 : le processus est stationnaire

La règle de décision du test est la suivante :

- si la valeur calculée de $t_{\hat{\rho}^i} < t_{\rho_\lambda^i}$ (avec ρ_λ^i la valeur critique lue dans la table de Perron), on rejette H_O. On conclut que le processus est stationnaire. C'est l'hypothèse alternative H_1. Il est $I(0)$.
- si la valeur calculée de $t_{\hat{\rho}^i} > t_{\rho_\lambda^i}$, l'hypothèse nulle H_0 est acceptée, c'est-à-dire que le processus est non stationnaire.

Toutefois, il faut souligner que la régression (7) n'est opérationnelle que si les résidus sont indépendants. Compte tenu de cette limite, Perron (1989) a étendu son test au cas où les aléas sont autocorrélés.

A ce niveau, il a recommandé deux solutions :

- soit partir du test ADF en introduisant une correction paramétrique dont la procédure se ramène à introduire des retards dans la régression (7) ;

$$\hat{Y}_t^i = \hat{\rho}^i \hat{Y}_{t-i}^i + \sum_{j=1}^{p} \hat{\phi}_j \Delta \hat{Y}_{t-i}^i + \hat{\varepsilon}_t \qquad (8)$$

- soit procéder à une correction non paramétrique du même type que Phillips et Perron (1988).

Il ressort que les statistiques $t_{\hat{\phi}_j^i}, i = 1,\ 2,\ 3, j = 1,\ 2, \cdots, p$ suivent de façon asymptomatique une loi normale centrée sous les deux hypothèses H_0 et H_1. De ce fait, on peut recourir pour les tests de significativité des paramètres aux méthodes d'inférences traditionnelles.

Par contre, comme le fait remarquer Lardic et Mignon (2002), les statistiques qui sont liées aux autres variables exogènes des modèles ne suivent asymptotiquement une loi normale centrée que sous réserve de stationnarité ou d'inexistence de racine unité.

Soulignons en passant qu'il existe des controverses quant à la définition des « chocs réguliers» et des « chocs majeurs » de Perron. Les chocs majeurs sont ceux qui ont une conséquence à long terme. Ce sont des chocs structurels. Quant aux chocs dits mineurs, leur impact est de court terme suivant la définition de Perron.

Exemple : PIB du Burkina Faso

La représentation graphique de la série est :

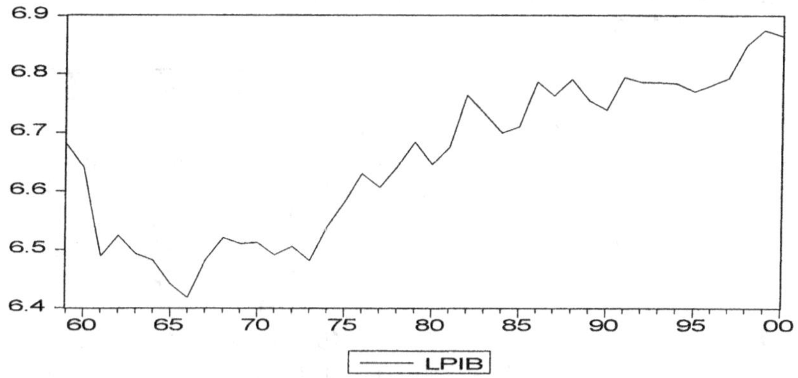

La rupture est faite en 1966. On définit une variable dichotomique et on applique le modèle 2 qui correspond au changement de pente.

$$D_{66} = \begin{cases} 0 & \text{avant 1966 donc 7 valeurs} \\ 1 & \text{après 1966} \end{cases}$$

Estimation de l'équation :

$$LogPIB_t = \beta_0 + \beta_1 t + \beta_2 D_{66} + \varepsilon_t$$

Dependent Variable: LPIB
Method: Least Squares
Sample: 1959 2000

Variable	Coefficient	Std. Error	t-Statistic	Prob.
T	0.011102	0.001065	10.42657	0.0000
D66	-0.068329	0.032866	-2.079026	0.0442
C	6.471267	0.022196	291.5518	0.0000

R-squared	0.799511	Mean dependent var	6.654639
Adjusted R-squared	0.789230	S.D. dependent var	0.133522
S.E. of regression	0.061299	Akaike info criterion	-2.677343
Sum squared resid	0.146547	Schwarz criterion	-2.553224
Log likelihood	59.22420	F-statistic	77.76242
Durbin-Watson stat	0.604091	Prob(F-statistic)	0.000000

L'étude du corrélogramme indique un nombre de retard de 1.

Sample: 1959 2000
Included observations: 41

Autocorrelation	Partial Correlation		AC	PAC	Q-Stat	Prob
. | . |	. | . |	1	-0.010	-0.010	0.0046	0.946
.*| . |	.*| . |	2	-0.142	-0.142	0.9136	0.633
. | . |	. | . |	3	0.015	0.012	0.9237	0.820
. | . |	. | . |	4	0.054	0.034	1.0606	0.900
. |*. |	. |*. |	5	0.087	0.094	1.4352	0.920
**| . |	.*| . |	6	-0.189	-0.180	3.2268	0.780
. | . |	. | . |	7	0.030	0.054	3.2722	0.859
. | . |	. | . |	8	0.034	-0.023	3.3350	0.912
. | . |	. | . |	9	-0.045	-0.034	3.4468	0.944
. | . |	. | . |	10	0.038	0.045	3.5297	0.966
. | . |	. | . |	11	-0.041	-0.024	3.6306	0.980
. |*. |	. |*. |	12	0.184	0.169	5.6988	0.930
**| . |	**| . |	13	-0.194	-0.215	8.0712	0.839
.*| . |	. | . |	14	-0.060	0.012	8.3069	0.873
. | . |	.*| . |	15	-0.056	-0.166	8.5218	0.901
. | . |	. | . |	16	-0.017	0.020	8.5416	0.931
. | . |	.*| . |	17	-0.056	-0.146	8.7740	0.947
.*| . |	. | . |	18	-0.096	0.022	9.4850	0.947
. |*. |	. |*. |	19	0.154	0.077	11.397	0.910
. | . |	. | . |	20	-0.012	-0.028	11.409	0.935

L'équation générale à estimer est : $\Delta\varepsilon_t^* = \rho\varepsilon_{t-1}^* + \sum_{j=1}^{P}\phi_j\Delta\varepsilon_{t-j}^*$

L'estimation de l'équation suite à l'étude du corrélogramme qui donne un retard de 1 nous conduit à :

$$\Delta\varepsilon_t^* = \rho\varepsilon_{t-1}^* + \phi\Delta\varepsilon_{t-1}^* + \mu_t$$

Dependent Variable: $\Delta\varepsilon_t^*$
Method: Least Squares
Sample(adjusted): 1961 2000
Included observations: 40 after adjusting endpoints

Variable	Coefficient	Std. Error	t-Statistic	Prob.
ε_{t-1}^*	-0.497241	0.151865	-3.274238	0.0023
$\Delta\varepsilon_{t-1}^*$	0.048913	0.157868	0.309832	0.7584

R-squared	0.244661	Mean dependent var	-0.001725
Adjusted R-squared	0.224783	S.D. dependent var	0.039672
S.E. of regression	0.034930	Akaike info criterion	-3.822234
Sum squared resid	0.046364	Schwarz criterion	-3.737790
Log likelihood	78.44468	F-statistic	12.30851
Durbin-Watson stat	1.676996	Prob(F-statistic)	0.001177

Le calcul de λ donne :

$$\lambda = \frac{7}{42} = 0{,}1666667$$

La statistique associée à ρ est de -3,274238 qui est la t statistique calculée. En regardant dans la table de Perron de son modèle B, on retrouve la valeur critique pour $\lambda = 0{,}16$ qui, à 1% est égale à - 4,27. La statistique calculée est supérieure à la statistique théorique. L'hypothèse de non stationnaire est acceptée. Ce qui confirme l'analyse précédente de TS du processus.

Tableau 1: valeurs critiques du test de Perron

λ	0,1	0,2	0,3	0,4	0,5	0,6	0,7	0,8	0,9
					Modèle (A)				
1%	-4,30	-4,39	-4,39	-4,34	-4,32	-4,45	-4,42	-4,33	-4,27
5%	-3,68	-3,77	-3,76	-3,72	-3,76	-3,76	-3,80	-3,75	-3,69
10%	-3,40	-3,47	-3,46	-3,44	-3,46	-3,47	-3,51	-3,46	-3,38
					Modèle (B)				
1%	-4,27	-4,41	-4,51	-4,55	-4,56	-4,57	-4,51	-4,38	-4,26
5%	-3,65	-3,80	-3,87	-3,94	-3,96	-3,95	-3,85	-3,82	-3,68
10%	-3,36	-3,49	-3,58	-3,66	-3,68	-3,66	-3,57	-3,50	-3,35
					Modèle (C)				
1%	-4,38	-4,65	-4,78	-4,81	-4,90	-4,88	-4,75	-4,70	-4,41
5%	-3,75	-3,99	-4,17	-4,22	-4,24	-4,24	-4,18	-4,04	-3,80
10%	-3,45	-3,66	-3,87	-3,95	-3,96	-3,95	-3,86	-3,69	-3,46

5.7. Test de Kwiatkowski, Phillips, Schmidt et Shin

Ce test connu sous le sigle KPSS date de 1992. Sa caractéristique est de tester l'hypothèse nulle d'absence de racine unitaire contre l'hypothèse alternative de l'existence d'une racine unité.

Les auteurs ont décomposé le processus Y_t en la somme d'un trend déterministe, d'une marche stochastique et d'un aléa ε_t stationnaire.

En considérant l'hypothèse nulle de stationnarité, la variance de la marche aléatoire est égale à 0. La série étudiée $Y_t, t = 1, \cdots, T$ est générée par la relation : $Y_t = \beta t + \eta_t + \varepsilon_t$

avec $\eta_t = \eta_{t-1} + v_t$. C'est une marche stochastique avec $v_t \sim BB(0; \sigma_v^2)$

Leur méthode consiste à recourir au test du multiplicateur de Lagrange (LM) pour tester l'hypothèse nulle de stationnarité, c'est-à-dire $\sigma_v^2 = 0$. On considère ε_t stationnaire autour d'un trend linéaire. Si $\beta = 0$, sous l'hypothèse nulle, Y_t est stationnaire autour d'un niveau (r_0) et non plus autour d'un trend linéaire.

Posons e_t, les aléas tirés de la régression de Y_t sur une constante et un trend déterministe. La statistique est alors : $LM = \frac{\sum_{t=1}^{T} S_t^2}{\sigma_\varepsilon^{*2}}$

avec $S_t = \sum_{i=1}^{t} e_i, \quad t = 1, 2, \cdots, T$

Elle représente la somme partielle des aléas et σ_ε^{*2} est la variance estimée des aléas e_t. C'est le cas où les erreurs sont indépendantes et identiquement distribuées (i.i.d).

➢ on teste l'hypothèse nulle de stationnarité à niveau au lieu de la stationnarité autour du trend. Pour ce faire, on définit e_t comme les aléas tirés de la régression de Y_t sur une constante uniquement ;

- si les erreurs ne sont pas indépendantes, identiquement distribuées, la variance de court terme $\sigma_{\varepsilon}^{*2}$ est remplacée par la variance de long terme σ_{Tl}^{*2} des résidus tel que cela a été déjà noté dans le test PP.

$$\sigma_{Tl}^{*2} = \frac{1}{T}\sum_{t=1}^{T} e_t^2 + \frac{2}{T}\sum_{s+1}^{l}\left(1 - \frac{s}{l+1}\right)\sum_{t=s+1}^{T} e_t e_{t-s}$$

On distingue deux types de stationnarité.

- autour du niveau. Dans un tel cas, la statistique est :

$$LM_{\mu} = \frac{\sum_{t=1}^{T} S_t^2}{T^2 \sigma_{Tl}^{*2}}$$

avec μ la régression Y_t sur une constante

- autour d'une tendance. On se réfère à la régression de Y_t sur une constante et un trend déterministe linéaire. La statistique est :

$$LM_{\tau} = \frac{\sum_{t=1}^{T} S_t^2}{T^2 \sigma_{Tl}^{*2}}$$

On voit que les deux statistiques sont identiques. Néanmoins, il est important de les distinguer dans la démarche car les valeurs critiques du test KPSS sont différentes.

Tableau 2 : Valeurs critique du test KPSS.

$\alpha\%$ Modèle	1	5	10
Sans tendance	0,739	0,463	0,347
Avec tendance	0,216	0,146	0,119

Règle de décision

- si la valeur calculée LM_{μ} ou LM_{τ} est inférieure à la valeur critique dans la table, on accepte l'hypothèse nulle de stationnarité.
- si la valeur calculée de l'une ou l'autre des deux statistiques est supérieure à la valeur théorique, on rejette l'hypothèse nulle de stationnarité.

Exercices

1. Soit la série temporelle des quantités de pétrole produit du Cameroun. Les résultats des trois régressions (1), (2) et (3) sont les suivants pour la période de 1960 à 2005. La variable dépendante est : $\Delta Y_t = \Delta QP_t$

$$\Delta QP_t = 0{,}00676\, QP_{t-1} \qquad (1)$$

$$\Delta QP_t = 32{,}6045 - 0{,}00182\, QP_{t-1} \qquad (2)$$

$$\Delta QP_t = 205{,}4223 + 1{,}6530\, t - 0{,}0718\, QP_{t-1} \qquad (3)$$

Les valeurs critiques de t sont :

Valeurs de DF_α Modèles	1%	5%	10%
1	-2,5897	-1,9439	-1,6177
2	-3,5064	-2,8947	-2,5842
3	-4,0661	-3,4614	-3,1597

1) Quel est le modèle le plus approprié ?

Pour les modèles (2) et (3) les statistiques calculées DF_c sont -0,2470 et -1,4782.

2) La production de pétrole brut du Cameroun est elle stationnaire ?

2. Soit le processus $AR(2)$ suivant :

$$(1-\phi_1 L)(1-\phi_2 L)X_t = v_t \qquad (1)$$

a) Montrer qu'il peut s'écrire sous la forme suivante :

$$\Delta^2 X_t = \theta_1 \Delta X_{t-1} + \theta_2 X_{t-2} + v_t \qquad (2)$$

b) Dans quelle condition le modèle (2) peut s'écrire comme suit :

$$\Delta^2 X_t = \theta_2 \Delta Y_{t-1} + v_t \qquad (3)$$

c) Réécrivez le processus dans le cas de la confirmation de l'existence d'une seule racine unité.

d) L'existence d'une seule racine unité, témoigne-t-elle de la non-stationnarité du processus ? Justifiez votre réponse.

3. Considérer le PIB de votre pays sur une longue période.

a) Faites une représentation graphique et dites s'il s'agit d'un TS ou d'un DS.

b) Recourir au test ADF pour confirmer ou infirmer votre réponse a).

c) A la lumière de l'allure de la série (voir graphique a)), quel test complémentaire vous semble le plus approprié pour prendre en compte les chocs ?

c) Essayer au cas où la distribution le permet de décomposer le processus en ces différents mouvements.

d) Cette décomposition vous permet-elle de mieux comprendre l'évolution de la situation économique de votre pays ?

4. Il apparaît que le choix de l dans le cas du test de Phillips-Perron est moins sensible que le test ADF dans le choix du nombre de retards p. A la lumière de quelques exemples, pouvez vous confirmer ou infirmer cette théorie ?

CHAPITRE VI

COINTEGRATION ET MODELES A CORRECTION D'ERREUR (MCE)

INTRODUCTION

La théorie de la cointégration a été introduite par Granger en 1981. Elle a connu de nombreuses extensions au cours de ces vingt cinq dernières années : en particulier le lien entre cointégration et MCE explicité par Granger (1981, 1983), Granger et Weiss (1983) et Engle et Granger (1987).

Généralement, avant de parler de cointégration de deux séries, on introduit une notion préalable qui est l'intégration, notée $I(d)$.

6.1. Séries intégrées

Soient X_t et Y_t deux séries aléatoires notées :

$X_t = X_{t-1} + \mu_t$ (1)

$Y_t = Y_{t-1} + v_t$ (2)

avec μ_t et v_t considérés comme deux bruits blancs indépendants.

Il est à noter que X_t et Y_t sont deux processus autorégressifs d'ordre 1, c'est-à-dire un $AR(1)$.

Considérons les opérations suivantes :

$X_t - X_{t-1} = \mu_t$ (3)

$Y_t - Y_{t-1} = v_t$ (4)

Ces types d'opérations qui viennent d'être posées sont appelées différenciations.

6.1.1. Définition

Les deux processus (1) et (2) ont été différenciés une fois et ont donné les résultats (3) et (4). On dit que X_t et Y_t sont intégrés d'ordre 1 et on écrit $I(1)$.

Une intégration (I) est une opération de différenciation notée d à laquelle est soumis un processus stochastique pour déterminer sa stationnarité, d'où le symbole $I(d)$.

Dans les processus étudiés aux chapitres précédents, il a été montré que le processus ARMA est un cas particulier du processus non stationnaire ARIMA avec un ordre d'intégration d = 0, ce qui lui donne le qualificatif $ARMA \sim I(0)$.

Finalement, un processus $I(0)$ est un processus stationnaire. En d'autres termes, il n'est pas nécessaire dans ce cas de différencier le processus pour le rendre stationnaire.

6.1.2. Propriétés des séries intégrées

Les propriétés suivantes peuvent être dégagées des séries intégrées :

- Si X_t est intégré d'ordre d noté $X_t \sim \mathrm{I(d)}$, il s'ensuit que $\alpha + \beta t \sim I(d)$ où α et β sont des constantes, avec comme condition $\beta \neq 0$.

- Si X_t est intégré d'ordre 0 noté $X_t \sim \mathrm{I}(0)$ et Y_t est intégré d'ordre 0 noté $Y_t \sim \mathrm{I}(0)$, leur combinaison linéaire $\alpha X_t + \beta \mathrm{Y}_t$ aura aussi le même ordre d'intégration noté $I(0)$ avec toujours α et β constants ;
- Si les ordres d'intégration sont différents, par exemple $X_t \sim \mathrm{I}(0)$ et $Y_t \sim \mathrm{I}(1)$, la combinaison linéaire $\alpha X_t + \beta \mathrm{Y}_t$ aura l'ordre d'intégration le plus élevé, en d'autres termes, ici $I(1)$. Cela signifie tout simplement que la combinaison linéaire par exemple d'un processus stationnaire $I(0)$ et d'un processus non stationnaire donnera un processus non stationnaire ou une combinaison linéaire non stationnaire. La stationnarisation nécessitera une différenciation d'ordre 1. Dans un tel cas, on dit que $I(1)$ est une propriété dominante. Si on généralise, on dira que l'ordre d'intégration le plus élevé est une propriété dominante. Il est évident que les deux paramètres α et β restent constants et $\beta \neq 0$.
- Si $X_t \sim \mathrm{I}(0)$, elle possède une tendance qui fluctue autour de son moment d'ordre 1, sans s'en éloigner grandement. Les autocorrélations (ρ_k) tendent vers zéro au fur et à mesure que k, c'est-à-dire le nombre de retards augmente. Généralement, ce comportement signifie que le processus a une mémoire finie. Les chocs qui sont susceptibles de se produire n'auront qu'une incidence passagère sur le processus.

- $X_t \sim \mathrm{I}(1)$, c'est-à-dire $X_t - X_{t-1} = \mu_t$, cas de l'équation 1, cela veut dire que le moment centré d'ordre 2 dépend du temps et tend vers l'infini.

De façon concrète, il ressort que $V(X\ ) - t\sigma_{\varepsilon}^{2}$. Dans ce cas, les ρ_k ne baissent pas quand t augmente. Tout choc aléatoire a un effet continu sur le processus. En un mot, le passé a une influence permanente sur le futur. On dit que le processus a une mémoire infinie. Ce type de processus est qualifié de marche au hasard et l'hypothèse de stationnarité n'est plus respectée (cf. tableau : caractéristiques des *TS* et *DS*).

De façon générale, lorsque les processus sont intégrés à l'ordre $[X_t \sim \mathrm{I}(\mathrm{d})]$, leurs moments empiriques convergent vers des variables aléatoires.

- $$\left.\begin{array}{l} \mathrm{E}(\mathrm{X_t}) = t\mu_t \\ V(X_t) = t\sigma_{\varepsilon}^{2} \end{array}\right\} \ \mathrm{si}\,|\rho| = 1$$

pour $\beta \neq 0$ et μ_{ε} égales à l'espérance mathématique de X_t et σ_{ε}^{2} sa variance étant les caractéristiques d'un AR(1).

Enfin, considérons la combinaison linéaire de $\mathrm{Y_t}$ et $\mathrm{X_t}$ donnant $\mathrm{Y_t} = \alpha_0 + \alpha_1\,\mathrm{X_t} + \varepsilon_{\mathrm{t}}$. En se référant aux hypothèses classiques des MCO on sait que le paramètre estimé de X_t est α_1^{*}

$$\alpha_1^{*} = \frac{\sum x_t\,\mathrm{y_t}}{\sum x_t^{2}} \qquad (5)$$

avec

x_t et y_t étant les différences à la moyenne. Formulons l'hypothèse que $y_t \sim \mathrm{I}(0)$ et $x_t \sim \mathrm{I}(1)$. Dans la mesure où x_t n'est pas stationnaire, sa variance va augmenter infiniment, dominant de la sorte le terme du numérateur de (5) avec pour résultat que α_1^{*} convergera asymptotiquement vers 0.

6.2. La notion de régression fallacieuse

C'est un problème que l'on rencontre dans les séries temporelles, notamment, dans la régression d'une variable sur une ou plusieurs autres.

La situation qui se présente est qu'il arrive dans ces opérations que l'on ait un R^2 très élevé malgré l'absence de relation évidente entre les deux variables.

Régressons les équations (1) et (2).

$$X_t = X_{t-1} + \mu_t \quad (1)$$

$$Y_t = Y_{t-1} + \nu_t \quad (2)$$

avec toujours μ_t et ν_t considérés comme deux Bruits Blancs (BB) indépendants. Par ailleurs, on sait que les deux distributions ne sont pas stationnaires, puisqu'elles sont $I(1)$, le R^2 de la régression devrait en principe être assez faible et tendre vers zéro. Toutefois, il se peut qu'il n'en soit pas ainsi. Ce constat a été fait pour la première fois par Yule (1926) pour qui il existe une relation statistiquement significative entre Y et X, alors qu'en réalité il n'en est rien : d'où l'appellation par l'auteur de "régression fallacieuse". Il a particulièrement fait le constat que ce genre de corrélation persiste dans les séries chronologiques non stationnaires même si l'échantillon est de très grande taille.

Généralement, l'anormalité dans une régression peut être donnée par un d de Durbin Watson très faible ; ce qui laisse croire à l'existence d'une autocorrélation très forte du premier ordre. Selon Granger et Newbold (1974), un $R^2 > \text{DW}$ est une bonne règle empirique pour douter que la régression estimée est fausse.

Dans la mesure où les variables sont $I(1)$, donc non stationnaires en niveau, on peut pousser l'analyse de la régression fallacieuse plus loin en stationnarisant les variables en différences premières ΔY_t et ΔX_t. Il apparaît que R^2 devient plus faible et DW plus grand.

<u>Exemple</u> : les dépenses sociales (ds) et recettes fiscales (rf) du Ghana en milliards de cedis. Les tests montrent que les deux séries sont $I(1)$. En effet, pour les deux tests, il en résulte les valeurs suivantes sur l'hypothèse nulle de racines unitaires sur les séries en différence première.

Test ADF sur Δds.

ADF test statistique -6,75	**1% valeur critique -3,59**
	5% valeur critique -2,93
	10% valeur critique -2,60

Test ADF sur Δrf

ADF test statistique –5,34	**1% valeur critique -3,59**
	5% valeur critique -2,93
	10% valeur critique -2,60

On constate que dans les deux cas ADF calculé (ADF_c) est inférieur à ADF théorique (ADF_α). En effet, pour les dépenses sociales (Δds) on a $ADF_c = -6{,}75$ et $\text{ADF}_\alpha = -3{,}59$ au seuil de 1%. D'où $ADF_c < ADF_\alpha$.

La valeur critique de Mackinnon permet de rejeter l'hypothèse nulle de racine unitaire. Pour les recettes fiscales (Δrf) on a respectivement $ADF_c = -5{,}34$ et $\text{ADF}_\alpha = -3{,}59$ entraînant également $ADF_c < ADF_\alpha$. Il y a rejet là aussi de l'hypothèse nulle de racine unitaire au seuil de 1%. La stationnarité des différences premières confirment que *ds* et $rf \sim I(1)$.

Si on régresse *ds* en fonction de *rf* le résultat est le suivant :

Estimation de *ds* en fonction de *rf*

variables	coefficients	t- statistique	Probabilité
rf	1,01	31,05	0,0000
c	13,04	0,91	0,3667

R^2 ajusté = 0,96 $DW = 2{,}06$

Dans le cas présent, le $R^2 < DW$. De plus, le R^2 est significatif. On conclut à une forte corrélation entre les dépenses sociales et les recettes fiscales au Ghana. La valeur de $DW \cong 2$ signifie que les erreurs ne sont pas autocorrélées. En d'autres termes, $\rho = 0$.

La régression des différences premières Δds et Δrf où on sait que ces différences sont stationnaires conduit au résultat ci-après :

Estimation de Δds en fonction de Δrf

variables	coefficients	t- statistique	Probabilité
Δrf	0,689	5,96	0,0000
c	5,482	0,36	0,7015

R^2 ajusté = 0,46 $DW = 2{,}79$

Le R^2 est faible bien que différent de zéro. Cela signifie que les différences premières stationnaires des deux variables sont faiblement corrélées, contrairement aux variables à niveau. Par ailleurs, le *DW* est assez fort. Dans un tel cas, l'approximation permet de dire que $\rho^* = -0{,}385$ traduisant une autocorrélation négative relativement faibles des erreurs. Ici, nous sommes en présence d'une bonne régression. Par contre, si on considère le second exemple ci-après :

y_t = production de coton de 1960 à 2000

x_{1t} = superficies

x_{3t} = prix du kilogramme de coton

k = constante

Une régression de $y_t = f(x_{1t}, x_{3t}, \varepsilon_t)$ a donné les résultats suivants:

Tableau 1 : régression de $y_t = f(x_{1t}, x_{3t}, \varepsilon_t)$

Variables	Coefficients	t-statistique	Probabilité
x_{1t}	1,446798	6,135407	0,0000
x_{3t}	0,377926	1,308560	0,1980
k	-7,187816	-4,178731	0,0001

$R^2 = 0,89$ $DW = 0,32$

R^2 ajusté = 0,88

Plusieurs remarques s'imposent :

- La variable prix x_{3t} n'est pas significative statistiquement, même si le signe du coefficient est positif et correspond à la théorie économique ;
- Le R^2 est très fort mais nous avons un DW très faible avec $R^2 > DW$. Nous sommes ici, dans le cas d'une régression fallacieuse. Il est fort probable que les trois séries n'aient pas le même ordre d'intégration.

6.3. La cointégration

Considérons les deux processus X_t et Y_t intégrés d'ordre d. Conformément aux propriétés précédemment énoncées sur les séries intégrées, si X_t et Y_t sont intégrées $I(d)$, leur combinaison linéaire $Z_t = \alpha X_t + \beta Y_t$ sera aussi $I(d)$. Toutefois, il peut se produire des situations où Z_t n'a pas le même ordre d'intégration.

6.3.1. Définition

Soient les processus aléatoires $X_1, X_2, ..., X_n$ ayant le même ordre d. On dit qu'ils sont cointégrés s'il peut se former une combinaison linéaire de ces processus qui présente un ordre d'intégration inférieur à d [1]. Il est nécessaire qu'il y ait une valeur $b > 0$ et des valeurs $\beta_1, \beta_2, ..., \beta_n$ vérifiant :

- $\beta_1 X_1 + \beta_2 X_2 + ... + \beta_n X_n$ est $I(d-b)$. On peut écrire aussi que cette combinaison linéaire est Z_t et de ce fait poser : $Z_t = \sum_{i=1}^{n} \beta_i X_i$
- Chaque variable $X_1, X_2, ..., X_n$ est $I(d)$

---

[1] Considérons le cas usuel avec $d = 1$ avec existence d'une combinaison linéaire des X_i, stationnaires et $I(0)$ d'où $(d - b = 1 - 1 = 0)$. Il peut se présenter des cas particuliers tels que l'on ait des $X_i \sim I(2)$ et cointégrés du fait que leur combinaison linéaire est I(1), c'est-à-dire $(d = 2, b = 1 \Rightarrow d - b = 2 - 1 = 1)$ ou $I(0)$ soit $d = 2, b = 2$ et $d - b = 0$. Il faut souligner que de tels cas ne sont pas fréquents mais peuvent néanmoins exister.

6.3.2. Vecteurs cointégrants ou relation de long terme

A partir de cette relation de long terme, on peut dégager un vecteur noté $\beta = (\beta_1, \beta_2, ..., \beta_n)'$ que l'on appelle vecteur cointégrant. Ce qui permet de poser au plan vectoriel la notion cointégrée suivante :

$$\beta' X_t = \beta_1 X_1 + \beta_2 X_2 + ... + \beta_n X_n \qquad (6).$$

Plusieurs vecteurs cointégrants linéairement indépendants peuvent exister pour les mêmes n variables. On note le nombre de ces vecteurs r. Toutefois, il existe une condition à savoir que le nombre de vecteurs (r) doit être inférieur au nombre de variables (n), $r < \text{n}$. De façon plus explicite, on ne peut avoir plus de $n-1$ vecteurs de cointégration linéairement indépendants. Ce qui veut dire que dans une relation linéaire $(n = 2)$, le rang de cointégration ne peut dépasser 1.

6.3.2.1. Propriétés

a) Toute combinaison linéaire de vecteurs de cointégration pour des variables est aussi un vecteur de cointégration pour ces variables ;

b) Une même direction vectorielle est représentée par une infinité de vecteurs, tous linéairement indépendants, mais aussi, combinaisons linéaires les uns des autres ;

c) Si $r > 1$, même lorsque chacune des r directions vectorielles a été normalisée et de ce fait, caractérisée par un vecteur unique normalisé, toute combinaison linéaire de ces r vecteurs est également un vecteur de cointégration.

Il ressort des modèles à équations multiples, qu'un des problèmes est l'identification du modèle structurel (cf T. Thiombiano, 2002). Aussi, une des techniques est de recourir à la normalisation des coefficients pour limiter les paramètres à estimer. Dans le cas présent portant sur les directions vectorielles, la technique est la même où on procède à une normalisation des directions initiales. Cependant, cette méthode ne suffit pas à limiter le nombre de vecteurs à r. Aussi, le second point de recours qui permet de retenir r vecteurs est l'application d'une contrainte qui est généralement donnée par des restrictions sur les coefficients dans la démarche de l'identification des modèles à équations simultanées.
Si on reconsidère le modèle à n variables $X_1, X_2, ..., X_n$, toutes $I(1)$ et cointégrées s'il existe une combinaison linéaire $\beta_1 X_1 + \beta_2 X_2 + ... + \beta_n X_n$ stationnaire, $I(0)$. On sait que dans une telle situation, chaque variable est $I(1)$, du fait de sa non stationnarité et de l'existence d'une tendance stochastique. Ceci traduit que chaque variable aura tendance à s'écarter de plus en plus de ses propres conditions initiales, avec de grandes variations. Mais, du fait de la cointégration de ces variables, elles fluctuent ensemble : c'est-à-dire qu'elles auront tendance à ne pas trop s'écarter les unes des autres, dans la mesure où leur combinaison linéaire reste stationnaire. Il existe une force ou une « main invisible » qui les relie à long terme, de façon qu'elles ne s'éloignent pas durablement de leur sentier d'équilibre.

En résumé, la combinaison linéaire $\beta_1 X_1 + \beta_2 X_2 + ... + \beta_n X_n$ est considérée comme la déviation par rapport à une relation d'équilibre entre les variables. La cointégration traduit que cette déviation est stationnaire : elle varie autour de caractéristiques constantes, notamment la moyenne et la variance. Cette déviation n'a pas tendance à s'amplifier et à être durable.

6.3.2.2. Exemple

Soit la relation simple entre la consommation et le revenu disponible des ménages au Burkina Faso. Selon la théorie économique, à l'équilibre, la relation est la suivante :

$C = AY$ (7) avec C la consommation totale réelle, A une constante (propension marginale à consommer) et Y le revenu disponible réel. En principe, à l'équilibre, le taux de consommation doit être constant et exprimé par le rapport $\frac{C}{Y} = A$ (8)

De ce fait, la relation (8) peut aussi s'écrire à l'équilibre :

$LogC = \mathrm{a} + \mathrm{LogY}$ ou encore $c = \mathrm{a} + \mathrm{y}$ (9)

Avec $LogC = c$, $\mathrm{LogA} = \mathrm{a}$ et $LogY = y$

En se reportant à ce qui a été dit précédemment sur la relation d'équilibre entre variables, la présente relation est valable pour une longue période, mais pas en courte période, encore moins à chaque période t. En courte période, la consommation c peut s'éloigner momentanément de sa trajectoire $a + y$ d'une certaine valeur ε_t et c'est ce qui va permettre d'écrire que :

$c_t = \mathrm{a} + \mathrm{y}_t + \varepsilon_t \quad \forall \mathrm{t}$ (10)

En référence aux démonstrations précédentes relatives à la cointégration, ε_t ne peut rester indéfiniment grand : il doit en principe varier autour de sa moyenne qui est 0, de façon stationnaire pour permettre à la relation d'équilibre de dominer en longue période. En procédant aux tests adéquats de racine unitaire, il ressort que c_t et y_t liées par la relation précédente sont intégrées. L'équation peut aussi s'écrire : $c_t - y_t = a + \varepsilon_t$ (11) quel que soit t, où a est une constante et ε_t un processus aléatoire stationnaire. Dès lors, la théorie économique traduit que la combinaison linéaire $c_t - y_t$ est stationnaire, donc que les deux variables sont cointégrées ; avec $\beta_1 = 1$ et $\beta_2 = -1$. Les paramètres β_1 et β_2 forment le vecteur cointégrant (β_1, β_2) ou de façon concrète $(1, -1)$.

Dans la pratique, il n'est pas dit que la théorie économique est toujours vérifiée par les faits. Mais, cette absence de vérification ne prouve pas la non véracité de la théorie puisque l'application au Burkina Faso n'est qu'un cas particulier qu'il faut se garder de généraliser.

Admettons que nous travaillons sur des séries intégrées permettant de tester la relation :
$c_t - y_t - a = \varepsilon_t \sim I(0)$. Le test de racine unitaire pratiqué sur les résidus ε_t montrera si ceux-ci sont :

- Intégrés d'ordre 1, il y a présence de racine unitaire et non cointégration ;
- Intégrés d'ordre 0, il n'y a pas de racine unitaire, de ce fait la consommation et le revenu réel sont cointégrés, c'est-à-dire convergents à long terme.

Application : Données relatives aux enquêtes du CEDRES de l'Université de Ouagadougou de 1960 à 1995 sur la consommation C_t et le revenu en R_t F CFA.

Représentation graphique

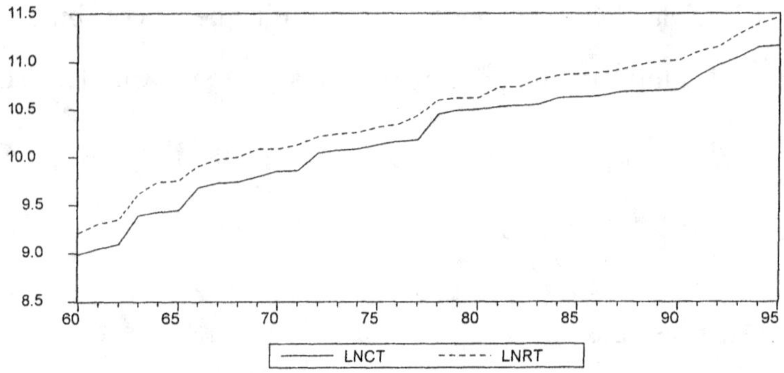

1) Procédons aux tests de stationnarité

Les deux séries c_t et r_t sont $I(1)$. En effet, nous avons au niveau des tests :

Test *DF* pour c_t

DF test statistique –2,85443	1% valeur critique	–4,2505
	5% valeur critique	-3,5468
	10% valeur critique	–3,2056

Valeurs critiques de Mackinnon pour un rejet de l'hypothèse de racine unitaire.

Il ressort que $DF_c = -2{,}8544$ et $\mathrm{DF}_\alpha = -4{,}2505$. *DF* calculé ((DF_c)) est supérieure au *DF* théorique (DF_α) soit $DF_c > \mathrm{DF}_\alpha$. La conclusion est que c_t n'est pas stationnaire en niveau. Cette conclusion est confirmée par la régression $c_t = \rho c_{t-1} + \varepsilon_{1t}$ (12) qui donne :

$c_t = 1{,}006 c_{t-1} + \varepsilon_{1t}$ (13). Il ressort que $\rho \cong 1$; donc non stationnaire.

Test *DF* pour r_t

DF test statistique –3,0518	1% valeur critique	–4,2505
	5% valeur critique	-3,5468
	10% valeur critique	–3,2056

Valeurs critiques de Mackinnon pour un rejet de l'hypothèse de racine unitaire.

L'appréciation statistique montre que $DF_c = -3{,}0518$ et $DF_\alpha = -3{,}2056$ concluant que $DF_c > DF_\alpha$. Nous rejetons l'hypothèse de stationnarité.

Si les tests *DF* indiquent la non stationnarité des deux distributions, il apparaît comme nous l'avons fait remarquer plus haut dans les critiques qu'ils n'indiquent pas s'il s'agit d'un *TS* ou d'un *DS*. Pour ce faire, il faut procéder à la régression des deux distributions par MCO en reprenant (3), (2) et (1) de Dickey et Fuller.

La régression par les MCO de la relation : $r_t = \rho r_{t-1} + \varepsilon_{2t}$ (13) donne le résultat ci-après : $r_t = 1{,}006 r_{t-1} + \varepsilon_{2t}$ (13). Il se dégage un $\rho \cong 1$ d'où un AR (1) non stationnaire.

6.3.3. Test de cointégration

Tester la cointégration entre variables se ramène à estimer par MCO une équation linéaire où l'une des variables est exprimée en fonction des autres et à tester si le résidu Z_t a une racine unitaire. Si on ne rejette pas l'hypothèse d'existence d'une racine unitaire pour le résidu estimé, on conclut que les séries ne sont pas cointégrées ; dans le cas contraire on conclut à la cointégration.

6.3.3.1. Estimation

Généralement, on présente la méthode d'Engle et Granger en deux étapes. Toutefois, cette méthode n'est valable que dans le cas de l'existence d'un seul vecteur cointégrant entre les variables utilisées, et que $b = d$, c'est-à-dire même ordre d'intégration. Les deux étapes sont d'une part, montrer l'existence d'une relation de long terme ; d'autre part, exprimer les variables cointégrées sous la forme d'un modèle à correction d'erreur.

<u>1ère étape</u> : estimation de la relation de long terme

On pense que si les variables $X_1, X_2, ..., X_n$ sont cointégrées, il existe des paramètres $\beta_1, \beta_2, ..., \beta_n$ telle que la combinaison linéaire :

$\beta_1 X_1 + \beta_2 X_2 + ... + \beta_n X_n \sim I(0)$ permette de normaliser l'équation par l'écriture suivante :

$$X_1 + \frac{\beta_2}{\beta_1} X_2 + ... + \frac{\beta_n}{\beta_1} X_n \sim I(0) \quad (14)$$

En posant $\beta_i^* = \frac{\beta_i}{\beta_1}$, la relation (14) s'écrit :

$X_1 + \beta_2^* X_2 + \beta_3^* X_3 + ... + \beta_n^* X_n \sim I(0)$. Cette méthode est appelée normalisation des coefficients de façon à résoudre le problème de suridentification qui peut se poser dans les modèles d'équations simultanées. Ces coefficients normalisés sont :

$$\beta_1^* = \frac{\beta_1}{\beta_1} = 1,\ \beta_2^* = \frac{\beta_2}{\beta_1}, ..., \beta_n^* = \frac{\beta_n}{\beta_1}.$$

Tout processus $I(0)$ est le résultat d'une constante caractérisée par son espérance mathématique à laquelle on ajoute un processus aléatoire $I(0)$ de moyenne nulle. Dans le cas présent, la stationnarité du processus entraîne que :

$$X_{1t} + \beta_2^* X_{2t} + \beta_3^* X_{3t} + \ldots + \beta_n^* X_{nt} = \mu + Z_t \qquad (15)$$

Avec μ une constante et Z_t un processus aléatoire stationnaire $I(0)$ de moyenne nulle. On rappelle que Z_t ne suit pas obligatoirement un bruit blanc (BB). Il peut être autocorrélé notamment dans le cas des petits échantillons comme on le verra plus tard.

Finalement, la cointégration signifie que :

$$X_1 = \mu + \left(-\beta_2^*\right)X_2 + \left(-\beta_3^*\right)X_3 + \ldots + \left(-\beta_n^*\right)X_n + Z_t \qquad (16)$$

dans laquelle les coefficients cointégrants, normalisés β_i^* sont les seuls pour lesquels Z_t a les propriétés équivalentes ci-après selon Eric DOR (2004)

- Stationnaire $\sim I(0)$;
- Absence de tendance aléatoire.

Si ces propriétés sont vérifiées, cela veut dire que Z_t n'a pas de racine unitaire et que ses moments sont indépendants du temps donc constants. Dès lors, les paramètres de cointégration $, -\beta_2, \ldots, -\beta_n$ de l'équation (16) peuvent être estimés par MCO. Cela revient à déterminer la variance minimale estimée de Z_t qui est $\sigma_\varepsilon^{*2} = \frac{\sum e_i^2}{N-n}$ avec N la taille de la population et n le nombre de paramètres.

Cette étape estime en fait la relation de long terme qui est fondée aussi sur un échantillon de grande taille. De ce fait, il existe une relation de cointégration, on peut indiquer que les estimateurs des MCO sont convergents et dans certaines limites super convergents. En d'autres termes, la vitesse de convergence vers la vraie valeur des coefficients est plus rapide que le cas classique même si comme le souligne C. Araujo et alii (2004) l'hypothèse d'orthogonalité des variables explicatives n'est pas respectée. En effet, la seconde étape qui sera examinée plus tard, va dégager la relation de court terme à travers le MCE.

6.3.3.2. Les méthodes d'estimation de la cointégration dans les petits échantillons

Ces méthodes sont aussi appelées tests de liaison des erreurs. Elles sont appelées ainsi à cause du biais qui est introduit dans l'estimation des coefficients lorsque les échantillons sont de petites tailles.

Considérons le modèle ci-après : $y_t = \beta_0 + \beta_1 x_t + \varepsilon_t$ (17)

Avec $\varepsilon_t = \rho\varepsilon_{t-1} + \eta_t$ (18)

Où $\eta_t \sim BB$ et $|\rho| < 1$

De la relation (17) transformée, il ressort le vecteur cointégrant suivant $(1, -\beta_0, -\beta_1)$. Les résidus tels qu'ils apparaissent de (18) suivent un AR(1). Cette équation (18) indique l'écart par rapport à l'équilibre est corrélé dans le temps. Le modèle précédent peut être transformé.

Considérons le résidu $\varepsilon_t = y_t - \beta_0 - \beta_1 x_t$ et retardons d'une période soit : $\varepsilon_{t-1} = y_{t-1} - \beta_0 - \beta_1 x_{t-1}$

Ceci conduit à poser que : $\varepsilon_t = \rho y_{t-1} - \rho\beta_0 - \rho\beta_1 x_{t-1} + \eta_t$

Finalement :

$$
\begin{aligned}
y_t &= \beta_0 + \beta_1 x_t + \rho y_{t-1} - \rho\beta_0 - \rho\beta_1 x_{t-1} + \eta_t \\
&= \beta_0(1-\rho) + \beta_1 x_t + \rho y_{t-1} - \rho\beta_1 x_{t-1} + \eta_t \qquad (19)
\end{aligned}
$$

La présente forme a les caractéristiques d'une forme réduite. Ainsi, il apparaît dans cette forme, les termes retardés des deux variables dans la relation de cointégration.

De façon générale, quand on estime la relation de long terme, on n'associe pas les variables y_{t-1} et x_{t-1} . La conséquence est que l'oublie de ces variables importantes introduit des biais si les variables absentes sont corrélées avec les variables explicatives. Il est possible de présenter les variables absentes sous une forme stationnaire $I(0)$; c'est-à-dire $\rho(y_{t-1} - \beta_0 - \beta\, x_{t-1})$.

Ce qui permet de réécrire l'équation réduite (19) sous la forme suivante :

$$y_t = \beta_0 + \beta_1 x_t + \rho(y_{t-1} - \beta_0 - \beta_1 x_{t-1}) + \eta_t. \quad (20)$$

Banerjee et alii (1986) ont montré que sur un grand échantillon, la corrélation entre x_t qui est $I(1)$ et $(y_{t-1} - \beta_0 - \beta x_{t-1})$, une variable $I(0)$ est insignifiante du fait que $x_t \sim I(1)$ domine la relation $I(0)$. Par contre, lorsque l'échantillon est de petite taille, l'oublie peut être grave. Le biais introduit est positivement corrélé avec $1 - R^2$ de la relation de cointégration.

A l'heure actuelle, pour tester les corrélations, il est possible de recourir à deux méthodes :

a) La méthode de Banerjee et alii

Considérons l'équation (19) que l'on peut reparamétrer en écrivant :

$$\Delta y_t = \beta_1 \Delta x_t + (\rho - 1)(y_{t-1} - \beta_0 - \beta_1 x_{t-1}) + \varepsilon_t . \quad (21)$$

Le développement ci-dessus est appelé modèle à correction d'erreur (MCE) sur lequel nous reviendrons plus tard. Ce modèle développé nous conduit à la forme ci-après :

$$\Delta y_t = \alpha_1 + \beta_1 \Delta x_t + \alpha_2 y_{t-1} + \alpha_3 x_{t-1} + \varepsilon_t . \quad (22)$$

avec $\alpha_1 = -\beta_0(\rho - 1)$, $\alpha_2 = (\rho - 1)$, $\alpha_3 = -\beta_1(\rho - 1)$

Cette équation est une forme réduite dont on peut estimer les coefficients par MCO. Ce qui permet de déduire conjointement les valeurs du vecteur cointégrant et la force de rappel $(\rho - 1)$. En fait, ce que les auteurs Banerjee et alii font, c'est appliquer la dynamique de court terme caractérisant le MCE. Toutefois, si la démarche est semblable, il existe au niveau des résultats des problèmes ; du fait que la variable dépendante Δy_t est stationnaire tandis que les variables indépendantes y_{t-1} et x_{t-1} sont en niveau et $I(1)$, donc non stationnaires. L'inquiétude est levée dans la mesure où y_{t-1} et x_{t-1} sont cointégrées, ce qui autorise la procédure d'aboutir à un vecteur cointégrant estimé, non biaisé. Il reste cependant que la méthode a des limites puisqu'il y a une condition : la cointégration des deux variables.

b) Les autres méthodes d'estimation

Parmi ces méthodes, il y a la principale qui est celle de Stock et Watson (1993) qui consiste à pallier la violation de l'hypothèse d'orthogonalité. Il faut rappeler que lorsque des variables sont cointégrées, on retrouve certaines propriétés classiques des MCO. Ainsi, comme nous l'avons souligné plus haut, les estimateurs sont qualifiés de super convergents, c'est-à-dire qu'ils convergent plus rapidement que les MCO sur données stationnaires vers les vraies valeurs des paramètres.

De ce fait, la signification est que dans un cas de cointégration et sous certaines conditions (taille élevée de l'échantillon, indépendance des erreurs), on peut recourir au test normal de Student. Mais, il peut arriver que les précédentes conditions ne soient pas réunies. C'est ce qui se présente pour le modèle ci-dessous :

$$Y_t = \beta_0 + \beta_1 X_t + u_t \qquad (23)$$
$$X_t = X_{t-1} + v_t \qquad (24)$$

Si les aléas u_t et v_t suivent une loi normale, d'espérance mathématique nulle et sont indépendants, on peut recourir aux tests classiques de Student et de Fisher. Par contre, si u_t et v_t sont corrélés, cela signifie que ces distributions ne sont plus standard. Il y a lieu de spécifier la nature de la relation entre les deux aléas. Pour ce faire, Stock et Watson (1993) formulent l'hypothèse que u_t dépend de v_t pour des décalages allant de $-k$ à $+k$.

$$u_t = \sum_{n=-i}^{k} \gamma_n v_{t-n} + e_t \qquad (25)$$

Et que les corrélations sont nulles pour des décalages supérieurs à k ($|n| > k$).

Si on reprend l'expression (25) et (24) dans (23), la relation devient :

$$Y_t = \beta_0 + \beta_1 X_{t-1} + \sum_{n=-i}^{k} \gamma_n v_{t-n} + e_t$$

Soit suivant (24) :

$$X_t - X_{t-1} = v_t \Rightarrow \Delta X_t = v_t \Rightarrow v_{t-n} = \Delta X_{t-n}$$

En définitive, le système combiné se ramène à la forme :

$$Y_t = \beta_0 + \beta_1 X_{t-1} + \sum_{n=-i}^{k} \gamma_n \Delta X_{t-n} + e_t \quad (26)$$

La méthode a consisté à purger le nouveau terme d'erreur e_t de la régression de toute corrélation tel que c'était le cas dans la relation initiale entre u_t et v_t.

Certains auteurs notamment Saikkonen (1991) ont proposé qu'à partir de la relation (26), on puisse recourir aux tests classiques F et t en les pondérant de la façon suivante : on pondère le F de Fisher obtenu sur (26) par le rapport $\frac{\sigma_e^2}{\lambda^2}$ et pour le t de Student par $\frac{\sigma_e^2}{\lambda}$. La variance résiduelle σ_e^2 s'obtient à partir de (26) par l'estimation habituelle c'est-à-dire $\frac{1}{T-k}\sum e_t^{*2}$ avec k le nombre de paramètres estimés dans (26). Le coefficient λ est obtenu à partir d'un processus AR appliqué à e_t^*. Par exemple $e_t^* = \lambda e_{t-1}^* + \varepsilon_t$.

Au cas où u_t et v_t sont réellement indépendants, $\gamma_n = 0, \forall \mathrm{n}$, le résidu e_t se confond avec u_t puisqu'on retrouve dans ce cas la relation (26) égale à la relation initiale (23).

6.3.3.3. Test de cointégration

La plupart des tests de cointégration proposés par Engle et Granger (1987) s'appuient principalement sur les résidus estimés Z_t^* de la relation statistique de façon à vérifier s'ils sont réellement $I(0)$ tel que le stipule le théorème de représentation de Granger lorsque les variables sont cointégrées.

Les tests proposés par les deux auteurs posent l'hypothèse nulle en cas d'absence d'une relation de cointégration, c'est-à-dire d'une non-stationnarité du résidu. Ces tests ne sont valables que dans le cas d'un modèle bivarié. Parmi les nombreux tests proposés, nous nous intéresserons particulièrement aux tests ADF et CRDW, mais Engle et Granger recommandent l'usage des tests ADF, car ils se révèlent être les plus puissants compte tenu des simulations réalisées[2]. Il faut souligner que pour obtenir les séries théoriques de tous ces tests, on ne recourt pas aux Tables de Dickey et Fuller ou de Bhargava, mais à des tables spécifiques d'Engle et Granger (1987), d'Engle et Yoo[3](1987) et Phillips et Aharis (1990).

a) Les tests DF et ADF

Suivant l'examen précédent du test de racine unitaire, l'objectif ici est de tester l'existence d'une racine unitaire dans les résidus estimés Z_t^* de la relation $Y_t = \alpha_0 + \alpha_1 X_t + Z_t$

Soit le test DF : $\Delta Z_t^* = \phi\, Z_{t-1}^* + u_t$ avec $\phi = \rho - 1$ (processus AR(1))

Test ADF :

$$\Delta Z_t^* = \phi\, Z_{t-1}^* + \sum_{i=2}^{p} \theta_i \Delta Z_{t-i}^* + u_t \text{ où } \phi = \rho - 1 \quad \text{(processus AR(p))}$$

L'interprétation se fait comme suit : si dans chacun des cas, le t de Student calculé (t_c) du coefficient ϕ^* est supérieur à la valeur théorique,

---

[2] Pour plus de détails sur l'ensemble des tests il faut se reporter à G. Bresson et A Pirotte (1995), B. Bhashara Rao (1994) et une série d'articles.

[3] Les valeurs critiques des différentes tables tiennent compte d'un échantillon d'au moins 50, mais selon certains auteurs tels que : G. Bresson et A. Pirotte, on peut utiliser ces tables pour des petits échantillons de 20 à 30 observations.

on accepte $H_0 : \phi = 0$ (conduisant $\rho = 1$), et donc les séries X_t et Y_t ne sont pas cointégrées du fait de leur non stationnarité.

b) Le test « Cointégration Regression Durbin Watson » ou test CRDW

C'est une procédure de test qui a recours à la statistique de Durbin Watson sous l'hypothèse nulle $H_0 : \rho = 1$, la statistique DW calculée est asymptotiquement voisine de 0. Si on admet H_0, les aléas suivent une marche au hasard et on rejette de ce fait l'hypothèse de cointégration des variables X_t et Y_t. Pour vérifier l'hypothèse de cointégartion, il faut que $DW \rightarrow 2$[4].

On peut aussi tester H_0, en vérifiant si DW calculé est inférieur à DW théorique $(DW_c < DW_\alpha)$ au seuil α, on accepte H_0, les perturbations suivent une marche au hasard et on rejette l'hypothèse de cointégration des séries donc de stationnarité.

[4] On sait que la statistique $DW \sim 2(1-\rho)$. Si $\rho = 1$, on a $DW \sim 0$. Si au contraire $\rho = 0$, on a $DW = 2$, et on tire la conclusion d'une cointégration entre les séries X_t et Y_t

c) Tableau 2 **: Tabulation des tests de cointégration**

$H_0 : \rho = 1,\ \phi = 0$ non cointégration (non stationnarité)	$H_1 : \lvert\rho\rvert < 1,\ \phi \neq 0$ cointégration (stationnarité)
$\left.\begin{matrix} DF \\ ADF \\ Phillips \end{matrix}\right\} t^{c}_{\phi^*} > t^{\alpha}_{\phi}$ $CRDW \quad DW_c < DW_\alpha$	$\left.\begin{matrix} DF \\ ADF \\ Phillips \end{matrix}\right\} t^{c}_{\phi^*} < t^{\alpha}_{\phi}$ $CRDW \quad DW_c > DW_\alpha$

Source : G. Bresson et A. Pirotte (1995)

Application

Considérons le modèle de consommation précédemment étudié sur la période 1960-1995. Dans le chapitre sur les processus non stationnaires, l'analyse des tests a montré que cette consommation présentait les caractéristiques d'un TS. Aussi, nous allons formuler plusieurs hypothèses pour confirmer ou infirmer les résultats précédents. Une démarche analogue sera faite pour le revenu de façon à comparer le niveau d'intégration des deux variables. Ce qui, s'il y a confirmation d'un ordre d'intégration $I(1)$ pour les deux distributions tendrait à attester l'existence d'une cointégration ou d'une évolution de long terme.

i) Considérons la série consommation sous différentes hypothèses :

la régression est avec constante et tendance

La série étant $I(1)$ et un TS, le modèle estimé est le suivant :

$$c_t = \mu_2 + \phi_1 c_{t-1} + \beta t + \varepsilon_t \qquad (27)$$

Variables	Coefficients	t-statistique	Probabilité
c_{t-1}	0,7279	0,1014	0,0000
t	0,01415	0,0058	0,0248
μ_2	2,5307	0,92548	0,0101

$R^2 = 0{,}985$ $\quad DW = 2{,}1386$

$R^2\, ajust\acute{e} = 0{,}984$

La tendance est significative, de même que ϕ, ce qui permet de conclure ou qui confirme que la série consommation est un TS.

ii) Considérons le revenu avec trend $r_t = \mu_2 + \phi_1 r_{t-1} + \beta t + \varepsilon_t$ (28)

Variables	Coefficients	t-statistique	Probabilité
r_{t-1}	0,7279	8,1645	0,0000
t	0,0141	2,7921	0,0088
μ_2	2,6295	3,1533	0,0035

$R^2 = 0{,}9925$ $\quad DW = 2{,}0392$

$R^2\, ajust\acute{e} = 0{,}9921$

Le revenu est un *TS* et la tendance est significative.

Dans l'exemple ci-dessus, il ressort une relation de cointégration entre consommation (c) et revenu (r). C'est à partir de là que Engle et Granger (1987) développent la seconde étape de leur raisonnement qui est l'estimation du modèle à correction d'erreur. La raison qui conduit à cette seconde étape est due à plusieurs facteurs. Dans la relation de long terme (équation 31), Phillips et Durlauf (1986) ont indiqué que la statistique de Student correspondant au test classique de significativité de $\beta \left(H_0 : \beta = 0 \right)$ n'est pas valide, du fait que la distribution asymptotique de l'estimateur des MCO de β est très complexe et ne suit pas une loi normale. De ce fait, il est difficile de tester la significativité du paramètre β dans la relation de long terme. Si on revient à la méthode d'Engle et de Granger, on part du principe que la relation de long terme entre les séries est décrite par l'équation $Y_t = \beta_0 + \beta_1 t$ (29). Il apparaît que cette hypothèse généralement annoncée par la théorie économique ne peut être testée avec cette procédure. Par contre, les résidus Z_t donnent une estimation du déséquilibre et pour avoir des informations sur la vitesse d'ajustement à l'équilibre, il est indispensable d'estimer un autre modèle appelé modèle à correction d'erreur (MCE).

C'est la seconde étape des auteurs Engle et Granger.

6.4. Les Modèles à Correction d'Erreur

Précédemment, nous avons montré que C_t et R_t étaient cointégrés, traduisant qu'il existe une relation de long terme ou d'équilibre entre les deux variables. Toutefois, cet équilibre de long terme ne signifie pas qu'il ne peut pas apparaître à court terme un déséquilibre. Le terme d'erreur Z_t exprime cette « erreur de déséquilibre ». La question qui s'est posée, était comment expliquer ou établir le lien entre ce déséquilibre de court terme et l'équilibre de long terme ? C'est à cette question que le MCE tente de répondre[5].

---

5 Les rappels historiques figurent dans T. Thiombiano (2002)

6.4.1. Conditions de recours au MCE

Les développements précédents ont montré qu'il existe un certain nombre de conditions pour recourir au MCE. Parmi ces conditions, la principale est incarnée par le théorème de représentation de Granger qui s'énonce comme suit : si deux séries *Y* et *X* sont cointégrées, la relation entre les deux peut s'exprimer comme un Modèle à Correction d'Erreur pour capturer la structure dynamique de l'évolution de court terme de ces séries.

6.4.2. Présentation du MCE

Soit le modèle : $Y_t = \beta_0 + \beta_1 X_t + Z_t$ (30) ; et considérons la relation de long terme $Y_t = \beta_0 + \beta_1 X_t$. (31)

Admettons que les deux variables sont $I(1)$, avec la combinaison linéaire cointégrante $Y_t - \beta_0 - \beta_1 X_t = Z_t \neq 0$. En principe, Z_t est $I(0)$ donc stationnaire. Le vecteur cointégrant est $(1, -\beta_0, -\beta_1)$, Z_t représente l'erreur de déséquilibre, le coefficient β_1 est le paramètre de long terme. Si X_t et Y_t sont en équilibre, $Z_t = 0$, dans le cas contraire est soit positif, soit négatif.

Supposons que : X_t et $Y_t \sim CI(1,1)$ et considérons la relation ci-après :

$$Y_t = k + aX_t + bX_{t-1} + \gamma Y_{t-1} + \varepsilon_t \quad (32)$$

Avec k = constante et $0 < \gamma < 1$

La représentation de (32) permet d'obtenir une représentation dynamique appelée MCE.

$$Y_t - Y_{t-1} = k + aX_t + bX_{t-1} + (\gamma - 1)Y_{t-1} + \varepsilon_t$$

On retranche au membre de droite et on lui ajoute en même temps aX_{t-1}, on obtient :

$$\Delta Y_t = k + a\Delta X_t + (a+b)X_{t-1} + (\gamma - 1)Y_{t-1} + \varepsilon_t$$
$$= a\Delta X_t - (1-\gamma)\left[Y_{t-1} - \frac{a+b}{1-\gamma}X_{t-1} - \frac{k}{1-\gamma}\right] + \varepsilon_t$$

Posons : $\frac{a+b}{1-\gamma} = \beta_1^*$ et $\frac{k}{1-\gamma} = \beta_0$

Finalement le résultat est :

$$\Delta Y_t = a\Delta X_t - (1-\gamma)\left[Y_{t-1} - \beta_1^* X_{t-1} - \beta_0\right] + \varepsilon_t$$

$$\Delta Y_t = k + a\Delta X_t + \lambda\left(Y_{t-1} + \beta_1^* X_{t-1}\right) + \varepsilon_t \quad (33)$$

avec $\lambda = -(1-\gamma)$ et $k = \beta_0 - \beta_0 \gamma$

Ce modèle décrit la variation de Y_t autour de son trend. β_1^* est l'estimateur des MCO de la relation de longue période et le modèle présente une certaine cohérence à condition que les variables soient intégrées, traduisant dans un tel cas que les différences premières ΔY_t et ΔX_t et $\left(Y_{t-1} - \beta_1^* X_{t-1}\right)$ sont $I(0)$, c'est-à-dire stationnaires. S'il y a équilibre, le terme $Y_{t-1} - \beta_1^* X_{t-1} = 0$. Au cours des périodes de déséquilibre, il mesure la distance à laquelle le système s'est écarté de son équilibre à la date t.

Afin d'avoir une indication sur la vitesse d'ajustement de Y_t vers son niveau d'équilibre, on recourt aux MCO du paramètre γ $(\gamma > 0)$. Toutefois, le coefficient $(-1+\gamma) < 0$.

On peut réécrire la relation (33) : comme suit :

$\Delta Y_t = a\Delta X_t + \lambda Z_{t-1} + k + \varepsilon_t$ (34)

avec $Y_{t-1} - \beta_1^* X_{t-1} - \beta_0^* = Z_{t-1}$ et $1-\gamma = \lambda$

Le modèle (33) signifie que ΔY_t est fonction de ΔX_t et également du terme d'équilibre Z_{t-1}. Si Z_{t-1} n'est pas nul, le modèle se place hors de l'équilibre. Admettons que $\Delta X_t = 0$ et que $Z_{t-1} > 0$. Cela implique que Y_{t-1} est très élevé pour être à l'équilibre, en d'autres termes, Y_{t-1} est au dessus de sa valeur d'équilibre $(k + bX_{t-1})$. Du fait qu'on s'attend à un $\lambda < 0$, l'expression $\lambda Z_{t-1} < 0$ et entraîne $\Delta Y_t < 0$ pour ramener l'équilibre initial. Cela veut dire que si Y_t est au-dessus de sa valeur d'équilibre, il commence à diminuer dans la période qui suit pour corriger l'équilibre d'où l'appellation de MCE. A l'inverse, si $Z_{t-1} < 0$ puisque $\lambda < 0$, (conduisant Y_t inférieur à sa valeur d'équilibre) $\lambda Z_{t-1} > 0$, ce qui conduira $\Delta Y_t > 0$ entraînant un accroissement de Y_t à la période suivante. Finalement, c'est la valeur absolue de λ qui oriente la rapidité avec laquelle l'équilibre est établi. Notons que a est le paramètre de court terme. En définitive, suivant les deux étapes définies par Engle et Granger, il ressort les deux paramètres qui sont : β_1^* de l'équation (31) qui exprime la relation de long terme et a de l'équation (34) qui caractérise la relation de court terme.

Finalement, les étapes d'Engle et de Granger se résument de la façon suivante :

<u>1ère étape</u> : Tester l'ordre d'intégration des séries. Une condition nécessaire de cointégration est que les séries doivent avoir le même ordre d'intégration. Dans le cas contraire, elles ne peuvent pas être cointégrées. Pour ce faire, il faut recourir aux tests DF et ADF de manière à déterminer le type de tendance (déterministe ou stochastique) des variables.

Si on a deux variables X_t et Y_t, pour parler de cointégration, il faut que $X_t \sim I(d)$ et $Y_t \sim I(d)$.

<u>2e étape</u> : estimer la relation de long terme.

Soit à considérer le modèle : $Y_t = \alpha + \beta \mathrm{X}_t + \varepsilon_t$. La seconde condition d'une existence de relation de cointégration entre X_t et Y_t est que le résidu Z_t issu de la régression des MCO soit stationnaire, c'est-à-dire :

$Y_t - \alpha^* - \beta^* \mathrm{X}_t = Z_t \sim I(0)$

La stationnarisation de Z_t ne se fait plus à l'aide des tests DF et ADF. Du fait que le test porte sur les résidus estimés et non pas sur les vraies valeurs des résidus, on recourt aux tables de Mackinnon (1991). Si les résidus sont stationnaires, on passe à l'estimation des MCE.

<u>3 e étape</u> : estimer le MCE

Cette procédure se fait en deux phases.

Phase 1 : estimation par moindres carrés ordinaires de la relation de long terme : $Y_t = \alpha^* + \beta^* \mathrm{X}_t + Z_t$

Phase 2 : estimation par les MCO de la relation du modèle dynamique (court terme) :

$\Delta Y_t = \alpha_1 \Delta X_t + \alpha_2 Z_{t-1} + \mu_t$ (35)

Le coefficient α_2 est la force de rappel et doit être significativement négatif. Si tel n'est pas le cas, on rejette la spécification de nature MCE. Concrètement, si $\alpha_2 > 0$ cela voudrait dire que Y_{t-1} est au dessus de sa valeur d'équilibre (la tendance) et s'éloignerait d'elle.

Le modèle (35) peut être généralisé pour saisir un processus dynamique plus complexe et ceci en introduisant les opérateurs de retard $A(L)$ et $B(L)$.

$A(L)\Delta Y_t = B(L)\Delta X_t + \lambda(Y_{t-1} - \beta^* X_{t-1}) + \varepsilon_t$ (36)[6]

Application : soit la production cotonnière (Y_t) du Burkina Faso en fonction des superficies (X_{1t}), de la pluviométrie (X_{2t}) et des prix (X_{3t})

Exemple : considérons une seule variable exogène, c'est-à-dire la superficie (X_{1t}). La première étape consiste à tester l'ordre d'intégration $I(d)$. De plus, pour simplifier les ordres de grandeurs, nous allons travailler sur les logarithmes népériens des variables. Ainsi, nous posons :

$LnY_t = y_t$, $LnX_{1t} = x_{1t}$

---

[6] $A(L) = 1 - \rho_1 L - ... - \rho_p L^p$

$B(L) = \alpha_0 + \alpha_1 L + ... + \alpha_p L^p$

$\lambda = 1 - \rho_1 - \rho_2 - ... - \rho_p = \sum_{i=1}^{p} \rho_i$

Les tests montrent que $y_t \sim I(0)$, $x_{1t} \sim I(0)$

En considérant les superficies x_{1t}, la relation de long terme est :

$y_t = a_0 + a_1 x_{1t} + z_t$

L'estimation par les moindres carrés conduit à dégager le résidu

$z_t^* = y_t - a_0^* - a_1^* x_{1t}$.

1) L'ordre d'intégration

Test de racine unitaire sur les variables

Test de racine unitaire sur y_t

ADF test statistique -4,690832	1% valeur critique*	-4,1896
	5% valeur critique	-3,5189
	10% valeur critique	-3,1898

* Valeur critique de Mackinnon pour le rejet de l'hypothèse de l'existence d'une racine unitaire.

y_t est stationnaire à 1%; donc $y_t \sim I(0)$

Test de racine unitaire sur x_{1t}

ADF test statistique -3,354039	1% valeur critique	-4,1896
	5% valeur critique	-3,5189
	10% valeur critique	-3,1898

* Valeur critique de Mackinnon pour le rejet de l'hypothèse de l'existence d'une racine unitaire.

x_{1t} est stationnaire à 10%; donc $x_{1t} \sim I(0)$

Les deux variables sont $I(0)$ au seuil de 1% pour la production et de 10% pour la superficie suivant la valeur critique de Mackinnon. Les deux tests donnent :

$y_t = 0{,}001 y_{t-1}$ avec une probabilité de 0,02.

$x_t = 0{,}006 x_{1t-1}$ avec une probabilité de 0,01.

Les deux distributions sont des $AR(1)$ sans constantes.

Graphique : représentation de y_t et de x_{1t}

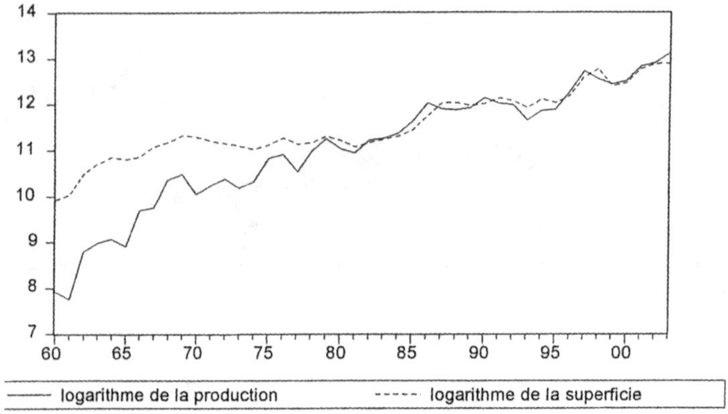

2) Le processus de cointégration

La régression par MCO donne :

$$y_t = 1{,}73 x_{1t} - 8{,}91$$

Cette équation exprime la relation de long terme avec $a^* = 1{,}73$ qui est le coefficient de long terme.

L'estimation par moindres carrés ordinaires a permis de dégager le résidu $z_t^* = y_t + 8{,}91 - 1{,}73 x_{1t}$

Du fait que le processus est un $AR(1)$, on va appliquer le test DF, d'où :

$\Delta z_t = \phi\, z_{t-1} + \mu_t$

par régression à partir des MCO, le résultat est : $\Delta z_t = -0{,}181\, z_{t-1}$

La probabilité du test est de 0,04, ce qui correspond à un $\alpha = 0,05$. Il ressort que le résidu est stable. La conclusion est que les deux séries sont cointégrées. Ce qui autorise à passer au MCE.

3) Le MCE

Conformément à l'équation (34), nous posons :

$\Delta y_t = a\Delta x_{1t} + \lambda\, z_{t-1} + k + \varepsilon_t$

Tableau 3 : Régression par MCO donne :

Variables	Coefficients	t-statistiques	Probabilité
Δx_{1t}	1,055885	0,238684	0,0001
z_{t-1}	-0,156846	0,082898	0,0657
k	0,048891	0,040732	0,2371

$R^2 = 0,350869$ $DW = 2,445590$

R^2 ajusté = 0,318413

Il ressort du tableau précédant que le coefficient associé à la force de rappel est négatif (-0,157) et significativement différent de zéro au seuil de 10%. En conclusion, il existe effectivement un mécanisme à correction d'erreur signifiant que sur une longue période, les déséquilibres entre la production de coton et les superficies se compensent de façon que les deux distributions aient une évolution similaire (confère graphique précédent) . De plus, on remarque que le taux de croissance de la production dépend positivement du taux de croissance des superficies. Néanmoins, il est à relever que la constante n'est pas significative.

6.5. La cointégration entre n variables et MCE

Si on se réfère aux théories macroéconomiques récentes et notamment celles portant sur l'équilibre, il ressort qu'une variable stationnaire est susceptible d'être expliquée par des variables non stationnaires. De tout temps d'ailleurs on sait qu'un phénomène économique peut être la combinaison de plusieurs variables. C'est la raison pour laquelle, il est nécessaire de porter l'analyse de la cointégration à n variables et de voir l'implication pour le MCE.

6.5.1. La cointégration entre n variables

Soit le modèle :

$$y_t = \beta_0 + \beta_1 x_{1t} + \beta_2 x_{2t} + \ldots + \beta_n x_{nt} + Z_t$$

et considérons que toutes ces variables sont $I(0)$ avec une certaine possibilité de cointégration. En se référant à la situation de deux variables dont la combinaison linéaire est stationnaire, si on généralise, on dira que la combinaison linéaire pour *n* variables est aussi stationnaire, ce qui entraîne leur cointégration. Le recours aux MCO du modèle permet d'estimer le résidu z_t.

$$Z_t = y_t - \beta_0 - \beta_1 x_{1t} - \beta_2 x_{2t} - \ldots - \beta_n x_{nt}$$

Dans le cas d'une stationnarité de Z_t, on admet l'hypothèse d'une cointégration entre les variables. Les tests *DF* et *ADF* de stationnarité sur le résidu Z_t s'effectuent comme dans le cas de deux variables sur les valeurs critiques tabulées par Mackinnon (1991) en fonction du nombre de variables total du modèle. Il ressort le vecteur suivant de cointégration $\{1, -\beta_0^*, -\beta_1^*, ..., -\beta_n^*\}$.

Il demeure toutefois des possibilités de cas complexes. A supposer que les variables $y_t, x_{1t}, x_{2t}, x_{3t}$ soient cointégrées deux à deux tel que par exemple : $y_t, x_{1t} \sim CI(1,1)$ et $x_{2t}, x_{3t} \sim CI(1,1)$ donnant leur combinaison linéaire $I(0)$.

Nous posons : $Z_t^{(1)} - y_t - a_0^* - a_1^* x_{1t}$ $\quad Z_t^2 = x_{2t} - \gamma_0^* - \gamma_1^* x_{3t}$. D'où les vecteurs cointégrants suivants : $r_1 = \{1, -a_0^*, -a_1^*\}$ et $r_2 = \{1, -\gamma_0^*, -\gamma_1^*\}$

Ce qui engendre deux vecteurs de cointégration r_1 et r_2. Pour la formulation de l'estimation du résidu Z_t, on aura :

$$Z_t - Z_t^1 + Z_t^2 = y_t - a_0^* - a_1^* x_{1t} + x_{2t} - \gamma_0^* - \gamma_1^* x_{3t} \sim I(0)$$

Ce qui génère un autre vecteur de cointégration qui est:

$$r_3 = \{1, -a_0^*, -a_1^*, 1, -\gamma_0^*, -\gamma_1^*\}$$

La conclusion qui s'impose est que dans un modèle à une variable endogène et n variables exogènes (donnant au total $n+1$ variables), il peut se former n vecteurs de cointégration linéairement indépendants. Le nombre de vecteurs linéairement indépendants appelé rang de la cointégration est *r*. Dans le cas présent on a 3 variables exogènes et une variable endogène. Il est ressorti un $n = 3$.

De façon générale, l'existence d'un vecteur unique de cointégration est possible lorsque les séries ont le même ordre d'intégration tel que $I(1)$. Dans le cas contraire, si les ordres sont différents, il y a toute certitude qu'il n'y ait pas un seul vecteur de cointégration.

La démarche est la suivante pour tester une probable cointégration entre plusieurs variables :

- on teste la cointégration sur les $n+1$ variables ;
- si l'hypothèse de cointégration est vérifiée, on teste les variables en les combinant.

6.5.2. Estimation des MCE

Si les tests précédents confirment l'existence d'une cointégration, il apparaît deux possibilités :

- il existe un vecteur unique de cointégration ;
- il existe plusieurs vecteurs de cointégration.

Si le premier cas de figure se confirme, on peut recourir aux méthodes d'estimation en deux étapes d'Engle et de Granger.

1°) Estimation par MCO de la relation de long terme et détermination du résidu Z_t

$$Z_t^* = y_t - \beta_0^* - \beta_1^* x_{1t} - \beta_2^* x_{2t} - \ldots - \beta_r^* x_{rt}$$

2°) Estimation par MCO de la relation de court terme

$$\Delta y_t = a_1 \Delta x_{1t} + a_2 \Delta x_{2t} + \ldots + a_r \Delta x_{rt} + \lambda Z_{t-1} + v_t$$

Le coefficient λ est la force de rappel et comme dans le cas à une variable exogène doit être négatif.

Le cas précédemment supposé d'un vecteur unique peut ne pas se présenter. S'il apparaît plusieurs vecteurs de cointégration, la méthode envisagée par Engle et Granger n'est plus applicable. En effet, il n'est plus possible en recourant aux MCO d'avoir des estimateurs non biaisés quels que soient les vecteurs de cointégration. Le recours qui est fait est celui de la représentation vectorielle à correction d'erreur (VECM).

Application : soit la relation entre la variable expliquée production de coton (y_t) et les trois variables explicatives suivantes : superficie (x_{1t}), pluviométrie (x_{2t}) et prix (x_{3t}).

Suivons les différentes étapes :

1) L'ordre d'intégration

Les variables y_t, x_{1t}, et x_{3t} sont des $AR(1)$ sans dérive tandis que x_{2t} est un $AR(1)$ avec dérive.

Les différentes séries sont $I(0)$ donc stationnaires en niveau. On peut conclure à l'existence d'un vecteur unique de cointégration.

2) Le modèle à correction d'erreur : MCE

Nous utilisons les données sur les statistiques cotonnières du Burkina Faso. La variable endogène est la production cotonnière et les variables explicatives sont respectivement la superficie emblavée, la pluviométrie et le prix moyen à l'année considérée retardée d'une période. Toutes ces variables sont prises en logarithmes népériens.

2.1. Test de stationnarité sur les différentes variables

Variables	*Statistique DF*	*Valeur critique*
y_t	-4,690832**	*-3,5189*
x_{1t}	-3,354039*	*-3,1898*
x_{2t}	-6,678**	*-3,5189*
x_{3t}	*-9,44***	*-3,5189*

** Variable stationnaire à 5% * Variable stationnaire à 10%

Il y a stationnarité en niveau de toutes les variables à 5 ou 10%.

2.2. Test de cointégration des variables deux à deux

Le test de cointégration de Johansen utilise la statistique du maximum de vraisemblance (*LR*) et se propose de tester les hypothèses :

H_0 : Non cointégration

H_1 : Cointégration

Le principe est qu'on accepte l'hypothèse de cointégration lorsque le ratio de vraisemblance est supérieur à la valeur critique à un seuil donné. On la rejette dans le cas contraire.

Ce test appliqué sur les séries des variables du modèle deux à deux, donne les résultats ci-dessous :

Couples de séries	*Ratio de vraisemblance*	*Valeur critique*
y_t *et* x_{1t}	*19,35***	12,53
y_t *et* x_{2t}	*16,74***	12,53
y_t *et* x_{3t}	*91,04***	12,53
x_{1t} *et* x_{2t}	*8,76**	12,53
x_{1t} *et* x_{3t}	*15,33***	12,53
x_{2t} *et* x_{3t}	143,64**	12,53

** séries cointégrées au seuil de 5% * séries non cointégrées au seuil de 5%

Du tableau, il ressort que toutes les séries à l'exception de x_{1t} *et* x_{2t}, sont cointégrées deux à deux au seuil de 5%.

2.3. Modèle MCE

2.3.1. Définition

De façon générale, le modèle *MCE* s'écrit :

$$\Delta y_t = \beta_0 + \beta_1 \Delta x_{1t} + \beta_2 \Delta x_{2t} + \beta_3 \Delta x_{3t} + \beta_4 y_{t-1} + \beta_5 x_{1t-1} + \beta_6 x_{2t-1} + \beta_7 x_{3t-1} + \varepsilon_t \quad (1)$$

Il exprime à la fois la relation de long et de court terme.

En posant : $Z_{t-1} = y_{t-1} - \beta_0 - \beta_5 x_{1t-1} - \beta_6 x_{2t-1} - \beta_7 x_{3t-1}$ *(2)* l'écart d'estimation retardé d'une période, l'équation du MCE devient :

$$\Delta y_t = \beta_0 + \beta_1 \Delta x_{1t} + \beta_2 \Delta x_{2t} + \beta_3 \Delta x_{3t} + \beta_4 Z_{t-1} + \varepsilon_t \quad (3)$$

2.3.2. Estimation de l'écart Z_t

De l'équation de base : $y_t = \beta_0 + \beta_1 x_{1t} + \beta_2 x_{2t} + \beta_3 x_{3t} + \varepsilon_t$ *(4)* on estime :

$$Z_t = y_t - \hat{b}_0 - \hat{b}_1 x_{1t} - \hat{b}_2 x_{2t} - \hat{b}_3 x_{3t} \quad (5)$$

Dependent Variable: y_t
Method: Least Squares
Sample: 1960 2003
Included observations: 44

Variable	Coefficient	Std. Error	t-Statistic	Prob.
x_{1t}	1.598076	0.076353	20.93016	0.0000
x_{2t}	-2.219904	0.382523	-5.803315	0.0000
x_{3t}	0.124663	0.053027	2.350926	0.0237
c	6.737452	2.716322	2.480358	0.0174

R-squared	0.945915	Mean dependent var	11.04415
Adjusted R-squared	0.941859	S.D. dependent var	1.334699
S.E. of regression	0.321829	Akaike info criterion	0.656914
Sum squared resid	4.142950	Schwarz criterion	0.819113
Log likelihood	-10.45210	F-statistic	233.1935
Durbin-Watson stat	1.643437	Prob(F-statistic)	0.000000

L'équation (2) s'écrit alors :

$Z_t = y_t - 6{,}74 - 1{,}60\, x_{1t} + 2{,}22\, x_{2t} - 0{,}12\, x_{3t}$ *(6)*.

Test de stationnarité de Z_t

ADF test statistique -4,943540	1% valeur critique	-3,5973*
	5% valeur critique	-2,9339
	10% valeur critique	-2,6048

* Valeur critique de Mackinnon pour le rejet de l'hypothèse de l'existence d'une racine unitaire à 1%

Après estimation de Z_t, on le retarde d'une période pour obtenir Z_{t-1} et on introduit dans l'équation (3) afin de l'estimer. Ainsi, l'estimation de (3) fournit les résultats ci-après :

2.3.3. Estimation du MCE

a) Relation de court de terme

Dependent Variable: Δy_t
Method: Least Squares
Sample: 1960 2003
Included observations: 44

Variable	Coefficient	Std. Error	t-Statistic	Prob.
Δx_{1t}	0.863103	0.199634	4.323415	0.0001
Δx_{2t}	0.014517	0.263099	0.055179	0.9563
Δx_{3t}	16.11894	4.907804	3.284349	0.0022
Z_{t-1}	-0.584778	0.123869	-4.720934	0.0000
c	-0.268983	0.103746	-2.592717	0.0134

R-squared	0.612579	Mean dependent var	0.120815
Adjusted R-squared	0.571798	S.D. dependent var	0.296031
S.E. of regression	0.193714	Akaike info criterion	-0.335919
Sum squared resid	1.425961	Schwarz criterion	-0.131128
Log likelihood	12.22226	F-statistic	15.02111
Durbin-Watson stat	2.025816	Prob(F-statistic)	0.000000

Le résidu est négatif et significatif à 1%. Tous les autres coefficients ont un signe positif. Ce qui est conforme à la théorie. A l'exception du coefficient de la pluviométrie (Δx_{2t}) qui n'est pas significatif statistiquement, les autres le sont.

b) Equilibre de long terme

Il s'agit de l'estimation de l'équation (1) à savoir :

$$\Delta y_t = \beta_0 + \beta_1 \Delta x_{1t} + \beta_2 \Delta x_{2t} + \beta_3 \Delta x_{3t} + \beta_4 y_{t-1} + \beta_5 x_{1t-1} + \beta_6 x_{2t-1} + \beta_7 x_{3t-1} + \varepsilon_t$$

Les coefficients β_1, β_2 et β_3 représentent la dynamique de court terme (ici ils sont aussi les élasticités de court terme) et les coefficients β_5, β_6 et β_7 caractérisent l'équilibre de long terme. Le coefficient β_4 est celui de la correction d'erreur, il doit être inférieur à l'unité et négatif. Ce qui est le cas ici car $\beta_4 = -0{,}40$ selon les résultats de l'estimation contenus dans le tableau suivant :

Dependent Variable: Δy_t
Method: Least Squares
Sample: 1961 2003
Included observations: 43 after adjusting endpoints

Variable	Coefficient	Std. Error	t-Statistic	Prob.
Δx_{1t}	0.834893	0.280890	2.972312	0.0053
Δx_{2t}	-0.125468	0.393581	-0.318786	0.7518
Δx_{3t}	0.818658	0.354422	2.309841	0.0269
y_{t-1}	-0.403983	0.125587	-3.216756	0.0028
x_{1t-1}	0.549904	0.235799	2.332087	0.0256
x_{2t-1}	-1.101723	0.507562	-2.170616	0.0368
x_{3t-1}	0.075281	0.166527	0.452064	0.6540
c	5.133424	2.876307	1.784728	0.0830

R-squared	0.543777	Mean dependent var	0.120815
Adjusted R-squared	0.452533	S.D. dependent var	0.296031
S.E. of regression	0.219036	Akaike info criterion	-0.032916
Sum squared resid	1.679194	Schwarz criterion	0.294749
Log likelihood	8.707694	F-statistic	5.959563
Durbin-Watson stat	2.355263	Prob(F-statistic)	0.000130

c) **Elasticités de long terme**

Ces élasticités de long terme sont les rapports des coefficients caractérisant l'équilibre de long terme par rapport au coefficient de y_{t-1}. Ainsi, on a :

$$e_{5L} = \frac{\beta_5}{\beta_4} = -\frac{0,55}{0,40} = -1,375$$

$$e_{6L} = \frac{\beta_6}{\beta_4} = \frac{-1,10}{-0,40} = 2,75$$

$$e_{7L} = \frac{\beta_7}{\beta_4} = -\frac{0,08}{0,40} = -0,2$$

En principe, $\sum_{i=1}^{k} e_{iL} = 0$. Ces coefficients normalisés sont les élasticités de longue période. Ainsi on a :

$$e_{5L} = -1,77 \qquad e_{6L} = 2,36 \quad e_{7L} = -0,59$$

$$\sum_{i=1}^{3} e_{iL} = 0$$

Il s'agit de l'influence proportionnelle de chacune des variables sur l'accroissement de la production. On remarque qu'une augmentation de 1% des superficies et des prix entraîne respectivement une baisse de 0,59% et de 1,77% de la production. Pour la superficie on peut le justifier par l'inélasticité de la main-d'œuvre (souvent familiale), entraînant l'incapacité de la main-d'œuvre disponible à pouvoir faire face à cette augmentation des superficies. Pour l'augmentation des prix qui entraîne une diminution de la production, il s'agit d'un paradoxe qui se justifie si l'on se réfère à nos analyses portant sur « la controverse empirique et théorique posée par le comportement des producteurs consommateurs »

(T. Thiombiano, 1997). Cet article analyse le comportement du producteur-consommateur face à la décision de produire et de vendre. La décision repose sur la notion de revenu-objectif entraînant que si ce revenu est satisfait, même si les prix augmentent, le producteur-consommateur diminue son offre de céréales. Ici, il s'agit d'élasticité de long terme, cela veut dire qu'en longue période, si cette augmentation des prix se poursuit, le producteur va diminuer sa production du fait de la satisfaction de ce revenu objectif. Il pourra s'adonner à des activités de loisirs.

Exercices

1. Soit le modèle à correction d'erreur suivant :

$\Delta Y_t = a_1 \Delta X_t + a_2 Z_{t-1} + v_t$

avec Z_{t-1} le résidu de la régression des MCO.

a) Que représentent respectivement a_1 et a_2 ?

b) La régression par MCO a donné $a_2 > 0$. Que traduit concrètement cette valeur positive du coefficient a_2 ? Quelle serait la forme de la variance du processus Y_t ?

2. Considérons un modèle composé d'une variable expliquée et de 4 variables explicatives. Les tests ont montré que les variables y_t, x_{1t}, x_{2t}, x_{3t} *et* x_{4t} sont cointégrés deux à deux.

a) Quel est le nombre de vecteurs de cointégration linéairement indépendants que l'on peut former ?

a) Ecrire chacun de ces vecteurs.

b) Quel est le rang (r) de la cointégration ?

3. Considérons les trois modèles à correction d'erreurs suivants :

$$\Delta y_{1t} = \underset{(-1,57)}{-0{,}02} + \underset{(1,18)}{0{,}04}\Delta y_{3t} + \underset{(3,63)}{0{,}22}\,\Delta y_{2t} - \underset{(-5,50)}{0{,}11 z^*_{t-1}}$$

$$\Delta y_{3t} = \underset{(1,18)}{0{,}10}\Delta y_{1t} + \underset{(11,60)}{1{,}20}\,\Delta y_{2t} - \underset{(-0,12)}{0{,}005 z^*_{t-1}}$$

$$\Delta y_{2t} = \underset{(-1,11)}{-0{,}08} + \underset{(5,53)}{0{,}40}\Delta y_{1t} + \underset{(1,12)}{0{,}003}\,\Delta y_{3t} + \underset{(2,16)}{0{,}05 z^*_{t-1}}$$

a) Ces modèles obéissent-ils au principe du MCE ?

b) S'il existe des mécanismes à correction d'erreur, et si les données sont annuelles, dites quel est le délai moyen de retour à l'équilibre ?

4. Soit le modèle de consommation C_t suivant :

$$\underset{}{LogC_t} = \underset{(-9{,}920)}{-4{,}85} + \underset{(36{,}180)}{1{,}645}\, LogY_t$$

$R^2 = 0{,}953 \qquad DW = 0{,}136$

Quelle conclusion pouvez-vous tirer de cette relation ?

CHAPITRE VII

VECTEURS AUTOREGRESSIFS

Introduction

Dans l'étude des modèles à équations simultanées, il est établi que le développement dynamique des phénomènes économiques rendait leur explication insuffisante à partir d'une seule équation ; d'où la nécessité de recourir à plusieurs équations pour leur explication.

Parmi les modèles à équations multiples, il y a des spécificités dues aux liaisons qui peuvent s'établir entre les variables ; ainsi, il y a des modèles dans lesquels une variable endogène d'une équation est variable exogène d'une autre : ils sont dits modèles à équations simultanées.

Il arrive enfin que dans l'étude des phénomènes économiques à une équation, la variable intervienne avec un ou plusieurs retards (p) comme variable explicative. Dans un tel cas, on est en présence d'un processus autorégressif $AR(p)$ avec $p = 1, 2 \cdots$

L'étude des vecteurs autorégressifs (VAR) est le prolongement de cette analyse dynamique des phénomènes économiques faisant intervenir plusieurs variables endogènes expliquées par leurs valeurs retardées et par les valeurs courantes (ou retardées) d'une autre variable endogène. Les VAR sont une combinaison des modèles à équations simultanées et des processus autorégressifs.

Les modèles VAR ont été introduits par Christopher Sims (1980) à partir d'une critique basée sur l'analyse des modèles macroéconomiques. En fait, Sims a surtout critiqué la plausibilité des restrictions relatives à la spécification de ces modèles structurels. De façon générale, on sait que dans les modèles à équations simultanées, l'identification des paramètres reste une grande préoccupation. D'où l'idée d'imposer des restrictions peu plausibles. Ces restrictions ou contraintes sont synthétisées par Gouriéroux et Monfort (1990) en trois points :

- l'égalité à 1 de certains paramètres (contrainte de normalisation) ;
- l'égalité à 0 de certains paramètres (contraintes d'exclusion) ;
- l'égalité de certains paramètres entre eux ou restrictions linéaires.

Lorsque la théorie n'impose pas de restriction ou lorsqu'elle est remise en cause comme le soulignent Larue et Gervais (1998), il peut être souhaitable de recourir à des modèles qui imposent un minimum de structure. Tel est l'esprit dans lequel les modèles *VAR* ont été construits.

a) Le premier problème à analyser ici est qu'on connaît comment estimer les paramètres des modèles à équations simultanées en coupe instantanée ou lorsqu'on a affaire à des variables temporelles, on supposait qu'elles étaient stationnaires. Or, la réalité économique a montré que la plupart des chroniques étaient non stationnaires. A cet effet, plusieurs méthodes ont été proposées pour tester la stationnarité ou non de ces variables dans le cas de modèles à une équation (avec une variable exogène). Parmi ces méthodes, il y a le test de la « racine unitaire » dont nous avons parlé au chapitre précédent. La question à étudier reste comment procéder pour estimer les coefficients d'un modèle de série temporelle à équations simultanées.

b) Le second problème est qu'un modèle *VAR* est un modèle de forme réduite, traditionnellement utilisé pour effectuer des tests de stationnarité, de causalité et d'exogénéité ou pour faire ressortir la dynamique des ajustements des variables endogènes du système. Pour l'exogénéité et la causalité on peut se reporter à David F. Hendry (1995), Michio Hatanaka (1996) et Walter Enders (1995).

Avant de revenir sur ces notions, il faut souligner que « les concepts d' exogénéité et de causalité proviennent selon G. Bresson et A. Pirotte(1995) de la mise en place de certaines restrictions dans un modèle dynamique à équations simultanées ». Ces problèmes rejoignent ceux déjà évoqués par Gouriéroux et Montfort (1990).

Les économètres ont proposé une démarche qui reprenait dans leur grande ligne une des démarches de la résolution des modèles classiques à équations simultanées. Toutefois, il existe quelques difficultés relatives à certaines méthodes ; notamment lorsqu'on a recours aux coefficients de la forme réduite. Cette observation est relative à l'interprétation économique des coefficients obtenus. Or, dans la méthode utilisant les *VAR* comme système d'estimation des paramètres, des difficultés de cette nature sont susceptibles de se présenter. La question qui se pose ici est de savoir comment résoudre de telles difficultés ? Pour répondre à cette question, nous étudierons successivement : la définition et la caractérisation des *VAR* , l'estimation et la spécification des *VAR* , la prévision, la causalité et l'exogénéité, avant d'examiner l'extension de la notion de *VAR* et leurs limites à la connaissance économique.

7.1. Définition

Un ensemble de variables temporelles est généré par un modèle VAR si chacune de ces variables est une fonction linéaire de ses propres valeurs passées et des valeurs passées des autres variables du groupe, à laquelle s'ajoute un choc stochastique appelé bruit blanc.

Considérons les deux variables C_t et R_t représentant la consommation et le revenu. Ce sont deux variables stochastiques générées par un modèle VAR à deux retards, soit $VAR(2)$, s'il existe les coefficients β_{ij} et α_{ij}, de même que des variables de nature bruit blanc ν_{1t} et ν_{2t} de sorte que :

$$(I)\begin{cases} C_t = \mu_1 + \varphi_{11}C_{t-1} + \varphi_{12}C_{t-2} + \varphi_{13}R_{t-1} + \varphi_{14}R_{t-2} + \nu_{1t} \\ R_t = \mu_2 + \varphi_{21}C_{t-1} + \varphi_{22}C_{t-2} + \varphi_{23}R_{t-1} + \varphi_{24}R_{t-2} + \nu_{2t} \end{cases}$$

C'est la forme structurelle de la représentation VAR. Le système peut être également représenté sous forme matricielle :

$$(II) \quad \begin{pmatrix} C_t \\ R_t \end{pmatrix} = \begin{pmatrix} \mu_1 \\ \mu_2 \end{pmatrix} + \begin{pmatrix} \varphi_{11} & \varphi_{13} \\ \varphi_{21} & \varphi_{23} \end{pmatrix} \begin{pmatrix} C_{t-1} \\ R_{t-1} \end{pmatrix} + \begin{pmatrix} \varphi_{12} & \varphi_{14} \\ \varphi_{22} & \varphi_{24} \end{pmatrix} \begin{pmatrix} C_{t-2} \\ R_{t-2} \end{pmatrix} + \begin{pmatrix} \nu_{1t} \\ \nu_{2t} \end{pmatrix}$$

Intégrons l'opérateur de retard L dans (II) :

$$\begin{pmatrix} C_t \\ R_t \end{pmatrix} = \begin{pmatrix} \mu_1 \\ \mu_2 \end{pmatrix} + \begin{pmatrix} \varphi_{11} & \varphi_{13} \\ \varphi_{21} & \varphi_{23} \end{pmatrix} L \begin{pmatrix} C_t \\ R_t \end{pmatrix} + \begin{pmatrix} \varphi_{12} & \varphi_{14} \\ \varphi_{22} & \varphi_{24} \end{pmatrix} L^2 \begin{pmatrix} C_t \\ R_t \end{pmatrix} + \begin{pmatrix} \nu_{1t} \\ \nu_{2t} \end{pmatrix}$$

Ce qui entraîne :

$$(III) \quad \left[\begin{pmatrix} 1 & 0 \\ 0 & 1 \end{pmatrix} - \begin{pmatrix} \varphi_{11} & \varphi_{13} \\ \varphi_{21} & \varphi_{23} \end{pmatrix} L - \begin{pmatrix} \varphi_{12} & \varphi_{14} \\ \varphi_{22} & \varphi_{24} \end{pmatrix} L^2 \right] \begin{pmatrix} C_t \\ R_t \end{pmatrix} = \begin{pmatrix} \mu_1 \\ \mu_2 \end{pmatrix} + \begin{pmatrix} \nu_{1t} \\ \nu_{2t} \end{pmatrix}$$

A la lumière du résultat précédent, il se dégage une définition plus générale du modèle VAR.

7.2. Représentation générale

Un processus aléatoire multivarié Y à n composantes est généré par un modèle $VAR(p)$ s'il existe un vecteur μ, des matrices Φ_i de format $n \times n$, et un processus aléatoire multivarié ν dont chaque composante est un bruit blanc, tels que :

$$Y_t = \mu + \sum_{i=1}^{P} \Phi_i Y_{t-i} + \nu_t \qquad (1)$$

de sorte qu'on puisse écrire au regard de (III) :

$$\left(I_n - \sum_{i=1}^{P} \Phi_i L^i \right) Y_t = \mu + \nu_t \qquad (2)$$

ou encore qu'on ait :

$$\Phi(L) Y_t = \mu + \nu_t \qquad (3)$$

On sait que $\Phi(L)$ est un polynôme matriciel de retard L, défini par :

$$\Phi(L) = \left(I_n - \sum \Phi_i L^i \right) \qquad (4)$$

Si on se réfère à l'exemple précédent de la consommation et du revenu, les équations ci-dessus se traduisent ainsi qu'il suit :

$$Y_t = \begin{pmatrix} C_t \\ R_t \end{pmatrix} \quad \mu = \begin{pmatrix} \mu_1 \\ \mu_2 \end{pmatrix} \quad \Phi_1 = \begin{pmatrix} \varphi_{11} & \varphi_{13} \\ \varphi_{21} & \varphi_{23} \end{pmatrix} \quad \Phi_2 = \begin{pmatrix} \varphi_{12} & \varphi_{14} \\ \varphi_{22} & \varphi_{24} \end{pmatrix} \quad \nu = \begin{pmatrix} \nu_1 \\ \nu_2 \end{pmatrix}$$

n le nombre de variables est égal à 2.

$$I_2 = \begin{pmatrix} 1 & 0 \\ 0 & 1 \end{pmatrix}, \; \nu_t = \begin{pmatrix} \nu_1 \\ \nu_2 \end{pmatrix} \quad \text{et} \quad \Phi(L) = \left[\begin{pmatrix} 1 & 0 \\ 0 & 1 \end{pmatrix} - \begin{pmatrix} \varphi_{11} & \varphi_{13} \\ \varphi_{21} & \varphi_{23} \end{pmatrix} L - \begin{pmatrix} \varphi_{12} & \varphi_{14} \\ \varphi_{22} & \varphi_{24} \end{pmatrix} L^2 \right]$$

En considérant la représentation VAR à n variables et p décalages (notée $VAR(p)$), l'équation (1) s'écrira :

$$Y_t = \mu + \Phi_1 Y_{t-1} + \Phi_2 Y_{t-2} + \cdots + \Phi_p Y_{t-p} + \nu_t \qquad (5)$$

$$Y_t = \begin{pmatrix} y_{1,t} \\ y_{2,t} \\ \vdots \\ y_{n,t} \end{pmatrix}, \qquad \mu = \begin{pmatrix} \mu_1 \\ \mu_2 \\ \vdots \\ \mu_n \end{pmatrix}, \qquad \Phi = \begin{bmatrix} \varphi_{11} & \varphi_{12} & \cdots & \varphi_{1n} \\ \varphi_{21} & \varphi_{22} & \cdots & \varphi_{2n} \\ \vdots & \vdots & & \vdots \\ \varphi_{n1} & \varphi_{n2} & \cdots & \varphi_{nn} \end{bmatrix}, \quad v_t = \begin{pmatrix} v_{1t} \\ v_{2t} \\ \vdots \\ v_{nt} \end{pmatrix}$$

On note : $\sum_v = E(v_t v_t^{'})$, la matrice de dimension (n, n) des variances-covariances des aléas qui est une matrice inconnue.

L'introduction de l'opérateur de retard L dans (5) permet comme précédemment de poser :

$$\left(1 - \Phi_1 L - \Phi_2 L^2 - \cdots - \Phi_p L^p\right) Y_t = \mu + v_t \qquad (6)$$

ou encore

$$\Phi(L) Y_t = \mu + v_t \qquad (7)$$

7.3. Etude de la stationnarité

7.3.1. Définition

Un processus vectoriel $\{Y_t;\ t \in Z\}$ de dimensions $(n, 1)$, est défini comme stationnaire, si les moments par rapport au temps sont :

- $E(Y_t) = \mu \qquad \forall t \in Z$
- $E(Y_t^2) = Var(Y_t) < \infty; \qquad \forall t \in Z$
- $Cov(Y_t\ Y_{t-i}) = \gamma_k \qquad \forall (t, k) \in Z^2$

En examinant un processus $VAR(p)$, il ressort que les conditions de stationnarité s'imposent sur les racines du déterminant du polynôme matriciel $\Phi(L)$.

7.3.2. Proposition

Un processus vectoriel $\{Y_t;\ t \in Z\}$, de format $(n,1)$, satisfaisant une représentation $VAR(p)$ telle que $\forall t \in Z$:

$$\Phi(L)Y_t = Y_t - \Phi_1 Y_{t-1} - \Phi_2 Y_{t-2} - \cdots - \Phi_p Y_{t-p} = \mu + v_t$$

est stationnaire si et seulement si les racines du déterminant noté : $\det\left(I - \Phi_1 \lambda_i - \Phi_2 \lambda_i^2 - \Phi_p \lambda_i^p\right) = 0$ du polynôme $\Phi(L)$ notées λ_i avec $i \in [1,\ n]$, sont toutes supérieures à l'unité.

$$\det[\Phi(\lambda_i)] = |\Phi(\lambda_i)| \text{ avec } |\lambda_i| > 1, \forall i \in [1, n]$$

L'ensemble de ces considérations impliquent qu'un VAR stationnaire ne doit avoir ni trend, ni saisonnarité, ni racine unitaire.

<u>Exemple</u> : Reprenons l'étude de la consommation C_t et du revenu R_t.

$$\begin{pmatrix} c_t \\ r_t \end{pmatrix} = \begin{pmatrix} 0{,}21 \\ 0{,}32 \end{pmatrix} + \begin{pmatrix} 0{,}45 & 0{,}52 \\ -0{,}08 & 1{,}05 \end{pmatrix} \begin{pmatrix} c_{t-1} \\ r_{t-1} \end{pmatrix} + \begin{pmatrix} \mu_{1t} \\ \mu_{2t} \end{pmatrix} \qquad (8)$$

L'étude de la stationnarité de ce modèle $VAR(1)$ se ramène à chercher la valeur absolue des deux racines et voir si ces valeurs sont en dehors du cercle unitaire.

Le déterminant est :

$$\det\left[\begin{pmatrix} 1 & 0 \\ 0 & 1 \end{pmatrix} - \begin{pmatrix} 0{,}45 & 0{,}52 \\ -0{,}08 & 1{,}05 \end{pmatrix} \lambda \right] = 1 - 1{,}50\lambda + 0{,}51\lambda^2 \Rightarrow \lambda_1 = 1{,}92 \text{ et } \lambda_2 = 1{,}02$$

Les deux racines sont supérieures en valeurs absolues à 1, conduisant à conclure à la stationnarité du processus.

7.4. Estimation et spécification des $VAR(p)$

7.4.1. *Estimation*

a) Hypothèses

Il existe un certain nombre de conditions pour l'estimation des paramètres d'un VAR . La première condition est que les variables doivent être stationnaires. Si ce n'est pas le cas, il faut stationnariser les séries. Par ailleurs, les VAR satisfont aux conditions classiques des MCO. Enfin, le vecteur aléatoire μ_t est un BB, c'est-à-dire :

$$Cov(\mu_t\ \mu_{t'}) = 0\ \forall t \neq t'.$$

Les variances de μ_t sont constantes quel que soit t.

b) Méthode

Si un processus VAR a certaines analogies avec les modèles à équations simultanées ou la forme structurelle de ces modèles, où on distingue variables endogènes et variables exogènes, il reste cependant que dans les deux types de modèles, les hypothèses sont formulées autrement. En effet, selon Sims (1980), s'il y a une véritable simultanéité entre une multitude de variables, elles devraient toutes être considérées de la même manière.

Pour lui, il ne devrait pas y avoir de distinction entre variables endogènes et variables exogènes. Il faut dire que cette considération n'est pas nouvelle et trouve ses origines dans la « causalité de Granger « (1969).

Cet amalgame entre variables endogènes et variables exogènes est contestable. De plus, en réalité, le *VAR* ne se présente pas sous une forme structurelle, mais sous une forme réduite dès le départ. Cette présentation tout en ayant l'avantage de résoudre le problème de l'identification (suridentification) et de donner de bonnes prévisions (les coefficients ont une variance minimale par rapport à la forme structurelle), il n'en demeure pas moins que leur signification économique pose des problèmes.

Soit le modèle $VAR(p)$ estimé de (5) :

$$Y_t = \Phi_0^* + \Phi_1^* Y_{t-1} + \Phi_2^* Y_{t-2} + \cdots + \Phi_p^* Y_{p-1} + e \qquad (9)$$

e étant le vecteur de dimensions $(n+1)$ des résidus d'estimation $e_{1t}, e_{2t} \cdots e_{nt}$.

On note $\sum_e$ la matrice des variances-covariances estimées des résidus du modèle.

Il faut souligner qu'après une analyse des séries chronologiques, si elles ne sont pas stationnaires, il faut procéder à leur stationnarisation par différences avant l'estimation des coefficients (cas d'une tendance aléatoire), ou en ajoutant une composante trend à la spécification *VAR* (cas d'un trend déterministe).

Dans le cas de mouvement saisonnier où d'une période anormale, on peut ajouter au modèle *VAR* des variables binaires afin de corriger ces anomalies ou ces perturbations.

Avant d'estimer un $VAR(p)$, il est nécessaire de déterminer la longueur maximale du retard p.

7.4.2. Spécification

La détermination du nombre de retards (ou ordre) des *VAR* obéit à la même procédure que celle des modèles à retards échelonnés (cf. T. Thiombiano 2002 ch.6). Afin d'éviter une décision arbitraire du nombre de retards, des critères ont été proposés par Akaike (1981) et Schwartz (1978). La procédure de sélection de l'ordre de la représentation se ramène à estimer tous les *VAR* pour un nombre de retards allant de 0 à h (h étant le retard maximum accepté par la théorie économique ou par les données existantes). Les fonctions notées $AIC(h)$ et $SC(h)$ sont déterminées comme suit :

$$AIC(h) = L\left[\det\left|\sum_e\right|\right] + \frac{2k^2 p}{n}$$

$$SC(h) = L\left[\det\left|\sum_e\right|\right] + \frac{k^2 pL(n)}{n}$$

avec $k =$ nombre de variables du système ;

$n =$ nombre d' observations ;

$p =$ nombre de retards qui minimise les critères AIC ou SC.

$\sum_e =$ matrice des variances-covariances des résidus du modèle.

$h =$ le retard maximum

Il faut faire remarquer que le recours à ces deux indicateurs AIC ou SC se justifie d'autant plus que si on introduisait empiriquement trop de décalages on réduirait le nombre de degrés de liberté, sans oublier l'éventualité de l'introduction d'une multicolinéarité. Par contre, si on introduisait trop peu de retards, il pourrait y avoir un problème de spécification.

7.5. *VAR* et prévision

Dans la mesure où le modèle *VAR* se présente sous la forme réduite, les coefficients estimés se prêtent davantage à la prévision. Toutefois, l'inquiétude que nous émettons est le sens économique à donner. Or, dans la mesure où ces coefficients n'ont pas été déterminés à partir de ceux d'une forme structurelle, on ne peut pas retrouver les paramètres de cette forme. Ces réserves étant émises, considérons la prévision du modèle (8).

Soit un $VAR(1)$, c'est-à-dire à l'horizon 1.

$$Y_n^*(1) = \Phi_0^* + \Phi_1^* Y_n$$

A l'horizon 2 périodes, la prévision est :

$$Y_n^*(2) = \Phi_0^* + \Phi_1^* Y_n^*(1) = \Phi_0^* + \Phi_1^* \Phi_0^* + \Phi_1^{*2} Y_n$$

A l'horizon de 3 périodes, la prévision est notée :

$$Y_n^*(3) = \Phi_0^* + \Phi_1^* Y_n^*(2) = \left(I + \Phi_0^* + \Phi_1^{*2}\right)\Phi_0^* + \Phi_1^{*3} Y_n .$$

En définitive, lorsque h tend vers l'infini, la prévision tend vers une valeur constante (état stationnaire) du fait que $\Phi^{*i} \to 0$ si $i \to \infty$ [1] avec $|\Phi|\langle 1$.

---

[1] Pour une démonstration complète c.f. T. Thiombiano (2002) ch.5.

On sait que $E(e) = 0$ entraînant que la racine est déterminée par :

$$\sum_e (h) = M_0 \sum_e M_0' + M_1 \sum_e M_1' + \cdots + M_{h-1} \sum_e M_{h-1}' \qquad (10)$$

avec M_i défini de la façon suivante :

$$M_i = \sum_{j=1}^{\min(p,i)} \Phi_j^* M_{i-j} \qquad (11) \quad \text{où } i = 1, 2 \cdots \text{ et } M_0 = I$$

De là, il ressort :

$$M_1 = \Phi_1^*; \quad M_2 = \Phi_1^* M_1 + \Phi_2^* M_0 = \Phi_1^{*2} + \Phi_2^*;$$

$$M_3 = \Phi_1^* M_2 + \Phi_2^* M_1 + \Phi_3^* M_0 = \Phi_1^{*3} + \Phi_1^* \Phi_2^* + \Phi_2^* \Phi_1^* + \Phi_3^*$$

avec $M_0 = I \Rightarrow \Phi_3^* M_0 = \Phi_3^*$

Les variances $\left(\sigma_n^{*2}(h)\right)$ des erreurs de prévision pour chacune des k variables figurent sur la diagonale de la matrice $\sum_e (h)$. L'intervalle de prévision au seuil $\left(1 - \alpha/2\right)$ s'écrit : $Y_n^*(h) \pm t^{\alpha/2} \times \sigma_n^*(h)$[2].

<u>Application</u> : Modélisons sous la forme VAR, la consommation (c_t) et le revenu (r_t). Les donnés sont annuelles de 1960 à 1995 pour les ménages de la ville de Ouagadougou en logarithmes népériens.

Travail à faire :

1) Estimer les coefficients du modèle ;

2) Déterminer le nombre de retards du modèle VAR ;

3) Faire la prévision pour l'année 1996 en considérant $\alpha = 0,05$

---

[2] $t^{\alpha/2}$ est la valeur de la distribution normale.

Solutions

1) Détermination du nombre de retards.

Conformément à ce qui a été développé précédemment, nous allons recourir aux critères de Akaike et Schwartz pour des décalages h allant de 1 à 3. En d'autres termes, il s'agit d'estimer 3 modèles différents et choisir celui dont les critères AIC et SC sont les plus petits. Il faut préciser que la valeur limite $h = 3$ a été prise arbitrairement.

2) Estimation du modèle

A partir du modèle (8) on peut réécrire :

$$c_t = \varphi_{10} + \varphi_{11}c_{t-1} + \varphi_{12}r_{t-1} + \mu_{1t}$$
$$r_t = \varphi_{20} + \varphi_{21}c_{t-1} + \varphi_{22}r_{t-1} + \mu_{2t}$$

L'estimation par MCO a donné les résultats ci-après :

$$c_t = 0{,}21 + 0{,}45c_{t-1} + 0{,}52r_{t-1} + e_{1t}$$
$$r_t = 0{,}32 - 0{,}08c_{t-1} + 1{,}05r_{t-1} + e_{2t}$$

$Var(e_{1t}) = 0{,}004718$ $\qquad$ $Var(e_{2t}) = 0{,}002886$

$E(e_{1t}\ e_{2t}) = 0{,}002886$

$$\det\left(\sum{}_e\right) = \begin{vmatrix} e_{1t}e_{1t} & e_{1t}e_{2t} \\ e_{1t}e_{2t} & e_{2t}e_{2t} \end{vmatrix} = \begin{vmatrix} 0{,}004718 & 0{,}002886 \\ 0{,}002886 & 0{,}002886 \end{vmatrix} = 0.00000528715$$

- Détermination du nombre de retards

Pour $p = 1$ c'est-à-dire retard 1

$$SC(1) = L\left[\det\left(\sum_e\right)\right] + \frac{k^2 pL(n)}{n} = 0.000000528715 + \frac{2^2 \times 1 \times L(36)}{36} = 0,40$$

et

$$AIC(1) = L\left[\det\left(\sum_e\right)\right] + \frac{2k^2 p}{n} = 0.000000528715 + \frac{2 \times 2^2 \times 1}{36} = 0,22$$

De la même façon, nous pouvons déterminer :

Pour $p = 2$, il faut déterminer $\sum_e(2)$.

$\sum_e(2) = \sum_e(1) + \Phi_1^* \sum_e \Phi_1^{*'}$ soit :

$$\sum_e(2) = \begin{bmatrix} e_{1t}e_{1t} & e_{1t}e_{2t} \\ e_{1t}e_{2t} & e_{2t}e_{2t} \end{bmatrix} + \begin{bmatrix} 0,45 & 0,52 \\ -0,08 & 1,05 \end{bmatrix} \begin{bmatrix} e_{1t}e_{1t} & e_{1t}e_{2t} \\ e_{1t}e_{2t} & e_{2t}e_{2t} \end{bmatrix} \begin{bmatrix} 0,45 & -0,08 \\ 0,52 & 1,05 \end{bmatrix}$$

$$= \begin{bmatrix} 0,007880442 & 0,005535485 \\ 0,00553549 & 0,005613162 \end{bmatrix} \Rightarrow \det\left(\sum_e(2)\right) = 0,0000131659$$

$SC(2) = 0,80$ $\qquad\qquad$ $AIC(2) = 0,44$

Pour $p = 3$,

$$\sum_e(3) = \sum_e(1) + \Phi_1^* \sum_e \Phi_1^{*'} + \Phi_1^{*2} \sum_e \Phi_1^{*'2}$$

$$= \begin{bmatrix} e_{1t}e_{1t} & e_{1t}e_{2t} \\ e_{1t}e_{2t} & e_{2t}e_{2t} \end{bmatrix} + \begin{bmatrix} 0,45 & 0,52 \\ -0,08 & 1,05 \end{bmatrix} \begin{bmatrix} e_{1t}e_{1t} & e_{1t}e_{2t} \\ e_{1t}e_{2t} & e_{2t}e_{2t} \end{bmatrix} \begin{bmatrix} 0,45 & -0,08 \\ 0,52 & 1,05 \end{bmatrix} + \begin{bmatrix} 0,45 & 0,45 \\ -0,08 & 1,05 \end{bmatrix}^2 \begin{bmatrix} e_{1t}e_{1t} & e_{1t}e_{2t} \\ e_{1t}e_{2t} & e_{2t}e_{2t} \end{bmatrix}$$

$$\times \begin{bmatrix} 0,45 & -0,08 \\ 0,52 & 1,05 \end{bmatrix}^2 = \begin{bmatrix} 0,0104068 & 0,00805507 \\ 0,00805507 & 0,0081945 \end{bmatrix} \Rightarrow \det\left(\sum_e(3)\right) = 0,0000203944$$

$AIC(3) = 0,67$ $\qquad\qquad$ $SC(3) = 1,945$

En définitive, le nombre de retards est $p = 1$ puisque c'est pour cette valeur qu'on a les plus petits critères de AIC et SC ; soit respectivement $AIC(1) = 0,22$ et $SC(1) = 0,40$.

- Prévision pour l'année 1996

$$c_{96}^{P} = 0,21 + 0,45c_{95} + 0,52r_{95} = 0,45\log 71000 + 0,52\log 95000 + 0,21 = 11,20 \text{ soit } 73130\text{FCFA}$$
$$r_{96}^{P} = 0,32 - 0,08c_{95} + 1,05r_{95} = -0,08\log 71000 + 1,05\log 95000 + 0,32 = 11,46 \text{ soit } 94845\text{FCFA}$$

En conclusion, pour l'année 1996, la consommation estimée ou prévue est de 73130FCFA pour un revenu attendu de 94845FCFA.

On constate toute l'importance des VAR dans la prévision économique.

7.6. Modèle *VAR* et analyse économique

Le recours au modèle VAR permet de saisir certains effets en matière de politique économique et ceci à l'aide de simulation des chocs aléatoires et de l'analyse de la variance de l'aléa. Cependant, ce recours admet la formulation de l'hypothèse de la stabilité de l'environnement économique, ce qui évidemment n'est pas toujours le cas. La représentation VAR peut être étendue afin de prendre en considération la présence d'une autocorrélation des erreurs d'ordre q.

A l'origine, les erreurs sont considérées comme indépendantes dans les hypothèses des MCO. Dans la pratique, cette hypothèse peut ne pas s'avérer vraie. Pour remédier à l'hétéroscédasticité de la matrice des variances-covariances, on transforme le processus VAR en processus Moyennes Mobiles (MA) d'où la considération $VARMA$.

7.6.1. Les processus VARMA

La généralisation d'un processus *VAR* afin de tenir compte d'une autocorrélation des erreurs d'ordre q est appelée processus *VARMA*. On transforme dans ce cas le processus *VAR* en processus Moyenne mobile (MA) comme ce fut le cas d'une généralisation d'un *AR* à un *ARMA*. Cette transformation conduit à un processus *ARMA* multivarié que l'on appelle *VARMA*.

a) Représentation *VMA* d'un processus *VAR*

En se référant au théorème de Wold, on peut par extension dire que tout $VAR(p)$ stationnaire admet une représentation moyenne mobile vectorielle (VMA).

$$Y_t = \Phi_0 + \Phi_1 Y_{t-1} + \cdots + \Phi_p Y_{t-p} + \theta_0 \varepsilon_t + \theta_1 \varepsilon_{t-1} + \theta_2 \varepsilon_{t-2} + \cdots + \theta_q \varepsilon_{t-q} \qquad (12)$$

Soit encore :

$\Phi(L)Y_t = \Theta(L)\varepsilon_t + \Phi_0 = \Phi_0 + \sum_{j=0}^{\infty} \theta_j \varepsilon_{t-j}$ (13) avec j le nombre d'impacts

Cette présentation d'un $VAR(p)$ sous forme $VMA(\infty)$ est appelée forme canonique. Il ressort que le vecteur ε_{t-j} s'interprète comme le vecteur des innovations canoniques du $VAR(p)$.

Sous cette forme, la matrice Θ apparaît comme un « multiplicateur d'impact » ainsi que le souligne R. Bourbonnais (2004). Cela signifie que c'est au travers de cette matrice qu'un choc se répercute tout le long du processus. Une variation à un moment donné t de ε_t affecte toutes les valeurs suivantes de Y_t, l'effet d'un choc (ou l'innovation) est de ce fait permanent et se poursuit en s'amortissant.

b) Impulsion et fonctions de réponse aux impulsions

La forme $VMA(\infty)$ du VAR indique les chocs canoniques représentant la plus petite partie non prévisible de chacune des variables du VAR. Les innovations canoniques peuvent être interprétées comme des chocs dont la prorogation est caractérisée par la dynamique du VAR ou autrement par les multiplicateurs d'impact ou dynamiques θ_j avec $j \geq 0$ selon A. Pirotte (2004). De la sorte, on détermine les réponses impulsionnelles des différentes variables Y_{it} aux différents chocs $\varepsilon_{j,s}$ avec $s < t$ à partir des multiplicateurs d'impact :

$$\theta_{ij,t-s} = \frac{\partial y_{i,t}}{\partial \varepsilon_{j,s}} \quad (14)$$

De ce fait, le multiplicateur $\theta_{ij,\tau}$ représente le choc i sur la variable i, τ périodes après le choc.

<u>Remarque</u> : Dans un processus MA multivarié, noté (VMA), chaque composante suit un MA, ce qui n'est pas le cas lorsqu'il s'agit d'un VAR où chaque composante ne suit pas nécessairement un AR.

7.6.2. Représentation canonique et processus des innovations

Soit un processus $VAR(p)$ centré, c'est-à-dire que $\Phi_0 = 0$ entraînant :

$$\Phi(L)Y_t = \varepsilon_t$$

On peut écrire si la matrice Φ est inversible :

$$Y_t = \Phi^{-1}(L)\varepsilon_t = \frac{\tilde{\Phi}(L)'}{\det\Phi(L)}\varepsilon_t \qquad (15)$$

a) Définition

Y_t est une représentation canonique si toutes les racines du déterminant de $\Phi(L)$ sont de module supérieur à 1 permettant de poser que l'équation $\Phi(L)Y_t = \varepsilon_t$ définit un unique processus VAR stationnaire. Dans un tel cas, ε_t est appelé innovation du processus[3].

b) Principes

- Si les racines de $\det\Phi(L)$ sont de module inférieur à 1, on peut changer les racines en leur inverse et modifier le BB associé de manière à revenir à la représentation canonique ;
- Si au moins une des racines de $\det\Phi(L)$ est égale à 1, le processus n'est plus stationnaire et on ne peut pas revenir à une représentation canonique.
- Pour établir une prévision dans le cas d'une représentation canonique, on définit la relation suivante : $E\left(Y_{t+1}/Y_{tp}\right) = \sum_{i=1}^{P}\Phi_i Y_{t+i-1}$ (16)

avec Y_{tp} désignant le passé de Y jusqu'à la date $t = T$.

---

[3] On associe les innovations canoniques aux processus VAR non contraints. La mise en œuvre du traitement statistique n'est aisée que si les impulsions sont non corrélées instantanément.

7.6.3. Analyse de réponse impulsionnelle

Généralement on a recours au processus VAR au plan pratique pour déterminer la réaction impulsionnelle. Cette réaction traduit l'effet d'un choc, d'une innovation sur les valeurs actuelles et futures des variables endogènes. Un choc sur la $i^{ème}$ variable peut affecter directement cette dernière en même temps qu'il se propage à l'ensemble des variables au moyen de la structure dynamique du VAR.*

7.6.4. VAR ***structurel***

Dans les développements précédents, il est apparu qu'un processus VAR ou représentation canonique pouvait s'écrire sous la forme d'un processus $VMA(\infty)$. Il existe une autre forme de représentation du VAR canonique que l'on appelle VAR structurel.

Considérons un vecteur de chocs structurels appelés v_t. Ce sont des chocs que l'on peut interpréter économiquement. Ce qui n'était pas le cas on se souvient, avec le modèle VAR classique. Admettons de sorte que l'économie, représentée par un vecteur de distributions observables : $Y_t = (Y_{1t}, Y_{2t}, \cdots, Y_{kt})'$ à chaque date t, soit le résultat de la combinaison de k chocs passés $(v_{11,} v_{2s}, \cdots, v_{ks})$, $s \leq t$.

La représentation VAR structurel se dégage de la représentation VAR canonique en admettant que le vecteur des innovations canoniques ε_t est une combinaison linéaire des innovations structurelles v_t de la même date :

---

* On peut se référer pour plus de détail à G. G. Judge (1988), J Johnston et J Dinardo (1997)

$\varepsilon_t = P v_t$ (17)

Avec P une matrice de passage (inversible et de format $k \times k$) que l'on doit calculer.

En se référant à la représentation canonique :

$$Y_t = \sum_{i=1}^{P} \Phi_i Y_{t-i} + \varepsilon_t \qquad (18)$$

et en multipliant les deux membres de l'égalité par l'inverse de la matrice P estimée soit P^{*-1} :

$$P^{*-1} Y_t = P^{*-1} \sum_{i=1}^{P} \Phi_i Y_{t-i} + P^{*-1} \varepsilon_t$$

soit

$$Y_t = Y_t - P^{*-1} Y_t + \sum_{i=1}^{P} P^{*-1} \Phi_i Y_{t-i} + P^{*-1} \varepsilon_t \qquad (19)$$

On tire la formule du processus *VAR* structurel $(VARS)$:

$$Y_t = \sum \Gamma_i Y_{t-i} + v_t \qquad (20)$$

en posant : $v_t = P^{*-1} \varepsilon_t$, $\Gamma_0 = I - P^{*-1}$ et $\Gamma_i = P^{*-1} \Phi_i$ pour $1 \le i \le p$.

Finalement, l'estimation du processus *VAR* structurel est faite à partir de la connaissance de la matrice P. Par extension, une fois que P est déterminée, l'identification des chocs est réalisée puisqu'il est désormais possible de passer des chocs estimés aux chocs structurels qui ont une signification économique par :

$v_t^* = P^{*-1} \varepsilon_t^*$ (21)

Soit v les innovations orthogonales et illustrons la démarche dans le cas de deux variables. Soit $v_1 = b_{11} \varepsilon_1$. La condition d'unicité de la variance d'échantillonnage donne $b_{11} = {}^{1}\!/_{s_1}$, où s_1 est l'écart type empirique de ε_1. Dans un second temps, on régresse ε_2 par rapport à ε_1 par MCO afin d'avoir le résidu estimé : $v_2^* = \varepsilon_2 - b_{21}\varepsilon_1$. Par hypothèse, cet aléa n'est pas corrélé avec ε_1 et par extension, il ressort que la variance de $v_2 = {}^{v_2^*}\!/_{s_{2,1}}$ sera égale à 1 et ne sera pas corrélée avec v_1.

La transformation peut être synthétisée de la façon ci-après :

$$v_t = P\varepsilon_t \text{ avec } \varepsilon_t = P^{-1}v_t \qquad (21')$$

où $v_t = [v_1, v_2]'$; $\varepsilon_t = [\varepsilon_{1t}, \varepsilon_{2t}]'$ (22) et

$$P = \begin{bmatrix} {}^{1}\!/_{s_1} & 0 \\ \dfrac{-b_{21}}{s_{2,1}} & \dfrac{1}{s_{2,1}} \end{bmatrix} \quad (23) \text{ ce qui conduit à } P^{-1} = \begin{bmatrix} s_1 & 0 \\ b_{21} & s_{2,1} \end{bmatrix} \quad (24)$$

La matrice de variance covariance empiriques des v est $\sum v_t v_t' \!/_{n}$. Suivant (25)

$$\frac{1}{n}\sum v_t v_t' = P\left(\frac{1}{n}\sum \varepsilon_t \varepsilon_t'\right)P' = P\Omega^* P' \qquad (26)$$

On sait que par construction, la matrice de covariance d'échantillonnage des aléas v est I, et de ce fait : $\Omega^* = P^{-1}\left(P^{-1}\right)'$ (27)

L'équation (27) comme le souligne J. Johnston et J Dinardo (1999) constitue la factorisation de Choleski de la matrice définie positive Ω^*. En fait, la matrice Ω^* est le produit de P^{-1} et sa transposée.

Exemple : Considérons deux matrices A (matrice des coefficients) et Ω (la matrice des aléas ε_t). On admet que les éléments des deux matrices ont été estimés à partir des valeurs observées. Pour des raisons pratiques, nous avons modifié les deux matrices du modèle de consommation du paragraphe 7.5.

$$A^* = \begin{pmatrix} 0{,}45 & 0{,}52 \\ 0{,}8 & 0{,}5 \end{pmatrix} \qquad \Omega^* = \begin{pmatrix} 4 & 2 \\ 2 & 16 \end{pmatrix}$$

Une des premières conditions est de s'assurer que les valeurs propres de A vérifient la condition de stationnarité, car en fait il n'existe aucun sens d'étudier des fonctions de réponse aux impulsions de systèmes non stationnaires.

A partir des précédentes observations et des matrices A et Ω on a :

$$s_1 = \sigma_{\varepsilon_1} = \sqrt{4} = 2$$

$$b_{21} = \frac{\operatorname{cov}(\varepsilon_1 \varepsilon_2)}{Var(\varepsilon_1)} = \frac{2}{4} = 0{,}5$$

$$s_{21} = \sqrt{s_2^2\left(1 - r_{12}^2\right)} = \sqrt{16\left[1 - \left(2^2 / 4 \times 16\right)\right]} = \sqrt{15} = 3{,}8729$$

Ceci entraîne que :

$$P^{-1} = \begin{pmatrix} 2 & 0 \\ 1 & 3{,}8739 \end{pmatrix} \qquad (28)$$

On formule l'hypothèse que $v_1 = (1 \quad 0)'$ et que tous les autres v sont nuls. Ce vecteur a pour écart type 1 dans la première perturbation orthogonale suivant l'équation (18), cela entraîne que :

$$\varepsilon_1 = P^{-1} v_1 = \begin{pmatrix} 2 & 0 \\ 1 & 3{,}8739 \end{pmatrix} \begin{pmatrix} 1 \\ 0 \end{pmatrix} = \begin{pmatrix} 2 \\ 1 \end{pmatrix} \qquad (29)$$

Ainsi qu'il apparaît, le second élément de ε_1 est désormais non nul. C'est en réalité la moyenne de ε_{21} dans la mesure où $\varepsilon_{11} = 4$. Dès lors, les valeurs du vecteur y peuvent être calculées comme dans le tableau de la page 336. Par rapport à l'hypothèse précédente d'un choc d'écart type égal à 1 en ε_{11} exclusivement, il ressort désormais un impact considérable sur y_2 en première période, suivi d'impacts beaucoup plus importants au cours des périodes suivantes. Si on admet un choc d'un écart type de la seconde innovation orthogonalisée, le vecteur ε_1 est donné par :

$$\varepsilon_1 = P^{-1}v_1 = \begin{pmatrix} 2 & 0 \\ 1 & 3{,}8739 \end{pmatrix}\begin{pmatrix} 0 \\ 1 \end{pmatrix} = \begin{pmatrix} 0 \\ 3{,}8739 \end{pmatrix} \quad (30)$$

et les vecteurs successifs se détermineront de la même façon que précédemment. Il faut rappeler que les innovations orthogonalisées ont été mises au point pour résoudre la difficulté de l'existence d'autocorrélation entre les innovations à l'origine. Cependant, comme il apparaît souvent, une autre difficulté peut apparaître de cette résolution de l'existence d'autocorrélation ; en effet, les valeurs numériques des résultats dépendent de l'ordre dans lequel les variables ε sont orthogonalisées. De telle sorte qu'il y a lieu d'être assez prudent dans l'interprétation et la signification économiques des fonctions de réponses impulsionnelles.

En fait, l'avantage économique de l'analyse impulsionnelle est qu'elle permet de mesurer et de prévoir les effets d'une politique économique. On peut dire que par ce procédé, les précédentes critiques faites au modèle *VAR* s'estompent dans la mesure où avec le *VARS* on obtient des coefficients ayant une signification économique.

7.6.5. Orthogonalisation des chocs

La procédure d'orthogonalisation des chocs permet de mesurer l'impact de la variation d'une innovation sur les variables. Considérons l'étude du processus consommation-revenu.

$$\begin{aligned} c_t &= \varphi_{11} c_{t-1} + \varphi_{12} r_{t-1} + \varphi_{10} + \mu_{1t} \\ r_t &= \varphi_{21} c_{t-1} + \varphi_{22} r_{t-1} + \varphi_{20} + \mu_{2t} \end{aligned} \qquad (31)$$

Un choc à un instant donné sur μ_1 aura un effet immédiat sur la valeur présente des c_t. Il affectera aussi les valeurs futures de c_t et r_t dans la mesure où les valeurs passées de c_t interviennent dans les deux équations.

Considérons que le choc sur μ_{1t} soit égal à 1, on aura l'incidence suivante :

$$\left.\begin{aligned} &\text{en } t : \begin{bmatrix} \Delta c_t \\ \Delta r_t \end{bmatrix} = \begin{bmatrix} 1 \\ 0 \end{bmatrix} \\ &\text{en } t+1 : \begin{bmatrix} \Delta c_{t+1} \\ \Delta r_{t+1} \end{bmatrix} = \begin{bmatrix} 0{,}45 & 0{,}52 \\ -0{,}08 & 1{,}05 \end{bmatrix} \begin{bmatrix} 1 \\ 0 \end{bmatrix} = \begin{bmatrix} 0{,}45 \\ -0{,}08 \end{bmatrix} \end{aligned}\right\} \quad (32)$$

et ainsi de suite de telle sorte que l'on ait soit A la matrice des coefficients de la forme réduite du modèle et y_t le vecteur d'impulsion. Ce qui conduit que : $y_{t+i} = Ay_{t+i-1}$

On calcule les différentes valeurs qui représentent la « fonction de réaction impulsionnelle ». Si les innovations μ_1 et μ_2 ne sont pas corrélées, il est assez aisé d'interpréter la réaction impulsionnelle. En effet, μ_{1t} est l'innovation de C_t et μ_{2t} est l'innovation de R_t. La fonction de réaction impulsionnelle pour μ_{2t} mesure l'effet d'un choc de revenu sur les valeurs présentes et passées de la consommation et du revenu.

Dans les faits, l'hypothèse de non corrélation n'est pas souvent vraie, ce qui conduit à une autocorrélation des erreurs :

$$\rho_{\mu_1\mu_2} = \frac{\operatorname{cov}(\mu_1\ \mu_2)}{\sigma_{\mu_1}\sigma_{\mu_2}} \qquad (33)$$

Ce paramètre donne l'information sur la liaison actuelle entre les aléas. Toutefois, cette connaissance ne montre pas le lien de causalité. Une des possibilités avancées est de formuler une hypothèse additionnelle portant sur la relation entre les résidus. Ainsi, on peut décider de façon arbitraire d'attribuer la totalité de l'effet de la composante commune à la variable qui intervient en premier lieu dans le système *VAR*. Si nous considérons le modèle précédent de consommation, la composante commune de μ_{1t} et μ_{2t} sera attribuée entièrement à μ_{1t} du fait que la première variable est c_t et partant μ_{1t} précède μ_{2t}.

Il apparaît que μ_{1t} est l'innovation de c_t et μ_{2t} celle de r_t. La seconde innovation, c'est-à-dire μ_{2t} est transformée de manière à éliminer la composante commune.

Dans l'exemple précédent, faisons l'hypothèse qu'une variation du revenu (r_t) a un impact sur la consommation (c_t). Ce choc sur r_t a une incidence présente (estimée par le coefficient de corrélation $\rho_{e_1e_2}$ entre les résidus) sur c_t. En se référant aux résultats précédents, le

$$\rho_{e_1e_2} = \frac{\operatorname{cov}(e_1e_2)}{\sigma_{e_1}\sigma_{e_2}} = \frac{0{,}002886}{(0{,}004718)^{1/2}(0{,}002886)} = 0{,}78 \qquad (34)$$

en émettant l'hypothèse que $\sigma_{e_1} \cong \sigma_{e_2}$, un choc aléatoire de 1 sur r_t se manifeste par une augmentation de 0,78 sur c_t. Le tableau ci-dessous présente cette dissymétrie des innovations sur les variables à partir des équations (30) et (34) :

Tableau : Analyse des chocs sur les variables c_t et r_t

t	c_t	r_t	t	c_t	r_t
0	1	0	0	0,78	1
1	0,45	-0,08	1	0,87	0,99
2	0,1609	-0,12	2	0,91	0,97
3	0,14	-0,162	3	0,91	0,94
4	-0,021	-0,181	4	0,9	0,92
5	-0,104	0,189	5	0,88	0,89
6	-0,145	-0 ,190	6	0,86	0,865
7	-0,164	-0,188	7	0,837	0,839
8	-0,171	-0,184	8	0,813	0,814
9	-0,173	-0,179	9	0,789	0,79
10	-0,171	-0,175	10	0,766	0,767

Dans le même ordre d'idée, un choc de 1 sur la consommation a un impact nul sur le revenu. Par contre, pour un choc de 0,45 sur la consommation entraîne une baisse de revenu de -0,080. Autrement dit, si la consommation augmente de 45%, le revenu baisse de 8%.

Les valeurs observées dépendent du choix du sens de l'impact. Par ailleurs, au fur et à mesure que t augmente l'effet de l'innovation diminue. C'est une des propriétés d'un processus *VAR* stationnaire.

7.6.6. La causalité

Ce sont les difficultés relatives à la spécification de certains modèles économiques (modèles d'équations simultanées) qui ont conduit Granger (1969) à introduire cette notion de causalité. Celle-ci a entraîné un grand débat entre économètres comme le souligne G. Bresson et A. Pirotte (1995) en ce sens que pour certains, ce que Granger posait au plan pratique était plus une « prédiction » qu'une causalité. Parmi les auteurs qui ont remis en cause cette définition il y a Zellner (1988) qui suggère de retenir la définition de causalité du philosophe Feigl (1953). Pour notre part, nous n'allons pas insister sur ce débat.

a) Définition

Considérons deux processus aléatoires X_t et Z_t et Ω_t un univers, c'est-à-dire une famille de processus contenant X_t et Z_t.

Soit $\underline{\Omega}_t$ l'information passée :

$\underline{\Omega}_t = (\Omega_h / h < t)$

et soit :

$\underline{\underline{\Omega}}_t = (\Omega_h / h \leq t)$

de façon similaire, on pose :

$\underline{X}_t = (X_h / h < t)$ et $\underline{\underline{X}}_t = (X_h / h \leq t)$

$\underline{Z}_t = (Z_h / h < t)$ et $\underline{\underline{Z}}_t = (Z_h / h \leq t)$

Si on admet que les processus X_t et Z_t sont stationnaires, dans ce cas, il découle les définitions ci-après:

i) Z cause X si l'erreur de prévision est telle que : $V(X/\underline{\Omega}_t) < V(X/\underline{\Omega}_t - \underline{Z}_t)$ avec $\underline{\Omega}_t - \underline{Z}_t$ l'information obtenue en retranchant de $\underline{\Omega}_t$ les valeurs passées de Z,

ii) X cause instantanément Y si et seulement si $V(X_t/\underline{\Omega}_t, \underline{\underline{Z}}_t) < V(X_t/\underline{\Omega}_t)$ avec V qui désigne la variance de l'erreur de prévision.

La première considération (i) veut dire que pour prévoir X, le passé de Z apporte une information additionnelle par rapport à la seule prise en compte des autres variables qui sont dans $\underline{\Omega}_t$. Quant à la seconde considération (ii), elle explique que la valeur présente de Z amène une information additionnelle par rapport à la connaissance du passé des variables qui sont dans Ω.

iii) Z cause X et réciproquement X cause Z. La causalité n'est plus instantanée et on parle en ce moment d'effet de « feed back» ou de causalité « pure » si :

$$V(X_t/\underline{\Omega}_t, \underline{\underline{Z}}_t) < V(X_t/\underline{\Omega}_t) \text{ et } V(Z_t/\underline{\Omega}_t, X_t) < V(Z_t/\underline{\Omega}_t)$$

Les inégalités se transforment en égalités si et seulement si :

- Z ne cause pas X avec $E(X_t/\underline{\Omega}_t) = E(X_t/\underline{\Omega}_t - Z_t)$
- Z ne cause pas instantanément X si $E(X_t/\underline{\Omega}_t, Z_t) = E(X_t/\underline{\Omega}_t)$

En synthétisant les expressions passées, il s'agit de tester si les valeurs retardées des X_t permettent d'expliquer de façon significative Y_t tandis que les valeurs retardées de Y_t sont elles-mêmes introduites dans la régression. Si les valeurs retardées de X_t ne sont pas significatives, alors on dira que X_t ne cause pas au sens de Granger, Y_t. Il est possible de l'exprimer avec un nombre de retards pris arbitrairement :

$$Y_t = \sum_{i=1}^{p} \left(\alpha_i Y_{t-i} + \beta_i X_{t-i} \right) + \varepsilon_t$$

L'hypothèse H_0 est que $\beta_i = 0$ traduit que le passé X_t n'apporte pas des informations additionnelles par rapport à celui de Y_t. On peut aussi tester la causalité inverse, c'est-à-dire si Y_t ne cause pas X_t au sens de Granger. Notons que dans le système d'équations simultanées classiques, Cramer (1969) développait déjà les méthodes de résolution des systèmes en établissant la succession des causalités.

Tel qu'on le voit, cette définition de la causalité apparaît trop générale pour résoudre des problèmes concrets. C'est une définition qui se rapporte à un univers. Aussi, Granger dans un article paru en 1969 dans la Revue Economica explicite son raisonnement en exprimant la causalité sous forme de prédiction.

Malgré les multiples critiques quant à ce détour de Granger, il reste que la plupart des travaux sont partis de ses réflexions. Présentement, on peut relever trois grands types de causalité :

b) Causalité de Pierce et Haugh (1977)

Si $\Omega = (X, Z)$ alors la causalité de X vers Z peut être caractérisée par les corrélations des innovations des deux processus X et Z.

Considérons e_1 le processus des innovations de X_t et e_2 le processus des innovations de Z_t.

La fonction d'autocorrélation est donnée par la relation :

$$\rho_{e_1e_2}(\tau) = \frac{\operatorname{cov}(e_{1t}e_{2t-\tau})}{\sigma_{e_1}\sigma_{e_2}}$$

Dans ce cas, X ne cause pas Z si $\rho_{e_1e_2}(h) = 0\ \forall h > 0$ (ou $\forall h \geq 0$ si la causalité instantanée est exclue).

L'innovation de Z_t doit être non corrélée avec toutes les innovations passées associées au processus X_t.

Pierce et Haugh (1977) ont montré qu'en recourant aux corrélations croisées d'échantillonnage, il ressortait qu'elles étaient asymptotiquement indépendantes et normalement distribuées $\{ N(0, T^{-1}) \}$ si les séries X_t et Z_t sont indépendantes. De ce fait, pour tester la significativité de ces corrélations, il faut les comparer à deux fois leur écart-type soit $2T^{-1/2}$. Auparavant, Haugh avait proposé en 1976 une statistique :

$$H = \sum_{\tau=-v}^{v} \left\{ \frac{T}{\sqrt{T - |\tau|}} \rho^{*}_{e_1e_2}(\tau) \right\}^2$$

qui teste l'hypothèse d'indépendance des distributions et qui suit un $\chi^2(2v+1)$ degrés de liberté.

c) Causalité de Granger

Soit les variables R_t et C_t représentant respectivement le revenu et la consommation ; on dira que la variable R_t est la cause de C_t, si et seulement les informations courantes et passées de R_t aident dans la prévision de C_t. En d'autres termes, la variable R_t est la cause de C_t au sens de Granger si la consommation peut être prédite de manière efficiente lorsque l'information relative à R_t est incluse dans l'analyse[4]. Considérons le modèle $VAR(2)$ pour lequel les deux variables C_t et R_t sont stationnaires.

$$\begin{pmatrix} C_t \\ R_t \end{pmatrix} = \begin{pmatrix} \mu_1 \\ \mu_2 \end{pmatrix} + \begin{pmatrix} \varphi_{11} & \varphi_{12} \\ \varphi_{21} & \varphi_{21} \end{pmatrix} \begin{pmatrix} C_{t-1} \\ R_{t-1} \end{pmatrix} + \begin{pmatrix} \varphi_{13} & \varphi_{14} \\ \varphi_{23} & \varphi_{24} \end{pmatrix} \begin{pmatrix} C_{t-2} \\ R_{t-2} \end{pmatrix} + \begin{pmatrix} \nu_{1t} \\ \nu_{2t} \end{pmatrix} \quad (35)$$

Le bloc des variables (R_{t-1}, R_{t-2}) est défini comme exogène par rapport au bloc de variables (C_{t-1}, C_{t-2}) si le fait de rajouter le bloc R_t n'améliore pas significativement la détermination des variables C_t suivant l'explication de Granger. Pour ce faire, on procède au test de restrictions sur les coefficients des variables R_t de la représentation VAR (notée $RVAR$ =Restrited VAR). Il faut rappeler que la détermination du retard p se fait au moyen des critères de $AIC(h)$ et $SC(h)$. Dans le cas présent, nous avons arrêté arbitrairement $p = 2$. Ceci permet de recourir aux hypothèses de causalité en posant :

- R_t ne cause pas C_t si l'hypothèse ci-après H_0 est acceptée

  $\varphi_{12} = \varphi_{14} = 0$

- C_t ne cause pas R_t, si l'hypothèse ci-après H_0 est acceptée :

  $\varphi_{21} = \varphi_{23} = 0$

L'effet de feedback est confirmé si on accepte les deux hypothèses contraires à savoir que C_t cause R_t et inversement.

---

[4] Dans notre ouvrage de 2002, nous avons établi la relation que c'est C_t qui cause R_t. Présentement nous considérons que c'est R_t qui cause C_t ceci en vertu du principe de réciprocité (voir point c de ce paragraphe).

Les tests auxquels on a recours sont ceux de Fisher et du ratio de vraisemblance.

d) Causalité de Sims

Pour Sims (1980), il existe une relation causale si les innovations de la première variable améliorent la variance d'erreurs de prévision de la deuxième. En fait, pour en arriver à là, Christopher Sims commence par rejeter l'approche conventionnelle des modèles structurels. Il remet en cause comme Granger la légitimité d'une information théorique à priori et rejette l'idée que les relations économiques sont véritablement orientées par la simultanéité tel que le note A. Pirotte (2004). Pour Sims, le choix des variables explicatives pour chaque équation structurelle du modèle découle souvent de phénomènes attachés à chaque équation et non pas de considérations dues à la structure générale du modèle. Cette démarche selon lui, conduit à de nombreuses restrictions non justifiées sur la structure globale du modèle. Se référant à l'observation de Granger, il considère que la distinction entre variables exogènes et variables endogènes pose des problèmes du fait qu'elle n'est pas soumise à un test de causalité. Ainsi qu'on le verra plus loin, ces observations le conduisent à s'intéresser davantage aux questions de prévision plutôt qu'aux tests d'hypothèses.

Il met en relief à partir de ces critiques, les valeurs futures de X_t. Ainsi, si les valeurs futures de X peuvent permettre d'expliquer les valeurs actuelles de Z, dans ce cas, Z est la cause de X.

Soit le $VAR(p)$ à deux variables :

$$X_t = \mu_1 + \sum_{i=1}^{p} \alpha_{1i}^{1} X_{t-i} + \sum_{i=1}^{p} \alpha_{1i}^{(2)} Z_{t-i} + \sum_{i=1}^{p} \beta_i^{(2)} Z_{t+i} + \nu_{1t}$$

$$Z_t = \mu_2 + \sum_{i=1}^{p} \alpha_{2i}^{1} X_{t-i} + \sum_{i=1}^{p} \alpha_{2i}^{(2)} Z_{t-i} + \sum_{i=1}^{p} \beta_i^{(1)} X_{t+i} + \nu_{2t}$$

➢ X_t ne cause pas Z_t si l'hypothèse ci-après est acceptée H_0 :

$$\beta_1^{(2)} = \beta_2^{(2)} = \beta_3^{(2)} = \cdots = \beta_p^{(2)} = 0$$

➢ Z_t ne cause pas X_t si l'hypothèse ci-après est acceptée H_0 :

$$\beta_1^1 = \beta_2^1 = \cdots = \beta_i^1 = \cdots = \beta_p^1 = 0$$

Le test auquel on a recours est également celui de Fisher comme dans le cas de Granger.

e) Test de Causalité

Pour tester l'hypothèse de causalité on peut recourir à deux types de tests : avec l'hypothèse H_0 tous les coefficients de la variable sont nuls.

i) Test de Fisher

On recourt souvent à la statistique F de Fisher qui est :

$$F^* = \frac{\left(SCR_c - SCR_{\bar{c}}\right)/r}{SCR_{\bar{c}}/(n-k-1)} = \frac{SCR_c - SCR_{\bar{c}}}{\sigma_{e_i}^2 r}$$

$SCR_{\bar{c}}$ = somme des carrés des résidus du modèle non contraint.

SCR_c = somme des carrés des résidus du modèle contraint.

$\bar{c}$ = non contraint

c = contraint

r = nombre de restrictions

n = effectif total

k = nombre de degrés de liberté.

Si $F_c^* > F_t^\alpha$, on rejette l'hypothèse H_0, et on conclut que Z_t cause X_t ou inversement au sens de Granger. Au sens de Sims, on dira que Z_{t+i} explique significativement X_t. De ce fait, il y a causalité de X_t vers Z_t.

ii) Test de ratio de vraisemblance

Dans ce cas, le test consiste à faire une comparaison entre un modèle VAR non contraint $(VAR_{\bar{c}})$ et le modèle VAR contraint (VAR_c). La démarche se ramène à calculer le ratio de vraisemblance L^*.

$L^* = (n-r)\left(Ln\left|\sum_{VAR_c}\right| - Ln\left|\sum_{VAR_{\bar{c}}}\right|\right)$ qui suit un $\chi^2_{(2p)}$ degrés de liberté avec p nombre de retards et

$\sum_{VAR_c}$ = matrice des variances-covariances des résidus du modèle contraint ;

$\sum_{VAR_{\bar{c}}}$ = matrice des variances-covariances des résidus du modèle non contraint ;

n = nombre d'observations

r = nombre de paramètres estimés dans chaque équation du modèle non contraint.

Si $L^* > \chi^2_\alpha$, on rejette H_0 qui est l'hypothèse de validité de la contrainte, c'est-à-dire qu'il y a causalité.

Exemple : considérons le modèle de consommation / revenu

A partir de la représentation $VAR(1)$, on demande de procéder aux tests de Granger et de Sims.

Solution

La démarche consiste à procéder aux tests de Fisher équation par équation.

1) Causalité de Granger

1.1. H_0 : R_t ne cause pas C_t

Modèle non contraint :

$$c_t = 0{,}45c_{t-1} + 0{,}52r_{t-1} + 0{,}21 + e_{1t}$$

$R^2 = 0{,}9852$ $\quad n = 35$ $\quad SCR_{\bar{c}} = 0{,}165131$

Modèle contraint :

Pour ce modèle, on teste sans la variable r_{t-1} de façon à voir si la variable R_t explique C_t, soit :

$$c_t = \varphi_{10} + \varphi_{11}c_{t-1} + e_{1t} = 0{,}97c_{t-1} + 0{,}41$$

$R^2 = 0{,}9832$ $\quad n = 35$ $\quad SCR_c = 0{,}187354$

La validité consiste à recourir au test de Fisher ou au ratio de vraisemblance.

a) Test de Fisher

$$F_c^* = \frac{\left(SCR_c - SCR_{\bar{c}}\right)/r}{SCR_{\bar{c}}/(n-k-1)} = \frac{0{,}187354 - 0{,}165131}{0{,}165131/35-3-1} = 4{,}1719$$

avec $r = 1$, nombre de restriction. C'est-à-dire le nombre de coefficients dont on teste la nullité. La valeur du $F_\alpha = 4{,}17$.

$F_c^* > F_{1;31}^{0,05} \cong 4{,}17$. L'hypothèse H_0 est rejetée, R_t explique C_t, entraînant qu'il y a une causalité au sens de Granger de R_t vers C_t. Encore qu'au vu des deux valeurs, on pencherait vers $F_c^* = F_\alpha$. Dans ce cas, il est difficile de tirer une conclusion.

b) Test du ratio de vraisemblance

$L^* = (n-r)\left(Ln\left|\sum_{VAR_c}\right| - Ln\left|\sum_{VAR_{\bar{c}}}\right|\right)$ qui suit $\chi^2_{(2p)}$ avec p nombre de retards du modèle. Soit dans le cas présent 1.

$$L^* = (35-1)\ \left(1{,}80325\times10^{-3} - 3{,}74734\times10^{-6}\right) = 0{,}068304 < \chi^2_{(2)} = 5{,}991$$

L'hypothèse H_0 est non rejetée. De ce fait, R_t ne cause pas C_t. Le résultat ici ne concorde pas totalement avec celui de Fisher. Il faut dire qu'il y avait déjà à ce niveau une certaine ambiguïté.

1.2. $H_0 : C_t$ ne cause pas R_t

Modèle non contraint :

$r_t = 1{,}05 r_{t-1} - 0{,}08 c_{t-1} + 0{,}32 + e_{2t}$

$R^2 = 0{,}991$ $\quad$ $n = 35$ $\quad$ $SCR_{\bar{c}} = 0{,}101006$

Modèle contraint :

$r_t = \varphi_{20} + \varphi_{22} r_{t-1} + e_{2t} = 0{,}97 r_{t-1} + 0{,}34$

$R^2 = 0{,}991$ $\quad$ $n = 35$ $\quad$ $SCR_c = 0{,}101550$

a) **Test de Fisher**

$$F_c^* = \frac{\left(SCR_c - SCR_{\bar{c}}\right)/r}{SCR_{\bar{c}}/(n-k-1)} = \frac{0{,}10155 - 0{,}101006}{0{,}101006/35-3-1} = 0{,}16696$$

$F_c^* < F_{1;31}^{0,05} \cong 4{,}17$. On accepte H_0, C_t n'explique pas R_t, il n'y a pas de causalité au sens de Granger de C_t vers R_t.

ou bien :

b) **Test du ratio de vraisemblance**

$$L^* = (n-r)\left(Ln\left|\sum_{VAR_c}\right| - Ln\left|\sum_{VAR_{\bar{c}}}\right|\right) = \quad \text{qui suit } \chi^2_{(2p)} \text{ soit } \chi^2_{(2)}$$

$$L^* = (35-1)\ \left(9{,}5645\times10^{-4} - 2{,}29282\times10^{-8}\right) = 0{,}03251852 < \chi^2_{(2)}\ .$$

L'hypothèse H_0 n'est pas rejetée. Ce résultat est similaire à celui de Fisher ; à savoir absence de causalité.

2) Causalité de Sims

2.1. $H_0 : C_t$ ne cause pas R_t

Le modèle doit être estimé comme suit :

$c_t = \varphi_{10} c_{t-1} + \varphi_{11} r_{t-1} + \alpha_1 r_{t+1} + \varphi_{10} + e_{1t}$

- Estimation de c_t sans contrainte

$$c_t = 0{,}54c_{t-1} - 0{,}04r_{t-1} + 0{,}498r_{t+1} - 0{,}13$$
$R^2 = 0{,}988$ $n = 34$ $SCR_{\bar{c}} = 0{,}118386$

- Estimation de c_t avec contrainte

$$c_t = \varphi_{10}c_{t-1} + \varphi_{11}r_{t-1} + \varphi_{10} + e_{1t} = 0{,}45c_{t-1} - 0{,}52r_{t-1} + 0{,}21$$
$R^2 = 0{,}985$ $n = 34$ $SCR_c = 0{,}165131$

a) Test de Fisher

$$F_c^* = \frac{(SCR_c - SCR_{\bar{c}})/r}{SCR_{\bar{c}}/(n-k-1)} = \frac{0{,}165131 - 0{,}118386}{0{,}118386/34-4-1} = 11{,}451$$

d'où $F_c^* > F_{1;29}^{0,05} \cong 4{,}18$. L'hypothèse H_0 est rejetée, R_{t+1} explique significativement C_t; il y a une causalité au sens de Sims de C_t vers R_t.

b) Test du ratio de vraisemblance

$$L^* = (n-r)\left(Ln\left|\sum_{VAR_c}\right| - Ln\left|\sum_{VAR_{\bar{c}}}\right|\right) = \quad \text{qui suit } \chi^2_{(2p)} \text{ soit } \chi^2_{(2)}$$

$$L^* = (35-1)\ \left(3{,}7473\times10^{-6} - 1{,}44861\times10^{-8}\right) = 0{,}000126916 < \chi^2(2)\ .$$

L'hypothèse H_0 n'est pas rejetée.

2.2. $H_0 : R_t$ ne cause pas C_t

- Estimation de r_t sans contrainte

$$r_t = \varphi_{21}c_{t-1} + \varphi_{20}r_{t-1} + \alpha_2 c_{t+1} + \varphi_{20} + e_{2t} = 0{,}77r_{t-1} - 0{,}125c_{t-1} + 0{,}34c_{t+1} - 0{,}13$$
$R^2 = 0{,}993$ $n = 34$ $SCR_{\bar{c}} = 0{,}070$

- Estimation de r_t avec contrainte

$$r_t = \varphi_{21}c_{t-1} + \varphi_{21}r_{t-1} + \varphi_{20} + e_{2t} = 1,05r_{t-1} - 0,08c_{t-1} + 0,31$$

$R^2 = 0,991$ $\quad n = 34$ $\quad SCR_c = 0,101006$

a) Test de Fisher

$$F_c^* - \frac{(SCR_c - SCR_{\bar{c}})/r}{SCR_{\bar{c}}/(n-k-1)} = \frac{0,101006 - 0,070477}{0,070477/34-4-1} = 12,562126$$

d'où $F_c^* > F_{1;29}^{0,05} \cong 4,18$. L'hypothèse H_0 est rejetée, C_{t+1} explique significativement R_t entraînant qu'il y a une causalité au sens de Sims de R_t vers C_t.

b) Test du ratio de vraisemblance

$$L^* = (n-r)\left(Ln\left|\sum_{VAR_c}\right| - Ln\left|\sum_{VAR_{\bar{c}}}\right|\right) = \quad \text{qui suit } \chi^2_{(2p)} \text{ soit } \chi^2_{(2)}$$

$$L^* = (35-1)\ \left(2,29282 \times 10^{-6} - 4,33106 \times 10^{-8}\right) = 0,0000764833 < \chi^2(2)\ .$$

L'hypothèse H_0 n'est pas rejetée. Il y a absence de causalité.

Finalement entre les deux tests, nous observons que des divergences peuvent apparaître. De plus, il peut apparaître des résultats différents selon qu'on recourt au test de Fisher ou du ratio de vraisemblance.

7.7. Modèle *VAR* et cointégration

Nous rappelons qu'une fois la cointégration détectée par les tests précédents, deux situations peuvent se présenter :

- il y a un vecteur unique de cointégration ;
- plusieurs vecteurs de cointégration existent.

Le plus souvent, le vecteur de cointégration n'est pas unique et dès lors la procédure de Engle-Granger n'est plus appropriée. Les estimateurs des MCO ne sont plus consistants quels que soient les vecteurs de cointégration. Dans une telle situation, nous devons faire appel à la représentation vectorielle à correction d'erreur $(VECM)$[5]

7.7.1. *Représentation* VECM

Dans le chapitre 6, il a été posé que le *MCE* dans le cas de deux variables se présentait comme suit : $\Delta y_t = \beta_1 \Delta x_t + \beta_2 z_{t-1} + v_t$.

Cependant, on peut imaginer comme c'est souvent le cas en économie, une relation croisée entre les variables de y_t et celles de x_t. On considère que la spécification de longue période est maintenue, c'est-à-dire $(y_t = a^* + b^* x_t + e_t)$; il peut apparaître une dynamique de court terme :

$\Delta y_t = c + \alpha\, z_{t-1} + \varepsilon_t$ avec $\alpha < 0$ (1)

$\Delta x_t = c' + \alpha'\, z_{t-1} + \varepsilon'_t$ avec $\alpha' < 0$ (2)

avec $z_t = y_t - \beta_0^* - \beta_1^* x_t$ (3)

Ce processus dynamique peut être étendu à un ensemble plus vaste en recourant à un modèle à polynôme retard sur les variables en différences.

---

[5] On peut se référer à Marno Verbeek (2004)

Dès lors, suivant le théorème de représentation de Granger (1987), si deux variables x_t et y_t sont $I(1)$ et cointégrées, la représentation *VECM* ci-après existe :

$$\Delta y_t = c + \alpha\, z_{t-1} + \sum_{i=1}^{p} \beta_i \Delta y_{t-i} + \sum_{i=1}^{p} \gamma_i \Delta x_{t-i} + \varepsilon_t \text{ avec } \alpha < 0 \qquad (4)$$

$$\Delta x_t = c' + \alpha' z_{t-1} + \sum_{i=1}^{p} \beta_i' \Delta y_{t-i} + \sum_{i=1}^{p} \gamma_i' \Delta x_{t-i} + \varepsilon_t' \text{ avec } \alpha' < 0 \qquad (5)$$

Les coefficients α et α' sont les vitesses d'ajustement respectives, et si les deux paramètres ne sont pas significativement différents de zéro, nous ne pouvons pas accepter l'hypothèse d'une cointégration et de ce fait, la représentation du *MCE* n'est pas valide.

A l'inverse, si le *MCE* existe, les relations (1) et (2) peuvent être notées ainsi qu'il suit :

$$\Delta y_t = \varphi_0 + \varphi_1\, x_{t-1} + \varphi_2 y_{t-1} + \sum_{i=1}^{p} \beta_i \Delta y_{t-i} + \sum_{i=1}^{p} \gamma_i \Delta x_{t-i} + \varepsilon_t \text{ avec } \alpha < 0 \qquad (6)$$

$$\Delta x_t = \varphi_0' + \varphi_1' x_{t-1} + \varphi_2' y_{t-1} + \sum_{i=1}^{p} \beta_i' \Delta y_{t-i} + \sum_{i=1}^{p} \gamma_i' \Delta x_{t-i} + \varepsilon_t' \text{ avec } \alpha' < 0 \qquad (7)$$

A partir de ces considérations, la généralisation de la représentation *VECM* est possible.

7.7.2. Généralisation du VECM

a) Considérons le cas d'un processus $VAR(2)$ à p variables sous forme matricielle.

$$X_t = \Phi_0 + \Phi_1 X_{t-1} + \Phi_2 X_{t-2} + \nu \qquad (1)$$

avec :

X_t un vecteur de dimensions $(p \times 1)$ et chaque ligne formée d'une variable datée en t : $x_{1t}, x_{2t} \ldots x_{pt}$;

Φ_0 un vecteur de constantes de format $(p \times 1)$

Φ_i une matrice de coefficients de dimension $(p \times p)$

On peut transformer le modèle (1) en différence première :

$$X_t - X_{t-1} = \Phi_0 + \Phi_1 X_{t-1} - X_{t-1} + \Phi_2 X_{t-2} + \nu$$
$$\Delta X_t = \Phi_0 + (\Phi_1 - I) X_{t-1} + \Phi_2 X_{t-2} + \nu \qquad (2)$$

De la même manière qu'on a fait apparaître la différence première de X_{t-1} on peut procéder de façon analogue pour X_{t-2}, c'est-à-dire on ajoute et on soustrait $\Phi_1 X_{t-2} - X_{t-2}$ ainsi qu'il suit :

$$\Delta X_t = \Phi_0 + (\Phi_1 - I) X_{t-1} + \Phi_1 X_{t-2} - X_{t-2} - \Phi_1 X_{t-2} + X_{t-2} + \Phi_2 X_{t-2} + \nu$$
$$\Delta X_t = \Phi_0 + \Phi_1 X_{t-1} - X_{t-1} + \Phi_1 X_{t-2} - X_{t-2} - \Phi_1 X_{t-2} + X_{t-2} + \Phi_2 X_{t-2} + \nu \qquad (3)$$

On sait que : $\Delta X_{t-1} = X_{t-1} - X_{t-2}$

Après différents regroupements, l'expression (3) devient :

$$\Delta X_t = \Phi_0 + (\Phi_1 - I) \Delta X_{t-1} + (\Phi_1 + \Phi_2 - I) \Delta X_{t-2} + \nu \qquad (4)$$

Considérons les relations de cointégration afin de relier entre les variables en niveau retardées d'une période. Pour ce faire, on va reparamétrer l'équation (3) en fonction de X_{t-1} ; soit dans l'équation (2) on ajoute et on retranche $\Phi_2 X_{t-1}$. Ce qui permet après quelques transformations d'avoir :

$$\Delta X_t = \Phi_0 - \Phi_2 \Delta X_{t-1} + (\Phi_1 + \Phi_2 - I) X_{t-1} + \nu \qquad (5)$$

en posant :

$$\Phi_2 = -\Psi_1 \quad \text{et} \quad \Phi_1 + \Phi_2 - I = \tau$$

on obtient de (5) le résultat suivant :

$$\Delta X_t = \Phi_0 + \Psi_1 \Delta X_{t-1} + \tau X_{t-1} + \nu \qquad (6)$$

A partir d'un cas particulier portant sur un $VAR(2)$, il est possible de généraliser à une représentation $VAR(p)$ à p variables sous forme matricielle.

b) Généralisation à un $VAR(p)$

Soit un vecteur X_t contenant N variables toutes $I(1)$. La représentation sous la forme d'un système vectoriel autorégressif d'ordre p, notée $VAR(p)$.

$X_t = \Phi_1 X_{t-1} + \Phi_2 X_{t-2} + \cdots + \Phi_k X_{t-k} + \Phi_0 + v$

$X_t, X_{t-i}, \cdots, X_{t-k}$ sont des vecteurs de dimensions $(p \times 1)$ avec chaque ligne formée d'une variable datée en $t : x_{1t}, x_{2t}, \cdots, x_{pt}$.

Les Φ_i $(i = 1,\ 2, \cdots, k)$ sont les k matrices de coefficients de dimensions $(p \times p)$, Φ_0 est un vecteur de constantes de format $(p \times 1)$.

L'équation caractéristique du modèle $VAR(p)$ est :

$0 = |\Phi(L)| = \left| I_n - \sum_{i=1}^{p} \Phi_i L^i \right|$. Si les racines de l'équation $0 = |\Phi(L)|$ sont en dehors du cercle unité, on montre que le polynôme $\Phi(L)$ est inversible, et de ce fait on tire la conclusion qu'il existe une infinité de matrices C_i de format $(p \times p)$.

Dans l'hypothèse de racines unitaires ou sans racines unitaires, il ressort que $\Phi(L)$ peut se décomposer comme suit :

$$\Phi(L) = \Phi(1)L + (1-L)\left(I_n - \sum_{i=1}^{p-1} AL^i\right) \quad (1)$$

avec $A_i = -\sum_{j=i+1}^{p} \Phi_l \quad \forall i = 1,2,\ldots p-1 \quad (2)$

Dès lors, le système $VAR(p)$, caractérisé par la forme initiale qui est : $\Phi(L)X_t = \mu + v_t$ peut encore être reparamétré ainsi qu'il suit :

$$\Delta X_t = \mu - \Phi(1)X_{t-1} + \sum_{i=1}^{p-1} A_i \Delta X_{t-i} + v_t \quad (3)$$

Cette opération de reparamétrage est indispensable lorsque des racines unitaires existent, les variables X_i étant intégrées du même ordre (1). On montre dès lors que les variables de X sont cointégrées et que r vecteurs de cointégration linéairement indépendants existent si le rang de $\Phi(1)$ est égal à $r < n$ et s'il existe des matrices α et β, du genre $n \times r$ et de rang r, avec $0 < r \leq n$, de sorte que $\Phi(1) = -\alpha\beta'$. Le processus $VAR(p)$ peut dans ce cas être représenté sous la forme d'un MCE de la façon suivante :

$$\Delta X_t = \mu - \Phi(1)X_{t-1} + \sum_{i=1}^{p-1} A_i \Delta X_{t-i} + v_t \quad (4)$$

La matrice β est de format $n \times r$ et chacune de ses colonnes est un vecteur de cointégration différent. Le vecteur $\beta' X_{t-1}$, qui a r éléments, est le vecteur de r expressions cointégrées qui mesurent chacune un écart par rapport à une relation d'équilibre différente, à la date $t-1$. En spécifiant le modèle (4) qui est une forme à correction d'erreur, on a :

$$\begin{pmatrix} X_{1t}-X_{1t-1} \\ X_{2t}-X_{2t-1} \\ \vdots \quad \vdots \quad \vdots \\ X_{nt}-X_{nt-1} \end{pmatrix} = \begin{pmatrix} \mu_1 \\ \mu_2 \\ \vdots \\ \mu_n \end{pmatrix} + \begin{bmatrix} \alpha_{11} & \alpha_{12} & \dots & \alpha_{1r} \\ \alpha_{21} & \alpha_{22} & \dots & \alpha_{2r} \\ \vdots & \vdots & \dots & \vdots \\ \alpha_{n1} & \alpha_{n2} & \dots & \alpha_{nr} \end{bmatrix}' \begin{pmatrix} \beta_{11} & \beta_{12} & \dots & \beta_{1r} \\ \beta_{21} & \beta_{22} & \dots & \beta_{2r} \\ \vdots & \vdots & \dots & \vdots \\ \beta_{n1} & \beta_{n2} & \dots & \beta_{nr} \end{pmatrix}' \begin{pmatrix} X_{1t-1} \\ X_{2t-1} \\ \vdots \\ X_{nt-1} \end{pmatrix}$$

$$+ \sum_{i=1}^{p-1} \begin{pmatrix} a_{11i} & a_{12i} & \dots & a_{1ri} \\ a_{21i} & a_{22i} & \dots & a_{2ri} \\ \vdots & \vdots & \dots & \vdots \\ a_{n1i} & a_{n2i} & \dots & a_{nri} \end{pmatrix} \begin{pmatrix} X_{1t-i}-X_{1t-i-1} \\ X_{2t-i}-X_{2t-i-1} \\ \vdots \quad \vdots \quad \vdots \\ X_{nt-i}-X_{nt-i-1} \end{pmatrix} + \begin{pmatrix} \nu_{1t} \\ \nu_{2t} \\ \vdots \\ \nu_{nt} \end{pmatrix}$$

et de ce fait :

$$\begin{pmatrix} X_{1t}-X_{1t-1} \\ X_{2t}-X_{2t-1} \\ \vdots \quad \vdots \quad \vdots \\ X_{nt}-X_{nt-1} \end{pmatrix} = \begin{pmatrix} \mu_1 \\ \mu_2 \\ \vdots \\ \mu_n \end{pmatrix} + \begin{bmatrix} \alpha_{11} & \alpha_{12} & \dots & \alpha_{1r} \\ \alpha_{21} & \alpha_{22} & \dots & \alpha_{2r} \\ \vdots & \vdots & \dots & \vdots \\ \alpha_{n1} & \alpha_{n2} & \dots & \alpha_{nr} \end{bmatrix} \begin{pmatrix} \beta_{11}X_{1t-1}+\beta_{12}X_{2t-1}+\dots+\beta_{1r}X_{nt-1} \\ \beta_{21}X_{1t-1}+\beta_{22}X_{2t-1}+\dots+\beta_{2r}X_{nt-1} \\ \vdots \qquad \vdots \quad \dots \quad \vdots \\ \beta_{n1}X_{1t-1}+\beta_{n2}X_{2t-1}+\dots+\beta_{nr}X_{nt-1} \end{pmatrix}$$

$$+ \sum_{i=1}^{p-1} \begin{pmatrix} a_{11i} & a_{12i} & \dots & a_{1ri} \\ a_{21i} & a_{22i} & \dots & a_{2ri} \\ \vdots & \vdots & \dots & \vdots \\ a_{n1i} & a_{n2i} & \dots & a_{nri} \end{pmatrix} \begin{pmatrix} X_{1t-i}-X_{1t-i-1} \\ X_{2t-i}-X_{2t-i-1} \\ \vdots \quad \vdots \quad \vdots \\ X_{nt-i}-X_{nt-i-1} \end{pmatrix} + \begin{pmatrix} \nu_{1t} \\ \nu_{2t} \\ \vdots \\ \nu_{nt} \end{pmatrix}$$

Le $VAR(p)$ cointégré à correction d'erreur $(VARCE)$ se caractérise par le système d'équations ci-après pour les n variables :

$$
\begin{aligned}
X_{1t} - X_{1t-1} = \mu_1 &+ \alpha_{11}\left(\beta_{11}X_{1t-1} + \beta_{21}X_{2t-1} + \cdots + \beta_{n1}X_{nt-1}\right) \\
&+ \alpha_{12}\left(\beta_{12}X_{1t-1} + \beta_{22}X_{2t-1} + \cdots + \beta_{n2}X_{nt-1}\right) + \cdots \\
&+ \sum_{i=1}^{p-1} a_{11i}\left(X_{1t-i} - X_{1t-i-1}\right) + \sum_{i=1}^{p-1} a_{12i}\left(X_{1t-i} - X_{1t-i-1}\right) \\
&+ \cdots + \sum_{i=1}^{p-1} a_{1ni}\left(X_{1t-i} - X_{1t-i-1}\right) + \nu_{1t}
\end{aligned}
$$

$$\vdots$$

$$
\begin{aligned}
X_{nt} - X_{nt-1} = \mu_n &+ \alpha_{n1}\left(\beta_{11}X_{1t-1} + \beta_{21}X_{2t-1} + \cdots + \beta_{n1}X_{nt-1}\right) \\
&+ \alpha_{n2}\left(\beta_{12}X_{1t-1} + \beta_{22}X_{2t-1} + \cdots + \beta_{n2}X_{nt-1}\right) + \cdots \\
&+ \alpha_{nr}\left(\beta_{1r}X_{1t-1} + \beta_{2r}X_{2t-1} + \cdots + \beta_{nr}X_{nt-1}\right) \\
&+ \sum_{i=1}^{p-1} a_{n1i}\left(X_{1t-i} - X_{1t-i-1}\right) + \sum_{i=1}^{p-1} a_{n2i}\left(X_{2t-i} - X_{2t-i-1}\right) \\
&+ \cdots + \sum_{i=1}^{p-1} a_{nri}\left(X_{nt-i} - X_{nt-i-1}\right) + \nu_{nt}
\end{aligned}
$$

L'ensemble de ce système matriciel développé se ramène à :

$$\Delta X_t = \mu + \alpha\beta' X_{t-1} + \sum_{i=1}^{p-1} A_i \Delta X_{t-i} + \nu_t \qquad (5)$$

ou

$$\Delta X_t = \mu + \alpha\, e_{t-1} + \sum_{i=1}^{p-1} A_i \Delta X_{t-i} + \nu_t \qquad \text{avec } e_{t-1} = \beta' X_{t-1}$$

Il ressort que :

La matrice β se présente de manière que chacune des r colonnes est l'un des r vecteurs de cointégration linéairement indépendants ;

- Le produit matriciel $\beta' X_{t-1}$ est un vecteur dont chacun des r éléments est l'une des r relations cointégrées ;
- Chaque paramètre α_{ij} de la matrice A caractérise le taux de réaction de la i^e variable à l'écart précédent par rapport à la j^e relation d'équilibre. En fait, cela représente le pourcentage de correction de la

variable i suite au constat de l'erreur d'écart précédente, ou déséquilibre passé par rapport à la j^e relation d'équilibre. C'est la raison pour laquelle on parle de modèle à correction d'erreur ;

- Chaque coefficient a_{ipi} d'une matrice A_i traduit le taux de réaction de la i^e variable à la variation passée i périodes auparavant de la p^e variable.

7.7.3. *Cointégration et MCE : l'approche de Johansen*

a) Modèle à correction d'erreurs à plusieurs variables

Dans le paragraphe précédent, il a été examiné la généralisation des vecteurs autorégressifs sous la forme de $VAR(p)$. Le modèle $VAR(p)$ non contraint comprenait k décalages correspondant au vecteur X_t avec constante et est :

$$X_t = \Phi_1 X_{t-1} + \Phi_2 X_{t-2} + \cdots + \Phi_k X_{t-k} + \Phi_0 + \nu_t \qquad (1)$$

avec $\nu_t \sim N(0, \sigma^2)$

Les modèles VAR permettent d'estimer des relations dynamiques entre les variables endogènes sans imposer au départ des restrictions sur les coefficients. Le système se présente sous la forme réduite : c'est-à-dire que chaque variable contenue dans le vecteur X_t est régressée en fonction des variables retardées composant X_t. Il peut être estimé par les MCO du fait que les variables exogènes sont connues.

L'équation (1) peut être réécrite sous la forme d'un $VECM$.

$$\Delta X_t = A_1 \Delta X_{t-1} + \cdots + A_k \Delta X_{t-k} + \pi X_{t-1} + \Phi_0 + \nu_t \quad (2)$$

avec $A_i = -\sum_{j=i+1} \Phi_i$, avec $i = 1,2 \cdots k$ et $\pi = \Phi_1 + \Phi_2 + \cdots + \Phi_k - I$

Un tel système fournit des informations à la fois sur les ajustements de court terme et de long terme des variables du modèle contenues simultanément dans les matrices A_i et π.

Au regard des développements précédents, on sait que la matrice $\pi = \alpha\beta'$ avec α le taux de réaction ou d'ajustement et β une matrice de paramètres de long terme telle que $\beta' X_{t-1}$ ait r relations de cointégration assurant la convergence à long terme de X_t vers son équilibre. Si X_t est un vecteur composé des variables $I(1)$, alors, les variables ΔX_{t-1} sont $I(0)$ et ν_t est un bruit blanc et de ce fait $I(0)$ si πX_{t-1} est également $I(0)$.

Toute la question revient à tester le rang de π à savoir s'il est de rang r avec $0 < r \leq n$, c'est-à-dire s'il y a r vecteurs de cointégration[6].

En considérant le vecteur X_t composé des variables $I(1)$, la méthode de Johansen se ramène à estimer d'abord par les MCO les deux relations ci-après :

$$\Delta X_t = \Gamma_1 \Delta X_{t-1} + \cdots \Gamma_k \Delta X_{t-k} + \Phi_0 + \nu_{0t}$$
$$X_{t-k} = \Psi_1 \Delta X_{t-1} + \cdots \Psi_k \Delta X_{t-k} + \Phi_0 + \nu_{kt}$$

---

[6] On note que si π est de plein rang, les variables comprises dans Z_t sont $I(0)$, ce qui conduit à estimer le système VAR à niveau. On dit qu'il n'existe pas de problème de Spurious Régression. A l'inverse, si le rang de π est nul, le système n'est pas cointégré, signifiant qu'il n'y a pas de combinaison linéaire des variables Xit $I(0)$. Dans cette hypothèse, le modèle VAR est calculé en différence première excluant de ce fait la relation de long terme.

avec Γ_i et Ψ_i les matrices de paramètres, ν_0 et ν_k les aléas. On note E_{0t} et E_{kt} les vecteurs de résidus des MCO.

1ère étape : détermination des deux résidus

$$\Delta X_t - \Gamma_1^* \Delta X_{t-1} - \cdots - \Gamma_k^* \Delta X_{t-k} = E_{0t}$$
$$X_{t-k} - \Psi_1^* \Delta X_{t-1} - \cdots - \Psi_k^* \Delta X_{t-k} = E_{kt}$$

2e étape : détermination de la matrice de variances-covariances. C'est la matrice qui permet de calculer les r vecteurs propres. Cette détermination se fait à partir des résidus

$$\sum\nolimits_{uu}^* = T^{-1} \sum_{t=1}^{T} u_t u_t^{'}$$
$$\sum\nolimits_{vv}^* = T^{-1} \sum_{t=1}^{T} v_t v_t^{'}$$
$$\sum\nolimits_{uv}^* = T^{-1} \sum_{t=1}^{T} u_t v_t^{'}$$
$$\sum\nolimits_{vu}^* = T^{-1} \sum_{t=1}^{T} v_t u_t^{'}$$

Après quoi on peut extraire les r vecteurs propres de la matrice M de format $(r \times r)$ suivant le calcul ci-après :

$$M = \sum\nolimits_{vv}^{*-1} \sum\nolimits_{vu}^{*} \sum\nolimits_{uu}^{*-1} \sum\nolimits_{uv}^{*}$$

Soient $\lambda_1^* > \lambda_2^* > \cdots \lambda_n^*$, n valeurs propres et $\nu^* = (\nu_1^*, \nu_2^*, \cdots, \nu_r^*)$ les vecteurs correspondants ; les r premiers éléments de ν^* déterminent des combinaisons linéaires de relations stationnaires. La matrice des vecteurs de cointégration β^* est donnée par :

$$\beta^* = (v_1^*, v_2^*, \cdots, v_r^*)$$

De ce fait, on peut obtenir r relations de cointégration données par $v_i^{*'}Z(i = 1, 2, \cdots, r)$. Ces relations sont des combinaisons linéaires des variables $I(1)$ qui composent le vecteur X_t et doivent être $I(0)$ afin d'être fortement corrélées avec les éléments stationnaires de ΔX_t qui figurent dans l'équation (2).

b) Test de cointégration

Dans la relation (2) le vecteur πX_{t-1} contient les relations de cointégration, il doit être stationnaire de façon que v_t soit $I(0)$. $\pi(= \alpha\beta')$ a de ce fait un rang réduit, il existe $r(\leq k-1)$[7] colonnes linéairement indépendantes dans π, c'est-à-dire que r vecteurs de cointégration sont présents dans β. L'estimation de β suivant la méthode de Johansen permet de déterminer les différents vecteurs de cointégration : $v_i^* Z$. Chaque v_i^* est associé à une valeur propre λ_i^* qui marque le niveau de corrélation entre $v_i^{*'}Z$ et la partie stationnaire du modèle (2). Les $n-r$ vecteurs $v_i^{*'}Z$ $(i = r+1,\ r+2, \cdots, n)$ restant donnent les combinaisons non stationnaires qui en théorie sont non corrélées aux variables stationnaires ΔX_t de l'équation (2). De ce fait, pour les vecteurs propres attachés à la partie non stationnaire du modèle, on a : $\lambda_i^* = 0$ avec $i = r+1,\ r+2, \cdots, n$.

[7] k est le nombre de variables.

Pour tester l'hypothèse nulle H_0 qu'il y a au plus r vecteurs de cointégration et donc $n-r$ racines unitaires, on teste l'hypothèse ci-après :

$H_0 : \lambda_i = 0,\ i = r+1,\ r+2, \cdots, n$

Sous cette hypothèse, seules les r premières valeurs propres sont non nulles.

c) Test de la trace

i) Définition

On estime la statistique de la trace comme la statistique du ratio de vraisemblance. Soit LnL^* la valeur du logarithme de la fonction de vraisemblance du modèle non contraint :

$$\lambda_{trace} = -2\left(LnL^* - LogL\right) = -T \sum_{i=r+1}^{k} Ln\left(1 - \lambda_i^*\right)$$

avec $r = 0,\ 1,\ \cdots,\ k\text{-}1$

$\lambda_i = i^e$ valeur propre de la matrice M

$k =$ nombre de variables

$r =$ rang de la matrice

$T =$ nombre d'observations

Cette statistique suit une loi de probabilité de χ^2 tabulée à l'aide de simulations par Johansen et Juselius (1990). Le test de la trace teste l'hypothèse nulle que $r = q\left(q = 1,\ \cdots, k\text{-}1\right)$ contre l'alternative $r = k$ qui correspond au modèle non contraint.

Il existe un second test appelé test de la valeur propre maximale $\lambda_{\max}$. La structure du test est la suivante :

H_0 : le rang de cointégration est de r avec $r = 0,\ 1,\ \cdots,\ k\text{-}1$.

H_1 : le rang de cointégration est de $r+1$

La statistique du test est :

$$\lambda_{max} = -TLn\left(1 - \lambda^*_{r+1}\right)$$

En d'autres termes, cette statistique se ramène à tester l'hypothèse $H_0 : r = 0$ contre l'hypothèse $H_1 : r = 1$, puis $r = 1$ contre $r = 2 \ldots$

Les lois des deux tests ont été tabulées dans Johansen (1988)[8]. Selon Isabelle Cadoret et alii. (2004), lorsque les deux tests aboutissent à des résultats différents, le plus puissant est celui de la trace. En d'autres termes, on peut dire que le résultat du test de la trace est une condition suffisante pour tester les r plus grandes valeurs propres.

ii) Démarche

Afin de conduire efficacement ce test, Johansen propose cinq spécifications relatives ; soit les vecteurs cointégrants, soit les séries de *VAR* (le *VAR* proprement dit) :

➢ Absence de tendance linéaire dans les observations :

- absence d'une tendance linéaire dans les séries en niveau et en différence première, et d'une constante dans les relations de cointégration ;
- absence d'une tendance linéaire dans les séries mais présence d'une ordonnée à l'origine (constante) dans les relations de cointégration. Il y aura une constante dans les séries en niveau.

➢ présence d'une tendance linéaire dans les observations

- présence d'une tendance linéaire dans les séries et d'une constante dans les relations de cointégration ;

[8] Johansen S. (1988) : statistical Analysis of cointegration vectors, Journal of Economic Dynamics and Control, volume 12

- présence d'une tendance linéaire dans les séries et les relations de cointégrations.

➢ présence d'une tendance quadratique dans les observations

- présence d'une tendance quadratique dans les séries en niveau et d'une tendance linéaire dans les relations de cointégration ; c'est-à-dire dans les séries en différence.

Pour déterminer la nature de l'une des spécifications précédentes, il faut se référer aux observations et à la forme de la tendance (construction des graphiques). Un des inconvénients dans ces tests de Johansen est qu'ils ne permettent pas d'identifier les variables qui sont cointégrées[9].

iii) Critiques du test de Johansen

➢ Problématique

Ainsi que le soulignent André Bernard et Gérald Roy (2003), les tests $\lambda-$trace et $\lambda-$max sont sujets à des erreurs. Ces erreurs surviennent selon eux parce que la distribution des tests est asymptotique et que l'échantillon est de petite taille. Il apparaît que l'inférence par un test d'hypothèse peut conduire à deux types d'erreurs. Le 1er type d'erreur apparaît lorsque le test d'hypothèse rejette une hypothèse nulle (H_0) alors qu'elle est vraie ; le second type d'erreur survient quand le test d'hypothèse accepte l'hypothèse nulle (H_0) alors qu'elle est fausse.

De façon concrète, la première hypothèse nulle H_0 est celle posant l'absence de cointégration. Le rejet de cette hypothèse H_0, alors qu'elle

[9] Pour plus de détails voir D. Hamilton (1994)

est vraie, pose un problème dans la mesure où on conclut à l'existence d'une cointégration des séries alors qu'il n'en est rien. On se trouve dans ce cas en présence d'une « *cointégration fallacieuse ou spurious cointegration* » selon certains auteurs. La conséquence est que le chercheur va élaborer un MCE alors qu'il ne devrait pas le faire.

- Brève revue de littérature[10]

G. C. Reinsel et S.K. Ahn (1992) ont respectivement suggéré en 1988 et 1992, une modification simple au test $\lambda-$trace en y introduisant un facteur de correction $\left(\left(T-pk\right)/T\right)$ de façon que :

$$\lambda-\text{trace}\left(RA\right)^{11}=-\left(T-pk\right)\sum_{i=r+1}^{k}Ln\left(1-\lambda_i\right)$$

Avec T le nombre d'observations, k le nombre de variables et p le nombre de retards utilisé dans le MCE. Il se dégage que ce test corrigé possède la propriété d'être asymptotiquement équivalent au test $\lambda-$trace original. Quand le nombre d'observations T est suffisamment grand, le facteur de correction $\left(\left(T-pk\right)/T\right)$ tend vers l'unité et de ce fait $\lambda-\text{trace}=\lambda-\text{trace}\left(RA\right)$. Selon les deux auteurs, ce test modifié a des meilleures propriétés de niveau. De façon plus concrète, ceux qui ont étudié $\lambda-\text{trace}\left(RA\right)$ sont Reimer (1992) et Cheung et Laï (1993).

Cheung et Laï (1993) se préocupent de déterminer dans quelle mesure les valeurs critiques en échantillon fini sont sensibles à des variations de

---

[10] Pour plus de détail, voir A. Bernard et G. Roy (2003)
[11] Trace Reinsel et Ahn

T, p et k et si, contrairement aux suggestions de Reinsel et Ahn (1992), le recours à une correction aux valeurs critiques asymptotiques n'est pas plus appropriée qu'une correction au test λ – trace. En se fondant sur leur expérience de Monte Carlo et sur un processus à k marches aléatoires indépendantes, ils concluent que le recours à une correction aux valeurs critiques asymptotiques est meilleur. Les résultats de leur expérience confirment l'existence d'un biais en faveur du rejet trop fréquent de l'hypothèse nulle d'absence de cointégration lorsque le système n'est pas cointégré et que ce biais est une fonction positive de $T/(T-pk)$.

Pour leur part, Ho et Sorensen (1996) s'appesantissent sur la performance des tests de ratio de vraisemblance pour la cointégration dans un contexte où la dimension du système devient grande et où l'échantillon est trop petit. Leurs premiers résultats confirment la présence d'importantes distorsions de niveau des tests λ – trace et λ – max. Ils montrent que les distorsions de niveau des deux tests ne suivent pas un comportement facilement identifiable par rapport aux facteurs k et p. Ils rejettent alors les facteurs de correction proposés par Reinsel et Ahn (1992) et Cheung et Laï (1993). Ho et Sorensen recommandent aux économètres d'étudier eux-mêmes pour leur situation spécifique, les propriétés de niveau des tests de cointégration au moyen d'une démarche semblable à la leur.

Enfin, Johansen (1993), suite à ces différentes critiques, suggère lui-même de corriger le test λ – trace à l'aide d'un facteur de correction de Barlett.

A partir de diverses expériences de Monte Carlo, A. Bernard et G. Roy (2003) montrent les distorsions de niveau dont sont susceptibles d'avoir les deux tests de ratio de vraisemblance pour la cointégration. Il ressort principalement de leurs travaux que le test $\lambda - \max$ est plus robuste que le test $\lambda - trace$. Ils rejettent aussi les hypothèses de Reinsel et Ahn (1992), celles de Cheung et Laï (1993) et de Reimers (1992).

Exercices

1. Pourquoi l'extension des processus *VAR* en processus *VARMA* ?

2. Quel est l'avantage économique de l'analyse impulsionnelle ?

3. Quel est l'avantage du *VAR* structurel par rapport au *VAR* classique ?

4. Soit le système du 1er ordre à deux variables suivant :

$$y_{1t} = \varphi_{11} y_{1,\,t-1} + \varphi_{12} y_{2,\,t-1} + \varepsilon_{1t}$$
$$y_{2t} = \varphi_{21} y_{1,\,t-1} + \varphi_{22} y_{2,\,t-1} + \varepsilon_{2t}$$

a) Expliquez les effets d'une perturbation de ε_1 sur les différentes variables.

De façon concrète si le choc se présente ainsi qu'il suit : $\varepsilon_1 = [4\ 0]'$ avec $y_0 = 0$. C'est-à-dire qu'il y a une innovation dans la première équation et une innovation nulle dans la seconde équation à la période t.

Si la matrice des coefficients $A = \begin{bmatrix} 0{,}4 & 0{,}1 \\ 0{,}2 & 0{,}5 \end{bmatrix}$ et le premier vecteur $y_1 = \begin{bmatrix} 4 \\ 0 \end{bmatrix}$.

b) Présenter les réponses impulsionnelles pour les 7 premières périodes sous la forme d'un tableau.

5. Considérons deux variables Y_t et X_t. On peut écrire un *VAR* du 1er ordre comme suit :

$$y_{1t} = \alpha_1 + \varphi_{11} Y_{t-1} + \varphi_{12} X_{t-1} + \varepsilon_{1t}$$
$$y_{2t} = \alpha_2 + \varphi_{21} Y_{t-1} + \varphi_{22} X_{t-1} + \varepsilon_{2t}$$

où ε_{1t} et ε_{2t} sont des bruits blancs. Si par exemple $\varphi_{12} \neq 0$ cela signifie que X contribue à expliquer Y.

a) Réécrivez le système sous forme matricielle.

Si $\vec{Y}_t = (Y_t, X_t)'$ et $\vec{\varepsilon}_t = (\varepsilon_{1t}, \varepsilon_{2t})'$

b) Présenter le $\vec{Y}_t$ sous la forme d'un processus VAR du 1er ordre.

c) En généralisant, montrer qu'un $VAR(p)$ de k dimensions est un $\vec{Y}_t$.

d) En vous inspirant du résultat de la question c), montrer que le $VAR(p)$ peut se réécrire : $\vec{Y}_t = \alpha + \sum_{i=1}^{p} \phi_i \vec{Y}_{t-i} + \varepsilon_t$

e) En introduisant l'opérateur de retard dans la question précédente, réécrivez le $VAR(p)$.

6. Soit le système suivant :

$$y_{1t} = 1{,}2 y_{1,\,t-1} - 0{,}2 y_{2,\,t-1} + v_{1t}$$
$$y_{2t} = 0{,}6 y_{1,\,t-1} - 0{,}4 y_{2,\,t-1} + v_{2t}$$

a) Montrer que les valeurs propres de la matrice Φ sont la solution de : $\begin{pmatrix} \varphi_{11} - \lambda & \varphi_{12} \\ \varphi_{21} & \varphi_{22} - \lambda \end{pmatrix}$

b) Déterminer la trace de la matrice Φ et le déterminant $|\Phi|$

c) Ecrivez un vecteur propre obtenu à partir de la première racine λ_1 sachant qu'on a :

$(\Phi - \lambda I)C = 0$ si on pose $C = \begin{pmatrix} 1 & 1 \\ 1 & 3 \end{pmatrix}$

d) Déterminer Δy_{it} avec $i = 1;2$

e) Présenter la réponse d) sous une forme vectorielle par la mise en facteur.

7. Considérons le vecteur de cointégration bivarié suivant :

$$\begin{pmatrix} Y_t \\ X_t \end{pmatrix} = \begin{pmatrix} \varphi_{11} & \varphi_{12} \\ \varphi_{21} & \varphi_{22} \end{pmatrix} \begin{pmatrix} Y_{t-1} \\ X_{t-1} \end{pmatrix} + \begin{pmatrix} u_{1t} \\ u_{2t} \end{pmatrix}$$

a) Ecrivez la matrice $\prod = -\Phi(1)$ si $\varphi_{11} = \varphi_{22} = 1$ et $\varphi_{12} = \varphi_{21} = 0$

b) Que représentent Y_t et X_t.

8. Soit la matrice suivante :

$$A = \begin{bmatrix} 0,8 & -0,4 \\ 0,1 & 1,2 \end{bmatrix}$$

a) Déterminez les valeurs propres de la matrice A. Quelle est votre observation ?

b) Ecrire l'équation $(A - \lambda I)C = 0$.

c) Si on normalise en posant $c_{21} = 1$. Quel est le vecteur propre associé à la valeur propre unité ?

BIBLIOGRAPHIE

AKAIKE, K. (1981) : *Likelihood of a Model and information Critoria* – Journal of Econometric, 16-3-14.

BANERJEE, A. J. J. et alii (1993) : *cointegration, error-correction and the econometric analysis of non stationary data* – Oxford. University Press – Oxford

BARTHELEMY, F. : *Tests de racine unitaire multiple et saisonnalité*, Document de travail in Crequam – Université de Marseille III.

BERNARD, A. et ROY, G. (2003) : *Etude des distorsions de niveau des tests de Johansen pour la cointégration. Cahiers de Recherche/Working Papers – Université de Sherbrooke*

BEVERIDGE, S. and NELSON, C.R. (1981) : *A new approach to decomposition of Economic time series into permanent and transitory components with particular attention to measurement of business cycle*, Journal of Monetary Economic, volume 7.

BOSQ, D. et LECOUTRE, J. P. (1992) : *Analyse et Prévision des Séries chronologiques : méthodes paramétriques et non paramétriques* – Editions Masson, Paris.

BOURBONNAIS, R. (2004) : *Econométrie, cours et Exercices* - Edition Dunod, Paris.

BOURBONNAIS, R. et TERREZA, M. (2004) : *Analyse des séries temporelles* – collection DUNOD.

BOX, G. E. P et COX, D.R. (1964) : *An analysis of transformation.* Journal of the Royal Statistical Society, series B.

BOX, G.E.P. and JENKINS, G. (1976) : *Times series analysis : Forecasting and control,* Holden – Day. Revised Edition.

BOX, G. E. P and PIERCE, D.A (1970) : *Distribution of residual autocorrelation in autoregressive moving average time series models*. Journal of the American Statistical Association vol.65

BOX, G. E. P. and TIAO, G. (1975) : *Intervention analysis with application to Economic and Environmental problems*. Journal of American Statistical Association, volume 70.

BRESSON, G. et PIROTTE, A. (1995) : *Econométrie des Séries Temporelles, Théories et applications* – Collection Economie – Editions PUF, Paris

BROWN, R. G. (1959) : *Statistical forecasting for inventory.*

BROWN, R. G. (1962) : *Smoothing, forecasting and Prediction of Discrete Time Series*, Prentice-Hall ; Englewood Cliffs.

BRUYN, C. (1963) : *Lissage exponentiel et prévision adaptative*. Cahiers Economiques de Bruxelles n°20, 4è trimestre 1963.

CADORET, I. et alii (2004) : *Econométrie appliquée – Méthodes – Applications - Corrigés.* Editions de Boeck. Paris.

CEDRES (1993) : *Enquêtes de consommation sur les ménages à Ouagadougou*, Université Ouagadougou.

CRAMER , J. S. (1969) : *Empirical Econometrics*, North – Holland, Amsterdam.

DALOZ ,J. P. et GOUX, C.(1970) : *Macroéconomie appliquée.* Edition Cujas, Paris.

DAMODAR, N. (2004) : *Econométrie.* Traduit par Bernard BERNIER. Editions de Bock.

DICKEY, D. and FULLER, W. (1979) : *Distribution of estimators for autoregressive time series with unit root* . Journal of the American Statistical Association, volume 74, n°366

DICKEY, D. and FULLER, W. (1981) : *Likelihood ratio statistics for autoregressive time series with unit root*, Econometrics, volume 49, n°4.

DICKEY, D. and PANTULA, S. (1987) : *Determining the order of differencing in autoregressive processes*. Journal of Business Economic and Statistics, volume 5.

DOR, E. (2004) : *Econométrie*. Collection Syntex, Paris

ENCYCLOPEDIE ECONOMIQUE (1984) : Economica, Paris.

ENDERS, W. (1995) : *Applied Econometric Time Series*, John Wiley and Sons, Inc – New – York, Toronto.

ENGLE, R. F. and GRANGER, C. W. J. (1987) : *Co-intégration and Error Correction : Representation, Estimation and Testing,* Econometrica, vol.55

ENGLE, R. F. and YOO, B.S. (1987): *Forecasting and testing in cointegration systems*, Journal of econometrics, volume 35.

ENGLE, R. F., HENDRY, D. F. and RICHARD, J. F. (1983) : *Exogeneity.* Journal of the American Statistical Society, volume 60.

GIRAUD, R. et CHAIX, N. (1989) : *Econométrie,* Presses Universitaires de France, Paris.

GODWIN, R. (1951) : *The non linear accelerator and the persistence of business cycles,* Econometrica

GOLDFELD, S. M. and QUAND, T. R. E. (1965) : *Some tests for homoscedasticity* – Journal of the American Statistical Society, volume 60.

GOURIEROUX, C. et MONTFORT, A . (1990) : *Séries Temporelles et Modèles dynamiques* – Economica, Paris

GRANGER, C. W. J. (1969) : *Investigation Causal Relationships by Econometric Models and Cross – Spectral Methods,* Econometrica, vol. 57

GRANGER, C. W. J. (1987) : *Implications of aggregation with common factors, Econometric theory,* volumes 3, 2.

GRANGER, C. W. J. and NEWBOLD, P. (1974) : *Spurious Regressions Econometrics*, Journal of Econometrics, volume 2.

GRANGER, C. W. J. and WEISS, A. A. (1983) : *Time series analysis error correcting models, in studies in Econometrics, Time series and multivariate statistics,* Karlin S., Amemiya T., and Goodman L. A.(Eds), Academic Press, Londres.

GREENE, W. H. (1990) : *Econometric Analysis*, Ed. Mc Millan Publishing Company (New-York) and Collier Mc Millan Publishers (London).

HALDRUP, N. (1998) ; *An Econometric Analysis of I (2) variables*. Journal of Economic Surveys, 12 (5).

HAMILTON, J. D. (1994) : *Times Series Analaysis*, Princeton – University Press – New Jersey.

HARVEY, A. C. (1988) : *Forecasting structucal Time series models and the Kalman filter,* Cambridge University Press, Cambridge.

HATANAKA, M. (1996) : *Time series based Econometrics : Unit roots and cointegration,* Oxford University Press, Oxford.

HENDRY, D. F. (1995) : *Dynamic Econometrics*, Oxford University Press, Oxford.

HENIN, P. Y. (1981) : *Macrodynamique – Fluctuation et croissance* – 2e, édition Economica, Paris.

JOHANSEN, S. and JUSELIUS, K. (1990) : *Maximum Likelihood estimation and inference on cointegration, with applications to the demand for money*. Oxford Bullettin of Economics and Statistics, volume 52.

JOHANSEN, S. : (1988) : Statistical analysis of cointegration vectors, Journal of Economic Dynamics and control, volume 12.

JOHNSTON, J. I. and DINARDO, J. (1997) : *Econometric methods,* Mc Graw-Hill International Editions, Economics Series. 4è édition.

JOHNSTON, J. I. (1988) : *Méthodes Econométriques*, Traduit par Bernard Guerrien – 2 Tomes, Economica, Paris

JUDGE, G. G. and alii. (1988) : *Introduction to theory and practice of Econometrics* – Library of Congress – New – York.

KAUFMAN, H. et GROBOILLOT, J. L. (1968) : *La prévision économique à court terme – Méthodes générales – Lissage exponentiel*, Collection Dunod, Paris.

KENDALL and STUART, A. (1961) : *The advanced Theory of statistics* – volume 2. – Griffin London.

KMENTA , J. (1986) : *Elements of Econometrics*, New – York, édition. Mac Millan.

KOGIKU, L. M. (1971) : *Introduction aux modèles macroéconomiques* – Traduit de l'anglais par F. Bertault – éditions Sirey, Paris

KWIAKOWSKI, D., PHILLIPS, P.C. B, SCHIMIDT, P. and SHIN, Y. (1992) : *Testing the null hypothesis of stationarity against the alternative of a unit root. How sure are we that economic time series have a unit root ?* Journal of Econometrica, volume 54.

LANGE, O. (1970) : *Leçons d'Econométrie* – Editions P.W. N. Gauthier – Villard, Paris.

LARDIC, S. et MIGNON, V. (2002) : *Econométrie des séries temporelles macroéconomiques et financières*. Aux Editions Economica – Paris.

LARUE, B. et GERVAIS, J. P. (1988) : *L'analyse des séries chronologiques : spécification et estimation des modèles univariés et multivariés*. Réseaux Politiques et Economiques CODESRIA, Document spécial n°9 Dakar.

MACKINNON, J. C. (1991) *: Critical values for cointegration tests, in Engle R. F. and Granger C. W. J (eds), Long-Run Relationships : Reacting in cointegration*, Oxford University Press, Oxford.

MALINVAUD, R. (1969) : *Méthodes statistiques de l'Econométrie* – Dunod, Paris.

MARIMOUTOU, V. (1996) : *Eléments de Cointegration* – Document polycopié à diffusion restreinte – FASEG/PTCI Ouagadougou.

MELARD, G. (1991) : *Méthodes de prévision à court terme* – collection SMA, éditions de l'Université de Bruxelles et Ellipses, Bruxelles.

NELSON, C. R. and KANG H. (1981) : *Spurious – periodicity in inappropriates detrented Time series,* Econometrica, volume 49. n°10.

NELSON, C. R. and PLOSSER, C. (1982) : *Trends and Random walks in macroeconomics Time series : some evidence and applications*. Journal of Monetary economics.

PERRON, P. (1989) : *Testing for a random walk : a simulation experiment of power when the sampling interval is varied, advanced in Econometrics and Modelling*, Kluwer Academic Publisher.

PHILLIPS, P.C.B. and DURLAUF, S. N. (1986) : *Multiple time series with integrated variables,* Review of Economic studies, volume 53.

PHILLIPS, P., C. B. and PERRON, P., (1988) : *Testing for a unit root in time series regression,* Biometrika volume 75.

PIERCE, D.A. and HUAGH, L. D. (1977) : *Causality and temporal systems, characterizations and a Survery*, Journal of Econometrics, volume 5.

PINDYCK, R. S. and RUBINFELD, D. L. (1991) : *Econometric Models and Economic Forecast* – Edition MC Graw-Hill Inc.

PIROTTE, A. (2004) : *L'économétrie : des origines aux développements récents* – Editions CNRS, Paris.

QUINET, E. (1969) : *Séries Temporelles*, Collection Dunod, Paris.

SAIKKONEN, P. : (1991) : *Asymptotically efficient estimation of cointegration regressions*, Econometric Theory.

SAMUELSON, P. et NORDHAUS, W. (1995) : *Macroéconomie, aux éditions d'organisation,* Nouveaux Horizons, Paris.

SCHMIDT, P. and PHILLIPS, P. (1992): *LM Tests for unit root in the presence of deterministic trends.* Oxford Bulletin of Economics and Statistic.

SCHWARZ, G. (1978) : *Estimating The Dimension of a model. The Annals of statistics,* volume 5.

SIM, C. A. (1980) : *Macroeconomics and Reality*, Econometrica, volume 48.

SOWA, N. and KWAKYE, J. (1993) : *Inflationary Trends and Control in Ghana*, - CREA – Research Paper Twenty –two September 1993, Nairobi.

STOCK, J. and WATSON, M. (1993) : *A simple Estimator of cointegration vectors in Higher Order Integrated systems*, Econometrica, volume 61.

STOLERU, L. (1969) : *L'équilibre et la croissance économique - Principes de Macroéconomie* – Collection Dunod, Paris.

STUDENMUND, A. H. (1997) : *Using – Econometrics : A pratical guide – 3è Edition, Addison* – Wesley Educational Publishers Library of Congress.

THIOMBIANO, T. (2002) : *Econométrie des modèles dynamiques*. Editions L'Harmattan, Paris.

UNIVERSITÉ DE TORONTO (2003): *PIB du Burkina Faso*, Penn World Table 6.1

WOLD, H. (1954): *Study in the analysis of stationary time series*, Alm quist – Wiksell.

ZELLNER, A. (1988) : *Causality and causal laws in Economics*, Journal of Econometrics, volume 39.

INDEX

A

B

C

D

E

F

G

H

I, J

K, L

M, N

O

P

R

S

T

V

W, Y, Z

L'HARMATTAN, ITALIA
Via Degli Artisti 15 ; 10124 Torino
L'HARMATTAN HONGRIE
Könyvesbolt ; Kossuth L. u. 14-16
1053 Budapest
L'HARMATTAN BURKINA FASO
Rue 15.167 Route du Pô Patte d'oie
12 BP 226
Ouagadougou 12
(00226) 50 37 54 36
ESPACE L'HARMATTAN KINSHASA
Faculté des Sciences Sociales,
Politiques et Administratives
BP243, KIN XI ; Université de Kinshasa
L'HARMATTAN GUINÉE
Almamya Rue KA 028
En face du restaurant le cèdre
OKB agency BP 3470 Conakry
(00224) 60 20 85 08
harmattanguinee@yahoo.fr
L'HARMATTAN CÔTE D'IVOIRE
M. Etien N'dah Ahmon
Résidence Karl / cité des arts
Abidjan-Cocody 03 BP 1588 Abidjan 03
(00225) 05 77 87 31
L'HARMATTAN MAURITANIE
Espace El Kettab du livre francophone
N° 472 avenue Palais des Congrès
BP 316 Nouakchott
(00222) 63 25 980
L'HARMATTAN CAMEROUN
Immeuble Olympia
Face à la Camair
Yaoundé
harmattancam@yahoo.fr

641946 - Février 2016
Achevé d'imprimer par

1livre.com
du rêve à la réalité !

www.ingramcontent.com/pod-product-compliance
Lightning Source LLC
LaVergne TN
LVHW011141061026
849535LV00003B/563